西方文化要義

王 曾 才 著

五南圖書出版公司 印行

自 序

最近讀到出生法國後來歸化美國的歷史學家巴贊（Jacues Barzun）的〖從興起到衰頹：1500 年迄今：五百年來的西方文化生活〗（*From Dawn To Decadence: 1500 To The Present 500 Years Of Western Cultural Life*）（New York: Harper Cillins Publishers Inc., 2000）。巴氏為美國史學界祭酒級的人物，他曾長時間擔任哥倫比亞大學講座教授（Seth Low Professor of History），也曾兩任美國文藝學會（American Academy of Arts and Letters）的會長。他的著作有三十種之多，這個作品的結構和論證都不算嚴謹，但他認為西方文化在第一次世界大戰時便已衰頹。從前也有西方學者持此觀點，但筆者覺得西方文化確有許多問題，目前仍是世界上的強勢文化。它是否已完全衰落和有沒有自救自贖的機會，似乎仍有討論的空間。但首先之務，在看看到底什麼是西方文化。筆者不揣淺陋，乃有是作。

本書的目的，在用概括而平實的手法，儘量少談理論，也不掉書袋，來介紹西方文化，讓一般大眾對它有一個清晰的概念。在撰寫初期，筆者一度採取把西方文化裏的典章制度、藝術成就和學術思想等項，都變成不同的單元，每一單位均從上到下地加以處理。但是，寫了一部份之後，發現如果沒有明顯的時間框架，有些內容對讀者可能變得不易掌握。尤其是如果要拿本書當做教學參考書時會更為顯著。所以，最後乃決定採取現在的方式。

英國哲學家羅素（Bertrand Russell, 1872-1970）認為：自古以來，人類不論其屬於何一種族，均不時要面臨三種敵人：自然、他人和自己。為了應付自然的挑戰，發展出物質的或技術的文化；為了找出在群體中與他人的相處之道，乃有社群的文化（如各種典章制度）；為了克服自己，乃有精神的或表意的文化（expressive culture），如音樂、美術、文學、宗教等。此為文化的三個層面，亦與文化人類學家馬林諾斯基（Bronislaw Malinowski, 1884-1942）在其〖文化科學論〗（*A Scientific Theory of Culture*）所說的，文化有精神、物質、制度三大要素。

為了便於概念的掌握和討論的方便，對於「文化」可以界定為：

文化是人類為了適應自然與人文環境所創出來的生活方式的總和，其功能在確保人類的生存與發展。

再就是：什麼是西方文化？

西方文化是西方人為適應自然與人文環境所創造出來的生活方式的總和，其功能在確保西方人的生存與發展。

今日的西方文化，是以歐洲文化為基本所發展出來的文化體系。歐洲文化本身是一個取精用宏的文化，有其輝煌的成就，也具備高度的擴張力。在十五世紀末期以還，「歐洲的擴張和世界的歐化」成為世界近代史大樂章的主題曲。所謂「歐洲的擴張」，是指歐洲力量的伸張，小小的歐洲一度控制全世界：歐化了美洲，瓜分了非洲，占據了大洋洲，也震撼了亞洲；所謂「世界的歐化」，是指歐洲的文化思想和典章制度傳到世界的各個角落，成為一種主導進步和革新的力量。後來歐洲的殖民主義或帝國主義退潮，但歐洲文化，在北美洲、南美洲、澳洲和紐西蘭等地站穩了腳步，共同形成西方文化，並對全世界產生鉅大的衝擊，在不斷釋出能量之後，對全人類發生了極大的影響。因此，這個文化值得我們來多作瞭解。

在此，要把「文化」與「文明」兩個概念加以釐清。文化前已談及。文明（Civilization）一詞係由拉丁文 civis 轉來，civis 的原義是「城市中的公民」。因此，文明是較初級文化更高的一種狀態。它指在農業發展出來，新石器時期結束以後，人類社會有了城市生活、邦國制度（包括行政及稅收）、文字成就、專業劃分（如行政人員、農人、商人等）、金屬冶煉，其藝術與科學亦有相當發展，其政治、社會與經濟制度亦足以保障秩序、安全和效率的狀態。也就是說，文化為簡單的生活方式，文明則指先進的生活方式；因之，每人皆生活在文化中，但非每人皆生活在文明中。依此說法，兩河流域（美索不達米亞）、埃及、中國、印度、希臘、羅馬、秘魯高地和玻利維亞（印加）、墨西哥河谷（亞佐提克）、瓜地馬拉（瑪雅）等地以外，其他大河（Rio Grande）以北的美洲大陸，以及大洋洲和撒哈拉沙漠以南的非洲，在受到西方勢力衝擊以前，均未達文明的程度。不過，一般言之，文化可概括泛指各階段的文化，在本書中用「文化」來涵蓋一切，不採「文明」的說法。

近年卜居溫哥華，為一生中最無精神負擔之時期。每日黎明即起，常親小勞，生活已接近朱子家訓所說的狀態。人謂加拿大有三好：好山、好水、好無聊，我自己也偶興「碧海青天夜夜心」之嘆，但基本上仍是非常喜歡這種生活格調。閒來讀書、散步、游泳、旅行、演講、品茗、粗飯、靜思，有時也想寫點東西。

西方文化千頭萬緒，作者功力有限，掛一漏萬之處，在所不免，尚祈大雅君子多賜指教。

二〇〇三年歲次癸未序於溫哥華

目　錄

緒　論

　　今日的西方文化，是指發皇於歐洲，成熟之後的歐洲文化有其輝煌的成就，也具備極富動力的擴張性，在十五世紀末以還，「歐洲的擴張和世界的歐化」成為世界近代史大樂章的主題曲。所謂「歐洲的擴張」，是指歐洲力量的伸張，小小的歐洲一度控制全世界：歐化了美洲，瓜分了非洲，占據了大洋洲，也震撼了亞洲；所謂「世界的歐化」，是指歐洲的文化思想和典章制度，傳到世界的各個角落，成為一種主導進步和革新的力量。後來殖民主義或帝國主義退潮，但歐洲文化，在北美洲、南美洲、澳洲和紐西蘭等地站穩了腳步，成為西方文化，並對全世界產生劇烈衝擊的一種強勢文化。它取精用宏，具有很大的能量，在釋出這些能量之後，對全人類發生了極大的影響。

　　以下我們從歐洲概說、文化的產生、精緻文化及大眾文化，以及歐洲文化等項來進行討論。

第一節　西方概說

一、歐洲

　　歐洲（Europe），古希臘人稱為「歐羅巴」（Europa）。它有兩個意涵：大陸或日落之地，大陸的意涵多於日落之地的說法。它位於世界最大的大陸塊，也就是歐亞大陸的西北部，約占該大陸塊的五分之一，世界陸地面積的百分之七點七。從歐亞大陸的地緣結構的觀點看，它只是從其西北部向西延伸出來的一個半島，或者甚至是半島之一，而且它與歐亞大陸在東邊並無明顯的分界，故有歐亞大陸（Eurasia）之稱。事實上，歐、亞與非洲在結構上亦甚密切，此在蘇伊士運河（Suez Canal）以人工開鑿前尤然，故又有歐非亞大陸（Eurafrasia）之說。

　　歐洲面積僅有四、〇〇〇、〇〇〇平方英哩（一〇、三六〇、〇〇〇平方公里），為第二個最小的「洲」。但，山川壯麗：山脈有雄偉阿爾卑斯山脈鍊（Alpine Mountain Chain），其中比利牛斯山脈（the Pyrenees），主峰皮可・德・安尼托（Pico de Aneto）高度三、四〇四公尺（一一、一六八英呎）；阿爾比斯山脈（the Alps），主峰白朗山（Mount Blanc）高四、八〇七公尺（一五、七七一英呎）；高加索山脈（the Caucasus），主峰艾布魯山（Mount Elbrus），高五、六三三公尺（一八、四八一英呎）；最東邊可視為與亞洲分界的界山是烏拉山脈（the Urals），主峰納洛奈亞山（Mount Narodnaya）高度一、八九四公尺（六、二一五英呎）；主要河流有窩瓦河（the Volga）、多瑙河（the Danube）、萊茵河（the Rhine）、洛瓦河（the Loire）、易北河（the Elbe）、奧德河（the Oder），以及太加

斯河（the Tagus），各有千秋。

　　歐洲氣候良好，除冬季在東部和北部寒冷外，皆溫和適宜，雨量充沛，地中海地區以乾而熱的夏季和溫濕的冬天著稱。歐洲物產豐富，北起多山的斯堪底那維亞半島（the Scandinavia Peninsula），南迄阿爾卑斯山脈鍊，從大西洋沿岸至烏拉山脈，雖偶有山陵阻隔，是一個大平原，為肥沃的土地；阿爾卑斯山脈和亞平寧山脈之間，是波河平原（the Po Plain）；喀爾巴仟山脈（the Carpathians）與阿爾卑斯山脈（the Alps）之間的，為多瑙平原（the Danubiasn Plain），土壤均富生產力，同時歐洲各種礦產蘊藏極多。另外，還有一個歐洲得天獨厚的地方，是海岸線不但長而且曲折。由於它北及東北濱北冰洋，西北及西沿大西洋，南臨地中海，海岸線長度有三八、〇〇〇公里（二四、〇〇〇英哩），再加上海岸線亦甚曲折，因而多良港，亦多半島和島嶼。歐洲以如此優越的條件，難怪十六世紀英國文豪馬婁（Christopher Marlowe, 1564-93）要說它是蘊藏無數財富的小房間（infinite riches in a little room）。

　　歐洲的動力，無論是好是壞，在十五世紀後期爆發出來，隨著新航路和新大陸的發現，「歐洲的擴大和世界的歐化」乃成為世界近代史大樂章的基調。試看，歐洲歐化了美洲，占據了大洋洲，瓜分了非洲（僅利比亞和衣索比亞在外），也震撼了亞洲（即使是在亞洲印度支那和東南亞絕大部份也被歐洲人征服），對全世界的非西方地區而言，「歐化」（Europeanization）、「西化」（Westernization）和「近代化」（Modernization）成為內涵非常重疊的辭彙。特別是在 1850 年代至 1911 年間，歐洲人控制了幾乎是整個的未開發世界，由於控制程度的不同，乃有「殖民地」、「保護領」和「勢力範圍」等相異的名目。老牌帝國主義者或殖民主義者，率多為歐洲國家。而且，它們的「成就」與它們本身的國土大小不成比例，如英國建立了一個比它本土大一四〇倍的殖民帝國（所謂「日不落帝國」），比利時建立了一個比它本土大八〇倍的帝國，荷蘭建立了一個比它本土大六〇倍的帝國，法國建立了一個比它本土大二〇倍的帝國，俄羅

斯變成了主要的太平洋國（尤其是在一八九一至一九〇三年間完成西伯利亞大鐵路後尤然），日本和美國步其後塵。[1]

　　進入二十世紀以後，特別在兩次世界大戰以後，歐洲走向衰途。歐洲各國也瞭解到在現代世界，作為超級強國，不僅要有「質」的要求，也要有「量」的條件，為圖振興，歐洲各國乃有統合運動（integration movement），其終極目標為締造「歐洲合眾國」（USE: United States of Europe）。觀乎今日歐盟（EU: European Union）的發展，以及 1999 年共同貨幣「歐元」（European Dollar）的實施，可以看出它的軌跡。但是，何時目標才得實現，因涉及變數甚多，主觀與客觀環境仍在發展，此時尚難逆料。

二、美洲

　　美洲包括北美和南美，原為印地安人的生息之所。十五世紀末年以後，逐步為歐洲人所控制，徹底地改變了其原有的風貌。

㈠北美洲

　　美洲（America），有北美洲（North America）和南美洲（South America），北美面積為九、四〇〇、〇〇〇方英哩或二四、三四六、〇〇〇方公里，這個數字是把整個巴拿馬以北，包括中美洲的二〇二、〇〇〇方英哩或五二三、六九八方公里在內，為第三大洲。南美面積八八〇、〇〇〇方英里或一七、八一九、〇〇〇方公里。美洲一般說是哥倫布（Christopher Columbus, 1451-1506）在一四九二年所「發現」的。但是，哥倫布一直到死，不知道他所發現的，實在是一個新世界，他一直把當地土著稱為「印

---

1 參看 Robert O. Paxton, *Europe in the Twentieth Century* (New York: Harcourt Brace Jovanovich, Inc, 1975), pp.6-7.

度人」（Indians）。[2] 稍後另一義大利水手亞美利加‧維斯普西（Amerigo Vespucci, 1454-1512）在南美北岸有四次航行並到達亞馬松河諸口，他於一四九七年至一五〇三年間，寫了一些信函給友人，討論他的航行歷程並自認發現了一個新世界，這些信函在一五〇七年刊登於在日耳曼出版的〖宇宙誌導論〗（*Cosmographiae intruductio, or, Introduction to Cosmography*）之中，日耳曼地理學家瓦德斯穆勒（Martin Waldseemuller, 1470?-1522?），在一篇論文中主張稱此「新世界」為亞美利加（America）。[3] 此因哥倫布的誤信其地為「印度」，使之未能稱為「哥倫比亞」（Columbia）。此後，歐洲人便大量移入，原來早就居此的印地安人被迫壓至極。

北美洲主要包括美國、加拿大和墨西哥，加勒比海諸島及格陵蘭亦在其中。它北至北冰洋，南界南美，西瀕太平洋及北令海，東到大西洋，占全球陸地六分之一，海岸線長九五、〇〇〇英哩。從西岸（自阿拉斯加至加利福尼亞灣），到與之平行的洛磯山脈（the Rocky Mountains，此為北美之脊椎），東西景觀，大異其趣。在二者之間，為大盆地（Great Basin）和墨西哥高原。在洛磯山脈之東，是廣大的內陸平原（Interior Plain），這包括大平原（Great Plains）、加拿大草原（Canadian Prairies）、美國中西部（US Midwest）和大湖區（Great Lakes），在東北是加拿大地盾（Canasdian Shield），東南是美國的大西洋沿岸平原和阿帕拉契山脈（Appalachian Mts.）。河流方面，紅岩—密蘇里—密西西比河系（the Red Rock-Missouri-Mississippi river system）為北美最大的河系（長度約為三、七四〇英哩／六、〇二〇公里），連同俄亥俄河（Ohio Reiver）及許多支流構成世界上最大的內陸水道。其他主要河流有：科羅拉多河（the Colarado）、哥倫比亞河、德拉瓦河（the Delaware）、麥堅士河（the Mackenzie）、大河（Rio Grande）、聖羅倫斯河（the St. Lawrence）、菲沙（the Fraser）和育空河

2　後來始稱「美洲印地安人」（Amerindians），或「印地安人」。

3　此因亞美利加（Amerigo）的拉丁文寫法是 Americus 之故。

（the Yukon），等等。聖羅倫斯航道（St. Lawrence Seaway）利用聖羅倫斯河和五大湖的水道，使遠洋輪船可以直航北美的心臟地區。

氣候方面，從北極到熱帶都有，通常內地有寒冬和熱暑，雨量在太平洋西北和中美洲南部，年雨量可達一四〇英吋。農產豐盛，礦物蘊藏甚多。

印地安人曾在中美洲建立過瑪耶文化（Maya civilization）。他們的瑪耶邦聯（Maya Confederation）包括今日墨西哥的尤堪坦半島（Yucatan Penin-sula）、瓜地馬拉的絕大部分，以及薩爾瓦多和洪都拉斯的西部。此文化在西元三〇〇年至九〇〇年時曾盛極一時，後趨衰落。

北美在殖民競逐後，英國在美、加獲得勝利，因稱安格魯‧撒克遜美洲（Anglo-Saxon America）。

(二)南美洲

南美洲為世界第四大洲，呈三角狀，東西跨距甚大（3,300英哩／5,300公里）南北跨距更大（4,750英哩／7,640公里）。它北濱加勒比海，東沿大西洋，西臨太平洋，以狹窄的巴拿馬地峽（Isthmus of Panama）西北與北美洲相連。它的海岸線約長15,000英哩。南美有高聳而壯闊的安迪斯山系（the Andes, or Andean Mts.），四、五〇〇英哩長，二〇〇至二五〇英哩寬，平均高度一二、〇〇〇英呎，僅次於喜馬拉雅山脈。它真的是高峰迭起，有五〇座超過二〇、七〇〇英呎的白雪皚皚的山峰，其主峰阿孔喀瓜（Mt. Aconcagua）在阿根廷，高度為二二、八三四英呎（六、九六〇公尺），也是西半球最高的山峰。另一突出之處，在有三條大的河流盆地，其中亞馬松（the Amazon），是世界上容積最大的河流，有支流一、一〇〇多個，亞馬松盆地有世界最大的熱帶雨林；另兩個大的河流和盆地是巴拉那（Parana）和奧林諾科（the Orinoco）。

南美的氣候很富多樣性，安迪斯山脈高地酷寒，近赤道的低陸地區的又濕熱難耐。農產品有扁豆、南瓜、番茄、花生、鳳梨、紅椒、橡膠、煙

草、可可等。此外，礦藏亦豐，但未充分開採。委內瑞拉的石油，巴西、委內瑞拉和哥倫比亞的錫，等等。

　　印地安人曾在南美西部建立印加帝國（Inca Empire），其當時的首都在秘魯的庫茨稱（Cuzco），據有秘魯，以及厄瓜多爾、智利、玻利維亞和阿根廷的一部，有相當高度的文化，十六世紀初為西班牙所消滅。

　　南美洲經過歐洲各國角逐，最後西班牙和葡萄牙占上風，因稱拉丁美洲（Latin America）。

三、澳洲與紐西蘭

　　澳洲和紐西蘭，是另一個歐洲人取代了土著而將之歐化成功的例子。澳、紐地處亞太，而且在經濟整合上，屬亞太經濟體系。但是，澳洲人曾長期稱「東亞」為「遠東」，這是歐洲心態使然，而且最近才改變。陶英比曾經略帶嘲弄地指出，他們自覺地或不自覺地不知道，他們所說的遠東實在是在他們之北，而且相距不遠！[4]

　　澳洲或澳大利亞洲（Australia），位於印度洋與太平洋間，是世界最小的洲，它是一個島洲。它的面積有二、九六七、八七七平方英哩（七、六八六、八一〇平方公里），東西相距二、四〇〇英哩（三、八六〇公里），南北相距二、〇〇〇英哩（三、二二〇公里）。澳洲境內高原與平原交錯氣候暖乾而有陽光，年雨量在昆士蘭（Queensland）東部超過一一七英吋，不過澳洲僅有很少部份有充足的雨量。歐洲各國在澳洲的競爭，最後英國得勝而控有澳洲，現為獨立國家。土著淪為無力的少數。

　　紐西蘭（New Zealand）位於南太平洋，在澳洲東南一、二〇〇英哩處，面積一〇三、七三六平方英哩（二八六、六七六方公里），有南島

4　A.J.Toynbee,ed.,*Half the World: The History and Culture of China and Japan*(London, 1973), p.9.

（South Island）和北島（North Island）兩個主島及其他島嶼。兩個主島皆多山，但有肥沃的沿岸平原。

荷蘭人在一六四〇年代到此，並以荷蘭行省芝蘭（Zeeland）命名。一七七〇年代以後為英國人所控制。現為獨立國家，原住民毛利（Maori）成為少數，多居北島。

第二節　文化

一、文化的創造者

文化（Culture）的創造者是人類。在文化活動和創造中有突出成就且構成文化發展的里程碑的人物，便是文化人類學家所說的「文化英雄」。

文化的活動與創造是人類特有的現象。人類出現在地球表面，已有數百萬年的歷史。現代人是智人（Homo sapiens）的同類，智人的出現，不過是十餘萬年前的事。在歐洲不過只有三萬多年。在此之前，有巧人（Homo habilis）和直立人（Homo erectus），均為現代人的遠祖。

我們所關切的，是智人。這種人，中國人類學家李濟（濟之）喜歡把他譯成「有辨的荷謨類」。此因「有辨」，是「有智慧」的意思，相當於拉丁文中的 sapiens，語出荀子：

> 人之所以為人者，非特以二足無毛也，以其有辨也。[5]

♪　〖荀子・非相篇〗。

而「荷謨」，則是音譯 Homo（人），因之「荷謨類」即為「人類」。

　　這種人在歐洲，是在法國發現的克魯麥農人（Cro-Magnon Man）。其骨骸的化石，是首先在法國道多涅（Dordogne）的克魯麥農山洞（Cro-Magnon Cave）找到的。後來又在西班牙、德國、捷克等地發現。他們大約在三萬五千年前出現在歐洲，屬舊石器晚期的人種，身高約五呎半，臉短而寬。他們在距今一萬八千年以前會使用各種器物並馴養動物，在距今一萬二千年前會種植。

　　人類學家把「人」界定為：會製造工具者。人何以異於其他動物，而會製造工具？這有兩大原因。

　　第一是在生理結構上，人能直立而使前肢解放，可以自由活動，再加上雙手姆指與其他指頭分開，有了可以製造工具的條件。另外，最重要的，是人腦的功能。人有大於其他動物的腦容量（通常是一點三至二公斤重，隨各個人腦袋大小而異）。人不是用「心」思考，而是用「腦」思考。人的右腦掌管象徵性的和直覺的反應；左腦則司理語言運用、邏輯推理、分析和組織條理的工作。人腦雖不大，卻是由 165 億個神經細胞所組成，可以儲存五億本書的資料，這相當於美國國會圖書館藏書量的五〇倍。不過，一般人都糟塌了如此珍貴的資產，即使是一個經常動腦筋的人，一生所用的腦細胞不會超過 2 億個，約占全部腦細胞的 1.25%，大發明家愛迪生（Thomas Alva Edison, 1847-1931）一生用了四〇億個腦細胞，占 24%。

　　另一個人類獨有的條件是語言，而「寫」的語言便是文字。舉凡經驗和知識的累積、傳承和播送，乃至情感的交流及意見的溝通，端賴於此。

二、什麼是文化

　　什麼是文化？這有很多不同的界說。早在一八七一年英國學者泰勒（Edward B. Taylor, 1832-1917）在其所著〖原始文化〗（*Primitive Culture*）

中指出：文化或文明是一個複合體，包括知識、信仰、藝術、道德、法律、風俗，以及其他人在社會中所學習的能力和習慣。（Culture or Civilization, taken in its wide ethnographic sense, is that complex whole which includes knowledge, belief, art, morals, law, custom, and any other capabilities and habits acquired by man as a member of society.）[6] 此後有很多的討論。一九三四年美國人類學家班迺迪（Ruth F. Benedict, 1887-1948）出版她的〖文化模式〗（*Patterns of Culture*）。一九五二年美國文化人類學家克魯博（Alfred L. Kroeber,1876-1960）和克婁洪（Clyde K.M. Kluckhohn, 1905-1960）在他們合著的〖文化：概念與定義的批述〗（*Culture: A Critical Review of Concepts and Definitions, 1952*）一書中，對「文化」一詞列舉了一六四個定義，可謂洋洋大觀。一九六〇年代和一九七〇年代之初，又有若干討論文化的巨著。[7]

文化在中文中的涵義是「人文化成」。所謂：「剛柔交錯，天文也；文明以止，人文也。觀乎天文，以察時變；觀乎人文，以化成天下。」[8]「文」就是一切的形相或現象，「天文」指自然的形相或現象，「人文」係人對自然的形相或現象，經過認知、重組、改造和利用，而人文活動便是人對自然形相或現象所做出的認知、重組、改造和利用的活動。此一概念與西方的概念是相通的：西文中的「文化」（culture）一詞，源於拉丁文的 cultura，其原義有「耕耘」、「培養」等意。

文化是如何產生的呢？這是一個大哉問，而且不易有確定的答案。英

---

6 *Primitive Culture: Researches into the Mythology, Philosophy, Religion, Art and Custom*, Vol.I：Origins of Culture（1871 年出版，1958 年美國 Gloucester, Mass.: Smith 再出版），p.1.

7 舉例言之，Jack Lindsay, *A Short History of Culture*（1962），Ashley Montagu, ed., Culture（1968），P. L. Wagner, *Environments and People*（1972），W. W. Taylor *et al*.ed., *Culture and Life*（1973）.

8 易經賁卦象辭。

國哲學家和數學家懷海德（Alfred North Whitehead, 1861-1947）提出過一個很有「詩意」的說法。他說，自從人類出現在地球表面以後，曾歷經過無數次的黃昏，直到有一天，人對西天的晚霞喊出一聲「啊」！人類文化從此產生。有的學者認為地理因素對文化產生的影響，至關緊要。從古希臘的亞里士多德（Aristotle, 384-322 B.C.）到啟蒙時代的孟德思鳩（Montesquieu, 1689-1755）均持此論。近代美國地理學家韓丁屯（Ellsworth Huntington, 1876-1947）尤力持此說，並特重氣候的因素。他在二十世紀初葉屢次出版著作，〖氣候因素〗（*The Climate Factor, 1914*）、〖文明與氣候〗（*Civilization and Climate, 1915, rev. ed. 1924*）及〖文明的源頭〗（*Mainsprings of Civilization, 1945*）等，認為氣候條件不良，太熱、太乾、太冷、太濕的地區如北極圈、沙漠地帶、雨林地帶等，很難有較高的文化；適宜文化發展的氣候，其溫度應在華氏 38 度至 64 度間，濕度平均在 75% 左右。最顯著的例子是瑪耶（Mayan）文化，此文化在四○○年至一五○○年間曾在瓜地馬拉、宏都拉斯和尤堪坦半島（Yucantan Peninsula，在墨西哥）盛行，且有高度成就，發展出造紙、太陽曆、文字、零的觀念、大城市，在天文學、建築和雕刻方面均有所成。後來此文化衰竭固有其他因素（如部落間的戰爭），但主要原因在氣候變遷，後來叢林密佈、瘧疾流行，以及農耕困難有以致之。另外，英國歷史哲學家陶英比（Arnold J. Toynbee, 1889-1975）在其研究世界廿六種文明的興衰之後，寫成〖歷史的研究〗（*A Study of History, 12 vols, 1934-61*），他提出逆境（adversary theory）及「挑戰與反應」（challenge and response）的理論，認為環境或條件的艱難構成挑戰，而成功的反應會創造文化，但挑戰如過於嚴酷，則不易有成功的反應。[9]

英國哲學家羅素（Bertrand Russell, 1872-1970）認為：自古以來，人類

---

9 參看 Edward McNall Burns & others, *World Civilizations*, 6th Edition (New York: W.W. Norton & Company, Inc., 1982), Vol. I, pp 16-18.

不論其屬於何一種族,均不時要面臨三種敵人:自然、他人和自己。為了應付自然的挑戰,發展出物資的或技術的文化;為了找出在群體中與他人的相處之道,乃有社群的文化(如各種典章制度);為了克服自己,乃有精神的或表意的文化(expressive culture),如音樂、美術、文學、宗教等。此為文化的三個層面,亦與文化人類學家馬林諾斯基(Bronislaw Malinowski, 1884-1942)在其〖文化科學論〗(*A Scientific Theory of Culture*)所說的,文化有精神、物資、制度三大要素。

事實上,文化是人為適應環境並謀求生存發展所作的努力及其成果。此處所說的環境包括自然及人文環境,即中國人所說的「三才」(天、地、人)。這包括超自然或未知的環境(天),自然或物資的環境(地),再加群居或社會的環境(人)。另外,文化是手段而不是目的,目的是人群生命的安全。安全並不表示幸福或快樂,如農業文化較漁獵文化富裕,工業文化較農業文化富裕,現在我們早已進入後工業社會,也更富裕,但富裕是否可解決一切問題,使人類更快樂?

簡言之,文化是人類為了適應自然與人文環境所創造出來的生活方式的總和,其功能在確保人類的生存與發展。

三、文化與文明

「文化」與「文明」兩個概念須作釐清。文化我們已討論很多,文明(Civilization)一詞係由拉丁文 civis 轉來,civis 的原義是「城市中的公民」。因此,文明是較初級文化更高的一種狀態。它指在農業發展出來,新石器時期結束以後,人類社會有了城市生活、邦國制度(包括行政及稅收)、文字成就、專業劃分(如行政人員、農人、商人等)、金屬冶煉,其藝術與科學亦有相當發展,其政治、社會與經濟制度亦足以保障秩序、安全和效率的狀態。也就是說,文化為簡單的生活方式,文明則指先進的生活方式;因之,每人皆生活在文化中,但非每人皆生活在文明中。依此

說法，兩河流域（美索不達米亞）、埃及、中國、印度、希臘、羅馬、秘魯高地和玻利維亞（印加）、墨西哥河谷（亞佐提克）、瓜地馬拉（瑪耶）等地以外，其他大河（Rio Grande）以北的美洲大陸，以及大洋洲和撒哈拉沙漠以南的非洲，在受到西方勢力衝擊以前，均未達文明的程度。[10]

　　不過，一般言之，文化可概括泛指各階段的文化，在本書中用「文化」來涵蓋一切。

　　為了便於概念的掌握和討論的方便，對於「文化」可以界定為：

　　文化是人類為了適應自然與人文環境所創出來的生活方式的總和，其功能在確保人類的生存與發展。

四、什麼是西方文化

　　再就是：什麼是西方文化？

　　西方文化是西方人為適應自然與人文環境所創造出來的生活方式的總和，其功能在確保西方人的生存與發展。

　　西方文化以歐洲文化為其源頭和主體。歐洲是白種人（the Caucasoid），現居歐洲之白種人在體質結構等方面與古時歐洲人並無大的差別。他們在語言上屬於印歐語系（Indo-European Language），此主要可分為日耳曼（Germanic）、羅曼斯（Romance）和斯拉夫（Slavic）三個語族。日耳曼語族包括有：英語、日耳曼（德）語、荷蘭語、北歐日耳曼語；羅曼斯語族包括有：法語、西班牙語、加泰隆尼亞語（Catalonian）、葡萄牙語、義大利語和羅馬尼亞語；斯拉夫語族有：俄語、烏克蘭語、白俄羅

10參看 Richard L. Greaves & others, *Civilization of the World:The Human Adventure* (Philadelphia: Harper & Row, 1990), pp.1-2; L. S. Stavrianos, The World to 1500: *A Global History* (New Jersey : Prentice-Hall, 1970), pp.1-2; 42-43.

語、波蘭語、捷克語、斯洛伐克語、塞爾維亞—克魯西亞語（Serb-Croa-tian）、保加利亞語。此外還有希臘語、阿爾巴尼亞語、拉特維亞語、立陶宛語、塞爾特語、芬蘭—烏戈爾語（Finno-Ugric）、土耳其語、閃語及巴斯克語。

　　歐洲文化的政治理念、科學成就、藝術創造、哲學思想和宗教信仰等，自希臘時代起即向外傳播並發生影響。自從十五世紀末年，因為新航路和新世界的發現而展開了「歐洲的擴張和世界的歐化」向外擴散的新時代。歐洲一度曾掌控世界的絕大部份，但即使是在政治控制力和殖民主義力量退潮以後，歐洲文化在歐洲以外的北美洲、南美洲、澳洲、紐西蘭等地，無論在人種景觀和文化實體上，均維持住西方文化的風貌。例如在北美，人民多來自歐洲，講英語或法語，在墨西哥講西班牙語；在南美，有四個主要族群，即有歐洲血統的人，其中有：(1)土生印地安人；(2)白種歐人（多為西班牙人和葡萄牙人的後裔）；(3)非裔美洲人（African-Ameri-can），即當初的「黑奴」及其後裔；(4)混血種人，其中有米斯提佐（mes-tizo，主要是歐人與印地安人的混血），以及穆拉圖人（mullatto，為有非—美—歐血統者）；他們均使用歐洲語言（葡萄牙文在巴西，其他絕大多數為西班牙語）；澳洲人和紐西蘭人主要為英國血統，講英語。

　　西方文化對世界影響極大，值得瞭解。

五、精緻文化與大眾文化

(一)兩種文化概說

　　文化活動的層面很廣，至少有精緻文化和大眾文化兩個範疇，二者在質與量上均有高度的差異。以質而言，精緻文化（refined culture）指典章制度，以及具有高度原創性、知識性或藝術性的活動，參與者須有特別的秉賦或訓練，有原創性貢獻的「大師」，固然是文化人類學者所說的「文

化英雄」，一般參與工作者亦需要特別的訓練，即使是從事政治或社會活動的人物也有其異於常人之處。

至於大眾文化（mass culture），在質上說，則多屬內容淺易，人人可以接受的東西，它固然也有它的「文化英雄」，這些人物也光環閃爍，但因係訴諸感官享受，不求「知」和「善」、「美」，因而幾乎人人可以參與；就量而言，它與精緻文化向來為少數分子（優異？）所掌握的情況不同，一直具有高度的普及性，是屬於一般眾人的。

這兩種文化類型，本來存在著互相轉化的關係。眾所週知，大眾文化的某些部分，可以經由類似冶煉的「淳」化或「雅」化的過程，而為精緻文化所吸納，例如中國古代的文學作品〖詩經〗，其〔國風〕部分係由民間而來；在西方，西元前八世紀希臘詩人荷馬（Homer）的著名史詩〖伊利亞特〗（*Iliad*）和〖奧德賽〗（*Odyssey*），也是吸收民間遊方詩人的作品而來。誠如〖論語〗所說：「先進於禮樂，野人也；後進於禮樂，君子也」。這個意思是說：代表精緻文化的禮樂，是由民間的基層而來。另一方面，有許多普通的詞彙或用語，卻來源不同凡響，如「火候」來自道家的煉丹，「方便」出自佛經，「味道」出於〖中庸〗，「樂極生悲」源於〖禮記〗的「樂極則生悲」；在西方，形容語雜亂的「巴比之塔」（Tower of Babel），也出自〖聖經〗。這也說明，有一些大眾文化的因素是從精緻文化而來的。自然科學方面，在二十世紀之初的「物理學革命」之前，自然科學的許多知識或原理，仍為一般受教育的人所瞭解，但此後只有專業人士才懂了。

現代的精緻文化，完全是專業知識；大眾文化，也完全是另一種型態。二者之間存在著一條不可跨越的鴻溝。

今日的大眾文化完全是一種新生事物。它的產生，有些特殊的因素：(1)經濟繁榮，許多人群社會擺脫貧窮，中產階級成為主體；(2)消費社會的出現，人有了社會福利的保障，不必再為養老或生病而儲蓄，消費成為一種生活方式；(3)公共閒暇的增加，人不僅不再「日出而作，日入而息」，

工作時間的減少而有長週末，有薪假期的實施而有富裕的假日；(4)教育普及，觀念傳播較前為快，不再有文盲或文盲減至最少；(5)大眾傳播事業發達，電影、廣播、電視的普及（有人認為「家」應改寫成「宦」，遮蔽物之下有台電視機，以示電視是家中不可或缺之物），無人否認媒體直接或間接地影響人的思想、愛憎、詞彙和衣著，媒體的狗仔隊攝影師（paparazzo，多數形為 Paparazzi）尤為可怕；尤其 1990 年代電視與衛星結合後成為人揮之不去的巨獸（TV Monster）。

(二)大眾文化的特色

大眾文化中的「文化」，實際上是商品。商品製作者的目的在贏利，因此消費者品味和市場，是最重要的考慮。欲求在市場上追求最大的利潤，就必須訴諸最多的消費者。因此，這些產品便走向庸俗和娛樂性的發展，否則便不引起消費人的興趣，以致不能賺取利潤。有的國家在進入大眾文化之後，其人民仍能保留若干較為精緻的部分文化活動，如西方人對於歌劇和舞蹈（特別如芭蕾舞等）的重視與欣賞；日本人也保留了一些「禪道」、「茶道」、「花道」、「棋道」和「書道」等；中國人也有人對「京劇」持類似的態度，但人數仍太少。

大眾文化有其特色。

第一、它是重感性的：它之所以廣受大眾歡迎，在於它能訴諸「平均人」的需求，訴諸大眾的本能而能引起大眾的共鳴。美國的爵士樂、搖滾樂、西部電影、休閒服飾之所以受到歡迎，是一些典型的例子。1950 年代崛起於英國港口和工業城市利物浦（Liverpool）（不是傳統的文化城）的年輕歌手，來自工人家庭背景的「披頭四」（the Beatles），造成風靡世界的「披頭狂」（Beatlemania），在一九六〇年代引領風騷。稍後、成立的「滾石」（Rolling Stone），亦係來自英國的歌手五人，在 1970 年代當紅一時。再就是五女組成的「辣妹」（Spicy Girls），一樣的有其半片天。美國女歌星瑪丹那（Madonna），以具有「聖母」意味的名子為其藝名，配

合上挑逗性的肢體語言和撩人的歌聲，把自己成功地塑造成揉合了神聖與褻瀆的、淑女兼蕩婦的形象，對男人是性的化身，對女人是服飾的標竿，她的挑逗和煽點的工夫之高，舉世莫之能禦。另一個波諾（Bono）所領導下的搖滾樂隊，崛起於愛爾蘭都柏林（Dublin）的U2，同樣的具有工人階級的背景，在一九八〇年代紅遍半邊天。此外，歌手麥克・傑克遜（Michael Jackson），作風爭議不斷，卻能吸引群眾。此外，各種運動比賽項目，如足球、橄欖球、籃球、排球、桌球、賽車等等，因為能夠衝擊人的感官，也能造成萬人空巷，爭相前往觀賞的效果。世界各大城市均以擁有多層看台的大運動場（「巨蛋」）為務。而且，場裏場外，同樣熱鬧。例如，一九八八年墨西哥世界杯足球賽，受人注目的程度，號稱「九十億隻眼睛的焦點」。一九九八年六月世界杯足球賽在馬賽舉辦時，有37億人在看電視轉播。運動節目受人歡迎的程度，有時簡直是非理性的，例如一九六九年美國太空人阿姆斯壯（Neal Alden Armstrong）登月，電視取消若干運動節目來轉播登月實況時，竟遭多人抗議！

　　第二個特色是它導向同質化的發展：自古以來，人各不同。各種衣飾上的，品味上的和行為上的差異，更助長人與人之間的異質性。英國作家哈代（Thomas Hardy, 1840-1928）在十九世紀末期（1891）出版的『黛絲姑娘了』（*Tess of the D'Urbervilles*），形容女主角從一個山谷到另一個山窪，便覺得是從一國到另一國。但是，在大眾文化的籠罩下，便走上同質化。於是，「首善之區」的喜憎、口音和格調傳到僻遠地區，使紐約與美國鄉間無殊，巴黎與法國鄉間無殊，倫敦與英國鄉間無殊。在大眾文化中，不僅同一國的城與鄉沒有差別，即使是各國的大都市間也沒有太大的區別：羅馬、巴黎、紐約、馬德里、新加坡均有類似的風貌。這種同質化的發展又為廉宜的，一致的，機器製作的服裝的普遍使用（如牛仔裝等）所強化，服裝不再有區別身份、人種、國籍的作用。

　　第三是它的普遍性：大眾文化一如水銀瀉地，無孔不入。它是消費型和娛樂型的文化，一切我行我素。它從不重視精緻文化所重視的創造和發

明。它不尊重精緻文化所尊重的思想家、科學家、文學家、藝術家、企業家，但是它尊重藝人、明星、歌星、拳王及運動明星。很多人對文豪、學者、政治家、國際政治等均不求瞭解，1985 年 4 月在東蘭興（East Lansing）密西根州立大學（Michigan State University）就 132 位歷史上重要的人物、年代和地點對學生舉行測驗，結果發現學生們平均只知道 47%，其中科學家伽利略被認為是歌劇演員，畫家魯賓斯被視為是一種三明治。11 但對大眾文化中的「天王」級人物，卻耳熟能詳，尊拜有加。1987 年搖滾樂明星貓王艾維士・普萊斯萊（Ellis Presley, 1935-1977）逝世十週年時，他的家鄉田納西州的孟斐斯（Memphis）竟有五萬人以上的歌迷來「朝聖」，這是難得之事。一九九四年五月巴西賽車好手賽納（Ayrton Senna）在巴黎賽車身亡，在聖保羅舉行盛大葬禮，成千上萬的人來瞻仰遺容，停止上班上課，但不久即被遺忘。猶憶趙翼在其〔論詩〕有謂：

> 李杜詩篇萬口傳，至今已覺不新鮮；
> 江山代有才人出，各領風騷數十年。

大眾文化中的人物，恐怕多是「江山代有才人出，各領風騷三五年」。

第四個特色是它崇尚簡化及速成：此為隨著同質化而來的另一發展。大眾文化不喜歡複雜與微妙，要把一切情況用簡易和確定的方式來解決和處理。很多東西如照相機、錄影機、電視機、DVD 等，都是用「按鈕」的方式來運作。以照相機而言，只有攝影大師還用人工操作光圈和距離的照相機，其他人都把這些交給按鈕了。凡此種種，也使大眾文化社會中的人常把物品的存在價值當做只有使用的價值，用後即可丟棄，一如免洗餐具。此使人與外在的一切只有短暫的關係而沒有較為固定的關係，因而在心理上缺乏安定感和安全感。

---

11 Fullerton, California(UPI), *China Post*, Oct.18, 1986, p.3.

　　這種大眾文化造成的困境，大眾文化自身完全無動於衷。當然，也有人痛下鍼貶。西班牙哲學家奧德於（Jose y Gasset, 1883-1955）在其〖大眾的叛變〗（*La Rebellion de las Masas, or, The Revolt of the Masses*）（1930）認為，歷來「大眾人」（mass men）皆聽從「優異分子」（elite）的領導，如今顛倒過來，實屬悲劇。法國存在主義哲學家沙特（Jean-Paul Satre, 1950-1980）在其〖話語集〗（*The Words*）（1966）詛咒品味低劣的大眾文化使二十世紀成為一個「沒有傳統的世紀」（a century without tradition）。12 也有人因而憤世，哲學家桑特耶拿（George Santayana, 1863-1952）在1912年他49歲時，在哈佛上課時看到一隻知更鳥站在教室窄檻上，注視一下，回頭對學生說：「我與陽春有約」。（I have a date with spring），乃下課退休，不問世事，最後死在義大利一家修院中。但是，它無遠弗屆，也無堅不摧。有人認為，如美國俄亥俄保齡·格林州立大學（Bowling Green State University）大眾文化系教授布朗尼（Ray Browne）便說二十世紀末年共產主義力量的消退，與大眾文化有關。13 也許，共產主義的控制力的衰弱，與這種軟性的和沒有一定意識型態的大眾文化發揮了「柔弱勝剛強」的效果有關。

　　也有一些人覺得大眾文化不能滿足所需，發展出一些次文化，奉行此種各不相同的次文化的人，相對於大眾而言，稱為「分眾」。近年在日本興盛的辭彙如，單身貴族、夜貓族、頂客族、暴走族，等等，為人耳熟能詳。此種「族」，並不是中文裏的意思，而是源自日語，代表某種特定的群體，以與其他人有別。

---

12 Roland N. Stromberg, *Europe in the Twentieth Century*, 2nd ed. (New Jersey: Prentice-Hall, 1988), pp.292-93.

13 Bowling Green, Ohio, (UPI), *China Post*, April 2, 1990, p.2.

第三節　文化的對待態度

　　文化的本身不是目的而是人群社會生存與發展的手段。它既是人類為了適應自然和人文環境所創獲的生產方式的總和，不同的人群面對不同的自然或人文環境，乃有不同的反應，因而有不同的文化行為。例如英國人和美國人，因為地理因素的關係，英國與歐陸有海峽隔阻，其本土自一〇六六年諾曼人征服（the Norman Conquest）以來未受侵占，美國地處大西和太平兩洋之間，直迄二〇〇一年九月十一日紐約世貿大樓受來自境外的恐怖組織攻擊並摧毀以前，其美洲本土未受攻擊，因而比較富有安全感，這影響到它們在國際政治和其他方面的行為模式；俄羅斯人因為地處嚴寒和野獸威脅，再加上位於無險可守的廣闊的平坦地帶，乃缺乏安全感，在行為上傾向於採取以攻為守的擴張和侵略的態度。

　　在此情形下，我們對待各個不同的人群社會的文化，應採取文化的相對主義（Cultural Relativism）的態度，切忌有文化的我族本位論（Cultural Ethnocentrism）的想法。這是因為：

　　第一個原因是人都生存一個特定的文化體系之中，任何人均無法擺脫他所生存在內的文化體系，加諸他身上的價值判斷的影響。心理分析學派大師容克爾（Karl Jung, 1875-1961）提出人有個別的和集體的潛意識。他所說的集體的（或種族的）潛意識是指作為某一文化體系的成員所承襲的因素。他用「原型」（archetype）一詞來表示無數個人相似的經驗中的共同部分。每個社會均相信神像肖人，或神用他自己的形像塑造了人類。古希臘人說，衣索比亞人認為他們的神是黑膚象鼻的；色雷斯人（Thracians）認為他們的神是藍眼紅髮的；如果牛或馬也有手，也有神的信仰，則牛所畫的神像牛和馬所畫的神像馬。類似的案例是，海地有黑色基督和白人猶

大的形象，紐約哈林區黑人商店中的娃娃是黑皮膚的。民族學者也指出，印地安人儘管有不同的族群和語言群，但他們有共同的傳說：神創造人類是用麵粉烤製的，第一次因火候不足而烤出白人，第二次又因用火過頭而烤出黑人，第三次經過完美無缺的過程才烤出印地安人。不同地區的家長對男女婚嫁的做法，也顯示出文化的差異：中國等一些東方國家的家長，偏重在「娶兒媳婦」，因而在責任與義務上負責較多；加拿大等一些西方國家的家長認為是「嫁女兒」，所以要負較多的責任與義務。紐約客認為右行才對，倫敦佬卻偏要左行。美國人伸出食指和中指，表示「Ｖ」（勝利），但在澳洲卻被認為是淫穢（與美國人伸出中指相同）。另外，把食指和姆指合成圓圈，再把其他剩下的三指伸直，這表示「OK」；但在巴西，伸出三指，一如伸出一個中指，都是髒話。還有，西藏人所奉行的天葬，不能從其他文化的人道觀念來理解。因此，我們要以寬容的心胸來尊重不同文化的價值觀和行為模式。

第二個原因是，現代人除了是「國家人」、「經濟人」之外，更重要的，還是「世界人」。現世界已經因為交通運輸的發達，以及資訊傳播的迅速，而日益縮小。十九世紀末期，有了「環遊世界八十天」（Around the World in 80 Days）的說法，被認為是傳奇。此後航空事業一日萬里，1980年代英、法合作的「協合」飛機（Concord），已是超音速，速度超過步槍子彈。美、日等國正發展「東方特特快車」高速飛機，會像太空梭穿越大氣層進入太空再返回地球，將來華盛頓到東京的航程只要120分鐘。世界上任何重大的資訊，會在三十分鐘以內，傳佈地球。一九六〇年代，加拿大傳播學家馬可魯漢（Marshall McLuhan, 1911-80）提出「地球村」（Global Village）的觀念，如今已經成為事實而且極端廣泛地被接受。電腦網路（Internet）早已無遠弗屆，所謂「世界網」（WWW: Worldwide Web），人人可及。資訊由電腦處理，由記憶體和伺服器儲存，用網路輸送，是何等的方便和快捷。固然，有人說，電腦使坐在它面前的個人，一如一個孤島，從而破壞了傳統的人際關係；但是，另一方面，每一孤島卻藉由網路

的連結而構成另種世界脈絡。網路瓦解了傳統社會對人的身分地位因受性別、族群、職業、階級等等因素所作的區隔。在不同人群如此頻繁的互相接觸的情況下，如果用自己的文化作為唯一的衡量或評估其他文化的標準，毫無疑問地，會失之於偏頗，而不能產生和諧的關係。

第三是在人類的歷史發展中，不同人群社會的文化一直在交互影響的過程之中，無一人群能自外於此種發展，除了投入以外，別無他途。投入時可以有立場，但不可有偏見。文化的相對主義是矯正偏見的良方。

2

古典的傳承

- 政治生活
- 文化成就

　　古典時期是指希臘與羅馬時期（主要自西元前八世紀至西元五世紀）。希臘文化是歐洲文化的源頭。英國史學家費雪（Herbert A.L. Fisher, 1865-1940）在其名著〖歐洲史〗（*A History of Europe*）（3 vols., 1935）開宗明義地說：「我們歐洲人是希臘的後裔」。（We Europeans are children of Hellas）。英國詩人雪萊（Percy B. Shelley, 1892-1922）也說：「我們都是希臘人，我們的法律，我們的文學，我們的宗教，我們的藝術，皆植根於希臘」。（We are all Greeks; our laws, our literature, our religion, our arts have their roots in Greece.）。舉凡理性、科學、民主均為希臘文化的遺產。

　　希臘人的文化成就，後來在許多方面，又為重實際和長於組織的羅馬人所發揚光大，他們重視義務感（pietas）、目標嚴肅性（gravitas）和個人價值（dignitas），繼事承烈，把希臘文化帶到另一境地，隨著羅馬人所建立的跨歐、亞、非大帝國，而演為西方世界性的文化。

第一節　政治生活

　　希臘人和羅馬人均有豐富的政治生活。如果說，國家級的政治組織以民族國家（nation-state, or, national state）為常態的話，則他們均未發展出此種形式。兩種人都把城邦（city-state）發展到極致，然後有超城邦的嘗試。但是，他們都採取了超民族國家的途徑，那便是多民族的帝國。不過，希臘人的帝國試驗，不如羅馬人成功，因為亞歷山大的帝國，無論在時間的持久性上，還是在組織的嚴密性上，以及對後世的影響性上，視諸羅馬帝國，均瞠乎其後。

一、希臘

㈠早期情況

　　古代的希臘，大致上主要地包括希臘半島和愛奧尼亞海（the Ionian Sea）海中的一些島嶼。但是，希臘人也認為他們所建立的殖民地為希臘的一部份，如此可延伸到西西里島、義大利南部、土耳其西岸地區，以及黑海沿岸的一些地帶。希臘地區早有人居，克里特島的邁諾亞文化（Minoan civilization），文化可以追溯到西元前二十五世紀或更早。即使是希臘本土比羅奔尼蘇半島東北以邁西尼（Mycenae）城邦為中心的邁西尼文化（Mycenaean civilization）亦頗興盛，該城邦在西元前一六〇〇年至一二〇〇年間甚為重要，此一時代即荷馬時代（Homeric Age），為青銅器後期。邁西尼國王阿格曼儂（Agamemnon），便是史詩〖伊里亞特〗（*Iliad*）所說的希臘各城邦聯軍統帥。這些發展算是希臘歷史中的形成時期（Formative

Age），這個時期始於遠古結束於西元前八○○年左右。第二個時期是殖民時期（Age of Colonization），約當西元前八○○年至六○○年左右，希臘人在希臘本土之外，拓殖了許多殖民地。第三個時期是希臘文化的黃金時期，約當西元前六○○年至四○○年間，希臘人有了輝煌的文化成就。第四個時期在西元前四○○年至西元一四六年為羅馬所控制，為其衰亡期。

我們對於希臘人形成時期的瞭解不多，主要是透過荷馬（Homer）的史詩來一窺概貌。荷馬的〖伊里亞特〗和〖奧德賽〗（*Odyssey*）固然是希臘人圍攻特類城（Troy）[1] 為主要的敘事內容，但也透露了當時的政治和社會概況。希臘不是一個統一的國家，有許多城邦。但是，這些城邦的政治組織並不嚴密。國王的權力不大，也不很重要，這可從〖奧德賽〗所描寫的主角伊色佳（Ithaca）的國人奧德修斯（Odysseus）可以離國二十年之久，而且也沒有攝政王可以看出。不過，各氏族均有很大的權力，對它自己的成員也有極大的管束力。另有貴族會議（Council of Nobles）和由戰士組成的戰士大會（Assembly of Warriors）（後演為公民大會）。各個城邦雖有個別性的差異，不過它的中心常在一個利於防守的山丘的頂上，這裏也是處理公務和大家議事的地方，最早先建一個城寨，然後擴大為城市，再漸形成城邦，它包括這個城市和附近的鄉村地帶，居民多限於至城市一日的腳程之內。城邦內的公共建築如處理公務的地方，再如市場、法庭、廟宇等均盡力求堂皇，與私人住處成為顯著的對比。不過，早期的城邦只是行政中心，後來才有工匠和商人。每一個城邦叫polis（複數形為poleis），「政治」（politics）或「政治的」（politcal）一詞，便是這樣由城邦（pol-

---

[1] 特類亦稱伊里阿穆（Ilium），位於小亞細亞西北部，近韃靼尼爾海峽處。此一古城廢墟在土耳其西部，德國人史列曼（Heinrich Schliemann, 1822-90）的發掘，使我們有較多的瞭解。其地曾有九次建城的紀錄。特類遺址 I（Troy 1）可以追溯到西元前 3000 年。荷馬史詩中說的特類可能是特類遺址 VII 的 A 址（Troy VIIa），此城在西元前 1250 年左右被劫焚。特類遺址 VIII（Troy VIII）為一小的希臘村落，遺址 IX（Troy IX）為希臘及羅馬時代的城市伊里阿穆。

is）演變而來。[2]

　　古代希臘人從未能建立一個統一的國家。此因希臘的地理環境，山嶺縱橫，河流切割和海灣交錯，這助長一些山谷、河域和平原的自成體系，使之不僅成為經濟單位，亦成為政治單位。但也因城邦很多，使希臘人的政治生活經驗特別豐富。舉凡政治學中有關政府體制的一些名詞，皆出自希臘文，如君主政體（Monarchy，意為：一人統治的體制）、貴族政體（Aristocracy，意為：精華分子的統治）、寡頭政體（Oligarchy，意為：少數人支配的政體）、民主政體（Democracy，意為：人民當家作主的政體）等等。

　　眾多的城邦中，有兩個最具代表性，那就是斯巴達和雅典。

㈡斯巴達

　　斯巴達（Sparta，希臘文作 Sparti）位於比羅奔尼蘇半島東部的拉科尼亞（Laconia）地區，面積約三、○○○方英哩（四、八○○方公里）。斯巴達人屬多利安族（Dorians），他們征服原有的邁西尼，後又併取麥西尼亞（Messenia），但邁西尼人曾於西元前六四○年左右反叛，後經慘烈的戰爭始平定邁西尼人並把他們變成農奴（helots）。斯巴達人在全城邦人口二十五萬中，所占比例不超過二十分之一，為了要長久確保他們的統治者的地位，他們採行很嚴酷的階級（實際上是種姓）制度。斯巴達有三個不能改變的階級：斯巴達人、周圍居民和農奴。斯巴達人（Spartiates）屬第一階級，為少數的統治階級；周圍居民（perioeci, or, dwellers around）為第二階級，來歷不詳，可能原是斯巴達的同盟的人民，可從事商工活動，享有相當的自由；第三個是人數最多也是最為卑賤的階級是農奴，他們毫無自由，居處受限制並永世耕作，其中的優異分子亦常遭殺害。

---

[2] 參看 William H. McNeill, *A History of the Human Community*, 3rd ed. (New York: Prentice-Hall, 1990), vol.1, pp.98-102.

斯巴達人雖有國王，但其建立的政體是軍國主義的寡頭政體。他們具有高度的警覺和憂患意識，生活嚴肅而沉默寡言。[3] 他們採取非常嚴格的軍事教育來訓練公民，兒童在出生後即受檢查，不健康者即遭棄置，任其生死。健康男童自七歲至十八歲，必須在營房中接受嚴格訓練，包括體能及戰技的訓練，服從及守法的訓練，以及堅忍及勇敢的訓練。訓練期間生活條件不佳，甚至衣食不足，可以偷竊東西，但如遭發現，即被處罰。不過，不是因為偷竊才受處罰，而是因為被發現，始受處罰。他們對女子的訓練也很嚴格，此因如果沒有強健的媽媽，便無強健的戰士。

在政治制度方面，斯巴達有兩位國王，但國王擔任出征統帥和祭司的工作，並不主政，沒有實權。有元老會議（Gerusia, or, Council of Elders），成員有三十位，由兩王及二十八位年滿六十歲以上的貴族所組成，它有權監督行政和向公民大會提交法案。再一個機構是公民大會（Appella, or Popular Assembly），由全體成年的男性公民所組成，很有權力。它負責選舉元老會議的成員，以及由五位監理官（Ephor）組成的監理院（Ephorate）。它也有立法權，也是最高司法機構。監理院負責實際的政務，為真正的統治者，監理主元老會議和公民大會，監理全民生活，亦有權在必要時（神意顯現時）廢黜國王。凡此顯示斯巴達的寡頭政治色彩。

(三)雅典

雅典（Athens, or, Athinai），位於阿提卡平原（Attica），處於科林斯灣（Gulf of Corinth）和愛琴海會流之處，面積約一、〇六〇方哩（一、六九六方公里）。它的核心是高城或衛城（Acropolis）[4]，它建在一個高二

---

3 他們所居住的拉科尼亞平原（Laconia），其形容詞為 Laconic，如將 L 小寫為，laconic，便是用語「簡潔明白」的意思。

4 此字原義為：城市中的高點。本來各城邦均可用之，因希臘城邦均建立在高點上，後專指雅典。

六〇英呎（八〇公尺）的山丘上。雅典在各城邦中，係屬「大器晚成」的，它在西元前八世紀至七世紀間，尚無藉藉名，在「伊里亞特」也未被點名。它是希臘城邦中，最有文化成就的一個。其公民教育亦富人文色彩。同樣的，它的教育亦係為少數公民所獨有的待遇。但雅典人個性自由，男嬰兒出生後在家生活，如果可以受教育，在七歲後由一教僕（伴讀者）陪同入學。此種教僕（pedagogue）大多數是戰爭的俘虜，不是雅典人，但有學問。男童所進的學校，有音樂學校，去學音樂和文字；進體育學校，去學體操和運動。十六歲後，進公立的體育館或學園（Gymnasium）去接受高層次的教育。男童教育以音律、詩歌、運動家風範為重點。女孩則留家中，由母親和保姆教導家事。

　　雅典也歷經過君主政體、貴族政體和僭主政體（Tyranny）[5]。但在西元前五〇八年克萊斯佐尼（Cleisthenes，西元前六世紀人）當政以後，即走向民主，所以克萊斯佐尼有「雅典民主政治之父」（Father of Athenian Democracy）的稱號。他深知宗族或族群是雅典政治紛擾之源，乃決定以區域為標準，把雅典分為若干區（demes），重新編定人民為十族，以代替原來各擁地盤的四大部落。同時劃定選區來選舉，此使許多家族喪失了政治上的壟斷地位。他也削減貴族會議之權，把四百人委員會擴大為五百人會議（Boule, or, Council of Five Hundred）。這個五百人委員會掌理行政和草擬送交公民大會的法案，其成員由各區人民抽籤產生，每一個年滿三十歲的男性公民均有資格參與。又有鑑於五百人的人數過多，不易集中意見，又將之分為十個五十人委員會（Committee of Fifty）。每一個五十人委員會輪流主持國政十分之一年，也就是三十六天。另外，公民大會也握有充

♪　所謂「僭主政體」也是希臘各種政體中的一種。這種政體下的統治者並不一定「暴虐」，有時甚至能興利除弊，稱為「僭主」是指其取得政權的方式缺乏正當性而言。西元前 560-510 間 Peisistratus 及其子 Hipparchus 及 Hippias 曾為雅典的僭主。

分的立法權，它由全體公民組成，每年集會十次，議事的法定人數是六、○○○人。為了防範野心家出現，以致再見僭主政治，乃定出一種制裁野心分子的放逐辦法，其方法為把嫌疑人的名子寫在陶片（ostraka）（當時尚無紙張）上，然後在公民大會投下，如果該人得票過半數（通常是在三、○○一票或以上），即被列為威脅公共利益的人物，所受懲罰為放逐出國十年，但其公民資格和財產不會喪失，而去國十年足以斬斷其所經營的組織和關係。為了避免有人在會議中發言冗長，以致形同杯葛，也使用一種水鐘（klepsyatra），發言開始時放置較高處的水盃即流到放置在較低一處的水盃，費時約六分鐘，表示發言截止的時間已到。

　　雅典的民主政治到西元前五世紀的柏里克里斯（Pericles, c.495-429）時期達於巔峰狀態。事實上，在他主政的三十二年間（461-429 B.C.），是雅典的黃金時代。此時貴族會議已喪失了它在憲法上的功能，成為審理殺人罪的上訴法庭。公民大會成為真正的最高權力機構，由五百人會議為之安排會期及議程，五百人會議所分成的五十人委員會各主十分之一年的國政，其主席任期為一天，但在那一天，他就是雅典的元首。又因為五百人會議的成員，其任期為兩年為限，又是抽籤產生，每一公民在一生中大多有機會擔任。如果他的運氣更好，也會有機會抽籤抽中擔任五十人委員會的主席，那就是為期一天的元首。所有的官員，包括九個執政官和法官也由抽籤產生。不過，在軍事和外交方面，由於需要專業的知識和能力，乃由公民大會選出十位將軍來掌理，他們組成十將軍委員會（Board of Ten Generals）。將軍任期為一年，但得無限制的連選連任。十將軍委員會掌理軍國大事，有很大的權力，類似內閣制國家的內閣。柏里克里斯擔任十將軍委員會主席三十二年（461-429B.C.），因而為此時期雅典的真正領導人。司法方面，民、刑案件由各人民法院（dikasteria）負責審理，有陪審制度而陪審員由抽籤的方式產生；殺人罪由貴族會議管轄；叛逆罪是公民大會的權責。同時，雅典亦頗重視人民的福利，娛樂由政府提供。每年為酒神所舉辦的慶祝活動，與戲劇的發展有很密切的關係。

　　此一時期雅典民主政治發揮到極高點。每一公民均能參與,劇作家索福克里斯(Sophocles)和史學家修西代底斯(Thucydides)均曾擔任過十將軍委員會中的將軍。修西代底斯所著〖比羅奔尼蘇戰爭史〗(*The History of the Peloponnesian War*)中所記柏里克里斯在西元前四三一年所作的陣亡將士悼念詞(Funeral Oration)中,對民主政治多所闡揚,認為凡是不能或規避參與責任的人就是「無用的人」(a useless character)。在這裏,公共精神和個人主義得到調和。雅典在各方面均堪為全希臘的表率,是「希臘的學校」(the school of Hellas)。

　　但是,雅典的民主政治有其限度。政府雖然鼓勵公民參政,並且發給津貼和供應飲食,鄉間農民仍不肯放下日常的工作來參與政治活動,以致仍是城市居民參政者多,城鄉平衡的想法不能落實,距全民參政有落差。更重要的,雅典的政治只限公民階級中的男性參與,而公民資格又是以血統為標準,因為西元前四五一年通過的法律,公民資格限於父母皆為雅典公民的人。固然,此一法律另有其時代背景,它的目的在於防止雅典的盟邦的人民大量移居到雅典。總之,雅典民主排除了婦女、外來居民(metics,多從事工商活動)和奴隸的參政。據估計,當時雅典公民的人數(包括婦女)約在一七○、○○○人左右,其中男性成人約有四○、○○○人至四五、○○○人;外來居民約有三○、○○○人;奴隸的人數相當多,數字不確,可能與公民階級的人數相當。這些奴隸多來自小亞細亞和黑海地區,除了在家庭為僕之外,有許多人在洛力姆山(Mount Laurium)的銀礦或其他地區做苦工,其境遇之慘,亞里士多德形容為「有生命的工具」(a tool with life in it)。雅典的民主政治排除了這麼多的人參與,此與現代民主體制允許每一個公民(而公民亦非以血統為唯一的標準),可謂相去太遠。因此,雅典的民主政治實際上只是少數統治(minority rule),而非民主政治的多數統治(majority rule)。這也就是歷史學家羅斯托茲夫(Michael I. Rostovtzeff, 1870-1952)在其〖古代世界史〗(*A History of Ancient World, 1924-26*)所說的,古代文明的「貴族的和排外的性質」(aristocratic and exclusive nature of ancient civilization），即使是開朗如雅典者亦不例外，良用慨嘆。另外，雅典把十將軍以外的公職用抽籤方式產生，以及用直接而非代議的方式決定國是，亦與現代民主政治不同。[6]

㈣波希戰爭及希臘化時代

希臘各城雖曾盛極一時並且通過了一場嚴峻的，威脅到它們的生存的考驗，那就是波希戰爭，但卻因內鬨而衰落，最後因為亞歷山大帝國的興與衰而形成了希臘化時代。

希臘之東的伊朗和阿富汗的一部，希臘人稱為「波西斯」（Persis），此為波斯（Persia）一詞的來源。這裏興起了個「集權專制的波斯帝國」。波斯帝國因為要征服希臘各城邦，因而爆發了波希戰爭（Persian Wars, 490 B.C., 480-479B.C.），也使希臘各城邦聯合與之對抗。西元前 490 年的馬拉松（Marathon）之役，因為留下「馬拉松」（名詞指長跑運動項目，形容詞意為「冗長的」），而為後人所熟知。馬拉松為一平原，在雅典東北約二五英哩（四〇公里）處，在此希臘軍隊（主力為雅典軍隊）戰勝波斯軍隊後，因恐已敗逃上船的波斯軍隊去進攻雅典而雅典不知勝利而投降，於是派他們的「神行太保」（借「水滸傳」語）信差費迪皮底斯（Pheidippides）奔至雅典報捷，他在跑至雅典報捷後倒地累死。後來奧林匹克運動會或其他大型運動會中有長跑比賽項目，便起源於此。

征戰之中，軍隊動員的數字常被扭曲誇大，以致沒有太大的意義。所謂「雄師百萬」、「投鞭斷流」不過是一種說法而已。在波斯戰爭中，雙方動員的兵力，實際並不大。馬拉松之役，雙方會戰的人數不過兩萬多人；西元前 480 年波斯再攻希臘城邦，動員軍隊號稱由四三族組成的五〇〇萬人大軍，實際上不過一五萬人；撒拉密斯（Salamis）的海戰（480 B.

---

6 參看 Richard L. Greaves & others, *Civilizations of the World: The Human Adventure* (Philadelphia: Harper & Row, 1990), pp.89-92.

C.），雙方動員的艦艇不過 900 艘；普拉特亞（Plataera）大決戰，雙方動員的總兵力也不過三、四十萬人。但是，這些動員人數不多，武器殺傷力也小的戰爭，卻每每決定歷史發展的方向。（西元前 632 年決定晉楚霸權的城濮之役，也是此類型的戰爭）。現代以還，動員軍隊之眾和武器殺傷力之烈的戰爭卻未能有重大的影響歷史走向的力量，值得研究。

波希戰爭有很大的歷史意義，它是國際秩序衝突中第一個「東西衝突」，也就是涉及不同的意識型態和生活方式之爭的例子。西元前五世紀時的希臘歷史學家希羅多德（Herodotus, c.484-425B.C.）在其〖史記〗（*The Histories*）中認為是「雅典民主戰勝了東方野蠻主義」（Athenian democracy over Oriental barbarism）。英國歷史學大師費雪（Herbert A. L. Fisher, 1865-1940）在其〖歐洲史〗中也說：波希戰爭是「東方與西方，專制與自由，伊朗拜火教與希臘自由而多樣的多神信仰的競爭」（It was a rivalry between east and west, between despotism and liberty, between Iranian fireworship and the free and various play of Hellenistic polytheism）。

不過，希臘各城邦雖戰勝了波斯卻迷失了自己。波斯戰爭後雅典忘記了中道精神而大肆擴張，被稱為「雅典帝國」（Athenian Empire）。此引起斯巴達等城邦的不安，於是在雅典和斯巴達各組對抗同盟的情形，演為耗盡各城邦資源和文化創造力的大內戰，此即比羅奔尼蘇戰爭（the Peloponnesian war, 431-404.C.）。最後，波斯又介入，幫助斯巴達建立海軍，最後雖迫降雅典，實則兩敗俱傷。西元前三七一年底比斯（Thebes）戰敗斯巴達並解放了其農奴麥西尼亞人。

另外，希臘半島北邊的馬其頓（Macedonia）代之而起。馬其頓至波希戰爭時尚被視為不關緊要的落後地方。它在西元前四世紀崛起，尤其是在亞歷山大（Alexander the Great, 356-323 B.C., 在位時期 336-323B.C.）繼位為王以後，大肆擴張。亞歷山大十三歲時受教於亞里士多德，好文學，為荷馬的愛好者；亦愛希臘文化，曾任駐雅典大使。二十歲登基，他勇敢而強壯，為古代名將之一。他所用的坐騎普西發拉斯（Bucephalus）為名駒，後

死於印度（326 B.C.），他在海達斯比斯河（Hydaspes River）（今哲拉姆河，Jhelum River）畔築普西發拉城（Bucephala）以紀念之。他在征服希臘、巴爾幹半島及小亞細亞 7 後，於西元前三三四年渡過赫萊斯旁海峽（Hellespont）（今韃靼尼爾海峽），以三萬步兵和五千騎兵進討波斯帝國，獲勝後入埃及並建亞歷山卓（Alexandria），西元前三三一年完成征服波斯，經中亞之大夏（Bactria）及今阿富汗進入北印度，但因軍隊（不滿其穿波斯服和行東方專制君主朝儀）拒絕再進而退回。他建立了一個大帝國，欲混一歐亞，融合文化，娶波斯公主以為表率。但天不假年，西元前三二三年以三三歲壯年在巴比崙死於瘧疾。

他死之後，他所建帝國即告分裂，天下先三分後四分。從西元前三二三年至西元前一世紀（146-30 B.C.）羅馬征服前，叫大希臘化時代（Hellenistic Age）。這個大希臘化世界（Hellenistic World），從尼羅河、敘利亞以迄希臘、西西里和義大利南部，有相當同質性的文化。

二、羅馬：從共和到帝國

(一)羅馬共和

1. 建制與擴張

義大利遠古的歷史我們所知不多。羅馬的歷史分為共和及帝國兩期。

---

7 據說他進軍至費里幾亞（Phrygria）（今土耳其中部之古國），神話有國王高登（Gordius）所編之高登結（Gordian knot），如能解開，可為全亞洲之王。亞歷山大乃拔劍砍斷，並宣布自己已應預言。因之，cutting the Gordian knot 即為「快刀斬亂麻」之意。關於此古王國，還有另一傳說，即有一王叫米達斯（Midas），因懇請神明予以點物成金的法力，後來連飲食及擁抱女兒均成黃金，乃至以為苦。因此物資富足中的精神貧窮叫"Midas' curse"。

羅馬共和（Roman Republic）係指自西元前五〇九至西元前三一年間的歷史發展，在此時期內羅馬由一個義大利拉丁姆平原（Latium）的城邦演變為一個世界性的國家。

　　羅馬人在建立共和之前，曾歷經伊特拉斯坎人（the Etruscans）統治之下所建立的君主政體。其公民大會（Assembly）和元老院（Senate）便是君主時期遺留下來的建制而繼續運作的。公民大會由全體役齡男子所組成，元老院則是由各氏族領袖所組成的一個有貴族色彩的機構。行政權由公民大會選出的兩位執政（Two Consuls）來行使，他們任期一年，具有君主般的權力，在戰時擔任統帥，兩人職權平等，可以互相否決。但在緊急時期，為集中事權，則由公民大會另行選出獨裁者（Dictator）一人，任期六個月。還有兩個檢查官（Two Censors），亦由公民大會選出，任期十八個月，其職責在調查國勢、糾舉官員和審查元老及公民資格。此外，還有其他的官員。這些官員在競選時，要穿上一種用石灰染白的長袍叫候選人袍（toga candida），此為「候選人」（candidate）一詞的來源。宗教權則由大祭司（Pontifex Maximus）負責。共和初期，因貴族（patricians）僅占人口的十分之一，卻壟斷一切資源，他們除了掌控元老院之外，也主導了百人團公民大會（Centuriate Assembly）。此因羅馬的軍事組織以百人團（Century）為單位，在公民大會中也以百人團而非個人為投票單位，貴族因雄於財力，可裝備九八個百人團而平民僅可供九五個百人團。凡此種種，引起平民（Plebeians）的反對。二者曾有長期的抗爭。平民階級自西元前五世紀末以脫離羅馬而另建城邦為威脅，西元前四七一年他們在元老院旁的市集廣場（Forum）8 另成立一個可以代表他們利益的部族大會（Tribal Assembly），選出保護他們權益的保民官（Tribune）二人，西元前

8　市集廣場，不僅羅馬有，其他義大利城邦均有。人民在此開店，漸成行政、立法和司法的中心。此詞後來亦有「集會處」或「講壇」的意思。

四五七年增為十人。另外，平民也要求各種權利和義務關係的法制化和透明化，西元前四五〇年制訂十二版法（Law of the Twelve Tables）。這些條文是刻上木板上的，所以在此不稱「十二銅表法」。發展到西元前二八七年，兩個階級完全平等，平民亦可擔任執政，部族大會與百人團大會有同等地位，惟前者主立法而後者司選舉。

至此，羅馬內部的矛盾大致獲得紓解。固然，羅馬並非民主體制，政權操諸貴族及富有平民之手，而是一種有軍事色彩的寡頭政體，但已相當自由化，它的權力運作亦頗富彈性。再加上，軍隊組織嚴密，賞罰分明，因而驍勇善戰。羅馬一直向外擴張。西元前三世紀掌握了義大利的中部和北部。接著是併取當時據有義大利南部的希臘城邦，而其中以塔倫圖穆（Tarentum）（今塔倫圖，Tarento）最關緊要，它聯合其他各希臘城邦，且外結希臘半島西部愛奧尼亞海上的厄皮洛斯（Epirus），當時厄皮洛斯國王皮洛斯（Pyrrhus, 318-272 B.C.）號稱雄主，且懷抱混一希臘、羅馬和迦太基之志。他率精兵兩萬五千和大批戰象而來，雖曾兩敗羅馬軍隊（280及 279 B.C.），但自身犧牲慘重，得不償失，且不能立足。故迄今「皮洛斯的勝利」（Pyrrhic victory 為「得不償失的慘勝」之意）。

羅馬擁有義大利半島後，地中海東有大希臘化各國，西有海上商業強權迦太基（Carthage），它位於北非地中海沿岸，在現在的突尼斯（Tunis）附近。羅馬與迦太基爆發了兵連禍結的布匿戰爭（Punic Wars, 264-241, 218-201, 149-146.C.），終滅亡迦太基。另在西元前一四六年至西元前三〇年，征服大希臘化世界。

2.共和的覆亡

如今羅馬由一個城邦發展成為一個跨歐、亞、非三洲的世界性國家。羅馬的體制原為一個城邦所設計的，隨著羅馬的對外擴張，形成以羅馬為中心，環繞著由條約結盟關係而組合在一起的其他城邦，皆為羅馬的同盟。但在第一次布匿戰爭後，羅馬把征服的地區建為行省。所謂「行省」

（provincia）原為「行動區」（sphere of activity）的意思。這些土地的資源及收益均歸羅馬，不屬於聯盟，其人民也非羅馬的公民，而為其臣民，由羅馬所派的總督來治理。此一變化使羅馬不必依靠其同盟而自籌兵餉，盟友漸失地位，而羅馬也漸漸用對付海外土地的方式，來對付義大利同盟的盟邦。另外，羅馬既把各行省看作「羅馬人民的財產」（praedia populi Romani, or, estates of the Roman people）而不注重其禍福，而總督又常為武人貪夫。總之，羅馬共和的結構隨著擴張而發生了量變和質變。

在此情形下，乃發生了政治、經濟和文化方面的危機。在政治方面，長年征戰需要一個強而有力的政府，公民大會因戰爭不易召開，於是元老院乘機擴權，羅馬初期貴族當道，後來貴族與富有平民結合為新貴（Nobiles），後因武力擴張又出現一種因軍功或供應軍品的騎士階級（the Equites），他們同流合污，壟斷利益，而義大利人亦曾為羅馬擴張作出貢獻卻被排除利益，外省總督貪墨成風，繁榮的希臘與小亞細亞為之蕭然：在經濟方面，戰爭破壞甚大，土地兼併造成大農場（latifundia）的興起，使原以小農制（yeomanry）為基礎的經濟社會不能維持，許多人喪失自立自主能力，淪為無產階級；在社會方面，家庭制度破壞，上層社會生活奢靡，而破產的小農聚居城市，易為野心家所利用，而奴隸制度起，奴隸又與貧民構成騷亂；在文化方面，隨著羅馬不斷地對大希臘世界的滲透和征服，直接地接觸到希臘文化而形成崇尚希臘文化（philhellenism）的風氣，此固對其統治地中海東區不無裨益，但此時的希臘文化已甚頹廢，不無不良影響，且對非知識分子更是只見其害，也使羅馬在富貧之分以外，又有文野之別。

凡此種種，對羅馬共和造成激烈的衝擊，也導致嚴重的失調。於是，血腥的政治鬥爭愈演愈烈。暗殺、組黨、結盟、背叛等司空見慣，而有百年動亂。如何了局？軍事獨裁似乎是挽狂瀾於既倒的選擇。發展至朱理‧凱撒（Gaius Julius Caesar, 100-44B.C.）也幾乎成功。凱撒有戰功，也有文采，有魄力，也有魅力。西元前五九年他當選執政，後統兵在高盧，而龐

培（Pompey, or Gneius Pompeius, 106-48 B.C.）主宰羅馬。他決定向龐培攤牌，於西元前 49 年揮軍渡過高盧與義大利間小河盧比康（Rubicon River），展開內戰，翦滅龐培。至今「跨過盧比康」（to cross the Rubicon）為破釜沉舟之意。他在西元前四四年成為終身執政，握極大的威權，集執政、保民官、獨裁者、大祭司於一身。這種凱撒體制（Caesarism）混合了希臘僭主政治和東方專制，但也使共和體制岌岌可危。他進行了許多興革，如興建公共工程，津貼義大利農民以期恢復農業自足，疏解羅馬城的人口壓力而遷徙十萬公民於各省，他也改良了曆法而訂朱理曆（Julian Calendar），等等。他似乎準備建立權力世襲的體制，在東征以求解決色雷斯和安息問題的前夕，認養其姊姪孫渥大維（Octavian）為養子。但是，他也引起元老院中和其他人士，如他的部將卡修斯（Gaius Cassius,？-42B.C.）、布魯特斯（Marcus Brutus, 85？-42 B.C.）等人。他們預謀在西元前四四年三月十五日（Ides of March）在元老院刺殺他。被刺時，他挺身自衛，後來驚見他視為親信的布魯特斯也在刺殺者之列時，乃不禁呼叫：「還有你，布魯特！」（Et tu Brute！），乃以衣掩面，不再抵抗，身中二三刀，倒在其政敵龐培（Pompey, 106-48 B.C.）的塑像下死去。此後「還有你，布魯特！」便是「眾叛親離」之嘆的意思。

這群刺客殺死凱撒，也確有布魯特所說「不是不愛凱撒而是更愛羅馬」的本意，但他們並未能挽救羅馬共和。凱撒死後，又演為群雄割據的混戰之局，至西元前 31 年才告底定，但羅馬進入了另一階段。

(二)羅馬帝國

1. 帝國的建制

西元前 31 年，渥大維（Gaius Julius Caesar Octavianus, or Octavian, 63B.C.-14A.D）成為羅馬世界的唯一主宰者。他是羅馬帝國的創立者。羅馬帝國的體制，早期稱「普林西波特」（Principate）。渥大維有鑒於羅馬人的

共和情操，以恢復共和為號召，而憲政程序如選舉行政長官和重大事件諮詢元老院的慣例也告恢復。他刻意掩飾其權力來源是軍事力量的事實。他從不稱他治國之處為「朝廷」，也從不公開地以統治者自居。他每年競選執政至西元前二三年為止，此後保持著保民官的權力。他通常被尊稱為「奧古斯都」（Augustus），意思是「可敬可尊」或「偉大而神聖者」。元老院獻給過他很多榮銜，如西元前二九年上「統帥」（Imperator）銜，此為「皇帝」（Emperor）一詞的來源；西元前二八年上「第一公民」（Princeps）榮銜，此為君王（Prince）一詞的出處，西元前二八年上尊號「奧古斯都」（Augustus）（「可敬可尊」或「偉大而神聖者」），西元前一二年上「大祭司」（Pontifex Maximus）稱號，西元前二年被尊為「國父」（Pater Patrie），他死後被奉為神（Dius Augustus）。他被通稱為「奧古斯都」。

這個體制，在外形上看，是奧古斯都和元老院共尊分治的兩元體制。他重組了元老院但不再使之過問軍事和財稅的事務。在軍事方面，此時每一兵團有六、〇〇〇步兵和一二〇騎兵，成員為羅馬公民，服役二十年；每一兵團又配人數不等的輔助軍隊，成員為非公民，服役二十五年。兵團數他固定二十五個，總人數不超過三〇〇、〇〇〇人。在稅收方面，使之標準化，稅目雖不同，如房地產稅、鹽稅、銷售稅、進口稅等，但平均稅負並不重，農民所付約為其收成的十分之一。在行政方面，他拔擢賢能，建立效率的行政。帝國各省分為內環的元老院管轄省（senatorial provinces），由元老院派任總督；皇帝直轄省（imperial provinces）（多在邊區），由皇帝派任總督。

2.帝國的盛世

羅馬帝國曾經開創前所未有的盛世。並未停止擴張，除了在日耳曼中部不太順利以外，擴及到中歐，征服了今瑞士，併取不列顛，越過多瑙河。在這個跨有歐洲、亞洲和非洲的遼闊的空間中，帝國在地理、文化上

和人種上均展現高度的多樣性。帝國歷史黃金盛世超過兩百年（27B.
C.-180A.D.），這個時代叫「羅馬人的和平時代」或「羅馬時代」（Pax
Romana），是人類歷史上最值得驕傲的時代之一。羅馬帝國劃分行省，因
人因地因時制宜，在中央集權與地方分權之間，在統一與分歧之間，發展
出一種均衡。帝國內秩序安定，交通四通八達，商業發達，海盜絕跡。大
城市羅馬、迦太基、里昂等地有國家警察，羅馬人口超過百萬，其他如亞
歷山卓、安提奧克、柏格曼、雅典、柯林斯。整個帝國使用同種錢幣，說
官方語言（西部拉丁文和東部希臘文），尊崇共同的皇帝。從埃及到不列
顛，自茅里塔尼亞到現在的匈牙利及南斯拉夫一帶（古稱般諾尼亞，Pan-
nonia），只要說，「我是羅馬公民」（Civis Romanus sum）便可以通行無阻。

3.帝國的衰亡

　　帝國的衰落，通常自西元一八〇年算起。此年奧理略皇帝（Marcus
Aurelius Antoninus, 121-180，在位時期168-180）死，其子康莫丟（Commod-
us, 161-192，在位時期180-192）繼位。在一世紀時，曾有昏狂之君。但自
尼爾瓦皇帝（Nerva, c.30-98，在位時期96-98）建立收認養子的選立賢君制
度後，賢君輩出。奧理略皇帝雖亦為賢君，且係名哲學家，卻破壞了養子
制度而傳位其子康莫丟。康莫丟為一沉溺娛樂和競技與賽車，羅馬走上衰
途，從此一蹶不振。

　　二八四年，戴克里先（Diocletian, or, Gaius Aurelius Valerius Diocletianus,
245-313，在位時期284-305）為軍隊擁立為皇帝，他展開激烈的改革，以求
救亡圖存。但是，狂瀾既倒，挽之不易。三〇五年戴克里先倦勤退位。自
他之後，帝國分東西。西羅馬帝國因為日耳曼人（Germans）的滲透及入
侵而日益日耳曼化，皇帝成為傀儡。四七六年，日耳曼傭兵領袖奧德阿塞
（Odoacer, c.435-493）廢掉最後一位皇帝羅穆洛斯・奧古斯都拉（Romulus
Augustuslus），西羅馬帝國亡。在君士坦丁堡的東羅馬帝國支撐到一四五
三年為土耳其人所亡。

4.帝國滅亡的原因

羅馬帝國何以衰亡？這是一個歷史上的大哉問。帝國在三世紀以後走下坡，四世紀以後趨於崩解。這種現象表現在各方面。經濟社會方面，自哈德良皇帝（Hardrian，在位時期 117-138）時代，即不復見大城市的興起，除了基督教堂和修院以外，也不見大建築物的出現。

造成帝國衰亡，到底有那些因素？自來便是聚訟紛紜的問題。十八世紀啟蒙時代英國歷史學家吉朋（Edward Gibbon, 1737-1794）所著〖羅馬衰亡史〗（*The Decline and Fall of the Roman Empire*）（第一卷 1776 年，第二、三卷 1781 年，第四、五卷 1788 年）認為，蠻族入侵和基督教的興起，為主要的原因。他比較著重於政治、軍事和宗教的因素而較為忽視經濟和社會力的作用。另外，原籍俄國的美國歷史學家羅斯托夫茲夫（Michael I. Rostovtzeff, 1870-1952）著有〖羅馬帝國社會經濟史〗（*Social and Economic History of the Roman Empire, 1926*）及〖古代世界史〗（*A History of the Ancient World, Vol..I, The Orient and Greece, 1926; Vol. II, Rome, 1927*）。他指出，東方文化的衰亡常是因為外患也常能復興（如埃及），而希臘及羅馬文化則由小的城邦發展而成，但隨著對外擴張及發展，其社會結構便因階級區分而分裂，因而造成心理態度的轉向，或追逐物質利益，或沉溺來生的憧憬，而喪失創造的力量，因而無法抗拒內部解體與外來侵略。他認為這不能完全歸咎於經濟的層面，而應從更廣闊的層面去觀察，而此一更廣闊的層面，便是「行政的失敗與中產階級的毀滅」（the failure of administration and the ruin of the middle class）。近代英國歷史學家湯恩比（Arnold J. Toynbee, 1889-1975）也認為宗教有分解的力量而不利於社會的緊密整合，但他認為基督教的興起，是羅馬帝國衰亡的結果，而非其衰亡的原因。[9]

---

[9] 參看 *A Study of History* by Arnold J. Toynbee, Abridgement Volumes I-VI (Vol. I), and Abridgement of Volumes VII-X (Vol. II) by D.C. Somervell (Oxford:Oxford University Press, 1956 & 1957), pp.256, 260-315, 76-113.

另外，羅馬帝國固然走向衰亡，但「百足之蟲，死而不僵」，其衰亡的過程漫長，其衰亡的原因自然也複雜：

在政治方面，自從奧理略皇帝在 180 年放棄了養子認領以選嗣君的制度以後，不易再有賢君，領導中心無法保持品質。繼之而來的混亂和東方式的專制改革，使本已下降的人民參政程度，因更多的政治權力喪失而對政治產生冷感，失去積極精神。

在軍事方面，三世紀後軍人追逐權力和財富的風氣日益猖獗，變成政爭主力，不能再善盡保衛帝國的職守。於是，政權依賴軍隊，而非人民，常發生篡奪之事。另一方面，兵源恆感不足，帝國初期軍隊兵源以公民為主，輔之以來自文明地區的帝國臣民，且士兵漸成世襲。奧理略皇帝時蠻族加入軍隊，三世紀後蠻族成為軍隊的主要來源，很多家庭子弟也不願當兵（本來當兵是一種榮譽與特權）。現代一個七千萬人口的國家可以動員數百萬軍隊，但羅馬帝國無此能力，軍力恆感不足。

在社會與經濟方面，政治和軍事的不良發展自然對社會和經濟有不良影響，義大利人口自帝國初期即有下降趨勢，一六六年以後瘟疫流行，更為嚴重。北非有長期旱災，義大利農業自迦太基將軍漢尼拔（Hannibal, 247-183B.C.）在西元前三世紀初侵入後，一直未能恢復。於是經濟繁榮不能維持，人民生活水準降低。另外，為了確保稅收，強迫地方政府和議會的成員包徵稅額，他們多想離職，則不准他們走開，這也本來是榮譽和特權，現在變成可怕的負擔，真是情何以堪。這對社會結構造成很大的衝擊。

精神和心理方面的因素，自然也有影響。例如，基督教的興起，使人民精神注意力轉移到來世，喪失現世的公民精神，等等。

第二節　文化成就

　　希臘人和羅馬人創造出璀璨的文化，他們也自信他們自己的文化成就，也祇有他們有資格享有這樣高的文化成就。希臘人把他們自己的土地叫「希臘」（Hellas），他們自己是「希臘人」（Hellenes）。他們也認為任何講希臘語言的人是希臘人，也認為即使是他們不居住在希臘世界，仍然是希臘人，任何不講希臘語言的人是野蠻人。同樣的，羅馬人也自認為處於世界的中心，在他們的土地之外，有一些外圍土地（orbis terrerum, or, circle of lands）。例如，他們把萊茵河和多瑙河以外的土地，視為野蠻人居住地方。在沒有自然屏障地方，羅馬人為了區隔文明和野蠻，便興建「羅馬長城」（Roman Walls）。例如，羅馬人在現在的羅馬尼亞和德國之間築有長城。在不列顛北部也築有長城，且至今尚留有遺跡。

一、宗教

　　希臘人所信奉的宗教為一種多神教。諸神的「仙鄉」在奧林匹斯山（Mount Olympus），此為位於希臘北部約長二十五英哩（四十公里）的一列山脈，其主峰高九、五七○英呎（二、九二○公尺），每年積雪的時間很長，高聳崔嵬，為希臘半島的最高點，也是古代希臘人相信諸神仙居住之所，他們把這些神通稱為「奧林匹亞諸神」（Olympians）。這些神有高度的擬人性，長相、習性、七情六慾和喜怒哀樂都像人類一樣，他們也常常介入凡人的生活。其中最高的神是宙斯（Zeus），掌管天地。他的形象是中年男子，留鬚，威嚴，獎善罰惡，以閃電為武器，因之希臘人視雷殛之處為聖地，他的法定配偶是天后喜拉（Hera），但他仍有許多婚外情。

喜拉美而善嫉，她的職掌是婦女和婚嫁的事務。宙斯的兄弟普賽東（Poseidon）是海神、馬神、地震之神和海上風暴之神。

宙斯有一些子女，他與喜拉的兒子阿里斯（Ares）為戰神，形象是英俊而高大的，駕著戰車的男子。宙斯和喜拉的另一兒子赫夫斯塔斯（Hephaestus）是火神和火山之神，形象是一個跛足的男子。另一重要的神是阿波羅（Apollo），為宙斯與拉吐納（Latona）（亦名萊圖 Leto）之子，是太陽神，也是預言、音樂、詩歌、文學之神，形象是一個健美男子。他在科林斯灣北岸的德爾菲（Delphi, 現名 Dhelfoi）的神廟給來求的善男信女來求的神諭（Delphic Oracle）是最為當時人所信服的指引。阿波羅的孿生姐妹艾蒂密斯（Artemis）為月神和獵神，她常被畫為帶著弓箭或火炬的女神。阿扶洛黛德（Aphrodite）是宙斯與黛奧妮（Dione）之女，是愛神和美神。她的兒子艾洛斯（Eros）是性愛之神，他常在母親旁邊，用箭射中人心，便產生愛情，他又常用手臂遮臉，表示愛情是盲目的。宙斯與梅提斯的女兒是雅典娜（Athena）是智慧與戰爭的女神，亦為雅典的守護神，據預言說，她的偉大將超過伊爾，宙斯將她吞入腹中，她運行至他的頭部，藉助於火神赫夫斯塔斯一斧之助，得以破頭而出。另有酒神和豐饒之神戴奧尼修斯（Dionysius）（羅馬人稱巴古斯 Bacchus），宙斯和賽米茨（Semele）之子，形象是一個肥胖大腹的男子，臉紅紅的，露著笑容。希臘人每年秋季有祭祀的慶典，對一些文化活動的發展有很大的關係。其他的神，還有普賽東是海神，狄米特（Demeter）是豐饒的女神。等等。

另外，宙斯和奈莫塞姣（Mnemosyne）生有九個出色的女兒，她們便是掌管各種文化藝術活動的女神，即所謂九繆斯（Nine Muses）。她們分別是：卡里奧比（Calliope），掌史詩與辯論；尤特比（Euterpe），司抒情詩；伊拉圖（Erato），理情詩；波里曼尼（Polymnia），主演講及聖詩；克里娥（Clio），掌管史學；梅玻曼（Melpomene），負責悲劇；妲里亞（Thalia），管理喜劇；德比斯楚爾（Terpischore），掌理合唱詩及舞蹈；烏拉尼亞（Urania），司理天文學。這些神明也是希臘文化特質的象徵，

例如德國哲學家尼采（Friedrich Nietzsche, 1844-1900）便認為，希臘文化有兩個成分，一為阿波羅所代表的太陽神文化，是理性、自制、肅穆、秩序；一為戴奧尼修斯所代表的酒神文化，是非理性、放縱、衝動、狂亂。

這些神明極受古希臘人的崇信及禮讚。他們每四年一度在比羅奔尼蘇半島北部的奧林匹亞（Olympia）舉辦一次奧林匹克賽會（Olympic Games），為期七天，由全希臘城邦參賽，藉表對宙斯的崇功報德。賽會中除了運動競技以外，還有音樂及詩歌等比賽，最早的紀錄可以追溯到西元前七七六年後，因在比賽時不斷有欺騙情事，羅馬皇帝狄奧修斯一世（Theodosius I）於西元三九四年下詔停辦。近代的奧林匹克運動會便起源於此，不過比賽項目僅限運動競技。近代第一屆奧運會於一八九六年舉辦於雅典，以後每四年均在不同的城市舉辦，但一九一六年，一九四〇年和一九四四年曾因第一次及第二次世界大戰停辦過。倒是冬季奧運會（Winter Olympics）是個近代產品，在一九二四年才開始舉辦的。

羅馬人在宗教信仰方面，原有他們自己本土性的信仰，認為在自然界有各種不同的神，如花神、門神、森林之神等。後因與希臘文化接觸日密，使採信了希臘人的神明，只是名稱不同：例如，希臘人的天帝宙斯便是羅馬人的天帝朱比特（Jupiter），希臘人的天后喜拉便是羅馬人的天后朱諾（Juno），希臘人的戰神阿里斯便是羅馬人的戰神馬爾斯（Mars），希臘人的智慧女神雅典娜便是羅馬人的智慧女神明妮娃（Minerva），希臘人的美神阿扶洛黛德便是羅馬人的美神維納斯（Venus），希臘人的冥神海地斯便是羅馬人的冥神普拉圖（Pluto），希臘人的海神普賽東便是羅馬人的海神迺普通（Neptune），希臘人的酒神戴奧尼斯便是羅馬人的酒神巴古斯（Bacchus），希臘人的豐饒女神狄米特（Demeter）便是羅馬人的豐饒女神西爾斯（Ceres），等等。有時，他們的神明的名子並無改變，如阿波羅（Apollo）對希臘人和羅馬人均然。

羅馬共和後期，來自中東和小亞細亞的宗教信仰傳入羅馬，但迄未取代原有的官方信仰。這其中有來自埃及的生育及繁殖的女神伊色斯

（Isis），來自小亞細亞的大母神（Cybele, or, Great Mother），等等。帝國時期，基督教漸漸興起，後來成為國教。此一問題甚大，以後再說。

二、哲學

希臘人是古代最重視哲學思考的民族之一。「哲學」（Philosophy）一詞即源自希臘文的「愛」（phil）和「智」（sophia）而成，中間的小寫的o 是個聯接詞。因此「哲學」便是愛智或愛智之學的意思。因此，基於此一傳統，世界著名大學所頒授的，以追求知識為主要目的，是研究者研究所得而極少頒做榮譽學位的博士學位稱為哲學博士（Ph.D. or Doctor of Philosophy）。

哲學常探究三大基本問題：存有（Being）或實在（Reality）的問題，以求瞭解宇宙的終極性質，或一切現象後面的本體，此為形上學（Metaphysics）的範疇；知識和真理（Knowledge and Truth）的問題，這是知識論（Epistemologyy）的領域；價值（Value）的問題，此為價值論或倫理學（Ethics）的管區。

希臘哲學源於西元前六世紀。開山祖師為泰里斯（Thales of Miletus, c. 620-555 B.C.）。他曾為商業而旅遊埃及和巴比倫，世人習以他出生的城邦，即小亞細亞的米里都斯（Miletus），稱他的學派為米里都斯學派（Milesian School），他是唯物主義者，認為宇宙萬物的本體是物資的，尤其認為水是宇宙萬物的根源，他及其從者被稱為唯物主義者（Materialists），他沒有留下著作。另一哲學家畢達哥拉斯（Pythagoras, c.582-507B. C.），出生於薩莫斯島（Samos）後移居義大利南部（所謂大希臘地區）的克洛土納（Crotona）講學。他也是數學家，幾何學中的畢氏定理即為他的發明。這些畢達哥拉斯學派（Pythoraeans）倡論：靈魂轉移（transmigration of souls），靈魂在形體死後即進入新的形體而與萬物合一，另外則認為萬物的本質是抽象的原則或數。他們要潔化靈魂並主素食，希望有朝一日可

以從「生命之輪」（wheel of life）中解放出來，因此他們主張兩性平等、善待奴隸、尊重動物。西元前五世紀有恩皮道克里斯（Empedocles, c. 490-430B.C.）誕生於西西里島上的阿克拉格斯（Acragas），認為構成宇宙萬物的有四大要素，即地水風火（earth, water, air, fire），此四大要素的聚散離合，造成世界萬物的生滅變化，他有〖論自然〗（*On Nature*）之作。西元前五世紀還有一位哲學家阿那佐格拉斯（Anaxagoras of Clazomenae, 500-428B.C.），據說是第一位講學於雅典並且與一些名人有關係的哲學家，有謂蘇格拉底為其弟子。他不同意四元素說，認為構成宇宙萬物的元素是不可分的分子，每東西的分子均含有其他東西的分子的性質，但他主張太陽為白的熱石和月由土做並反射太陽的光，他被控以褻瀆神和不信神而逃亡蘭普薩古斯（Lampsacus）而死於該地。古希臘人察覺到宇宙萬物無不處於變遷之中。早期哲學家希拉克里圖斯（Heraclitus of Ephesus, c.535-475B. C.）即指出：世間沒有永恒的實在，常住不滅（permanence）只是感官的幻覺，每一事物均有相反的因素，如有死即有生。他認為，每日的太陽都是新的，人不能在同一條河流中洗腳兩次，因為河流的名子雖然未變，但其流量、流速、含量均已改變[10]。

西元前五世紀至四世紀還有一個學派，就是詭辯學派（Sophists）。他們雖以雅典為活動的中心，但卻遊走四方。其中有高志亞（Gorgias, c.485-c.380B.C.）和普洛達哥拉斯（Protagoras, c.480-421B.C.）等約三十人。高志亞原為西西里島里昂提尼（Leontini）城邦駐雅典使節，後在雅典授徒，普洛達哥拉斯誕生於阿卜達拉（Abdera），曾在雅典講學，識柏里克里斯與蘇格拉底，後因倡不可知論（Agnosticism）而被迫逃亡，他的名言是，「人為萬物的尺度」（Man is the measure of all things）。他們收受學費，以教授文法、邏輯、修辭和辯論技巧為主，學習者也以之為取得財富、地位和權力的手段。後來柏拉圖（Plato）在他的〖論語〗（*Dialogues*）批評他

---

10 參看謝幼偉，〖中西哲學論文等〗港：新亞研究所，1969，p. 112.

們甚力。

以上是希臘哲學在蘇格拉底以前的大致情形，至蘇格拉底後有了新的發展。蘇格拉底（Socrates, 469-399B.C.）的生與死均在雅典，也在雅典講學三十年，不收學費。他出身寒微，父為雕刻師，母為接生婆。他沒有著作，沒有講壇，也未創門派。後人對他的瞭解，主要地是透過他的學生柏拉圖的〖論語〗，以及贊諾芬（Xenophon, c.435-354）的〖回憶錄〗（*Memorabilia*）。他的本業是石匠，一個次等的雕刻師，其妻喋喋不休，他常外出與人討論問題，也喜歡批評詭辯學派。他的貢獻有二：一是把哲學思考從形上學轉到人生哲學；二是他發展出「蘇格拉底的方法」。他告訴人要先「瞭解自己」（know thyself），沒有經過反省思考的生活是不值得的。他主張尋求真、善、美的普遍原則，讓人的行為有所依循。他認為知識就是道德，無知才使人的行為乖離道德的普遍原則。至於「蘇格拉底的方法」（Socratic method），是一種不斷地透過要求對方為自己的語言或論述的語意下定義，用層層詰問的方式，藉以祛除矛盾，釐清真正的意涵，諄諄引出正確的答案。蘇格拉底在雅典講學的時候，正值比羅奔尼蘇戰爭。他雖也克盡公民職責去參加作戰，但他攻擊詭辯學派又批評時政，徒眾雖多，樹敵也不少。雅典戰敗（404B.C.）後，斯巴達在雅典扶植了一個不具法理基礎的「三十僭主」（Thirty Tyrants）政權，其中有蘇格拉底的支持者，但此政權在數月後即被推翻，他的敵人乃趁機攻擊他。西元前399 年，他被控以腐化青年和不信神（因他傾向一神信仰）而被審訊，由五〇一人的陪審團陪審，最後陪審團投票，僅以六〇票的多數被判死刑。他拒絕上訴，也不願逃獄。他從容面對死刑，執行的方式是飲下鴆酒。他在喝前還詢問如何飲用，告以喝下後起立行走，直到兩腿沉重，然後躺下，麻痺的感覺會直到心臟。他一一照辦，中間僅停下以叫友人及弟子不要哭泣，最後還記起欠人一隻雞，命弟子代為償還。關於他受審與被判死刑和執行的情形，柏拉圖在其〖論語〗的〔答辯篇〕（Apology）和〔裴艾度〕均有記述。

　　柏拉圖（Plato, 427?-347B.C.）是蘇格拉底的弟子。他在雅典創辦學苑（Academy），講授哲學與數學。他的遊縱甚廣，亦曾為實踐理念而三度為西西里錫拉古斯（Syracuse）僭主狄奧尼修斯一世（Dionysius I）的賓客。他著有〖論語〗（*Dialogues*）三十六卷。他的哲學思想，在形上方面，認為有理念或形體（idea or form）的世界和感官（senses）的世界，例如「桌子」可以用來表示不同形狀或功能的桌子，此因很多東西有其共同的特徵，而可以使用共同的名稱。此種共同的特徵便是「理念」或「形體」。在政治哲學方面，他有〔理想國〕（Republic）（此為〖論語〗中的一篇），認為一個國家或社會有三個階層，第一個階層是以理智為導向的人，喜歡沉思和追求知識，可以做哲學家而只有哲學家可以為帝王；第二個階層是情意為導向的人，血氣方剛和追求光榮，可以做軍人或國家守衛者（guardians）；第三個階層是以欲望導向的人，可以做商人、農人或工匠。還有所謂「柏拉圖式的愛」（Platonic love），此見〖論語‧討論篇〗（*Symposium*），他認為對生理體能的美的愛是不可恃的，靈魂的美最值珍惜。

　　亞里士多德（Aristotle, 384-322B.C.）是最淵博的哲學家，其知識淵博的程度堪稱「活的百科全書」（walking encyclopedia），他是哲學家、邏輯學家、物理學家、生物學家、心理學家、政治學家、文學批評家。他出身馬其頓御醫之子，曾隨柏拉圖二十年。西元前三四二年他應馬其頓王菲力普之請，擔任其子亞歷山大（後來的亞歷山大帝）教師三年之久。西元前三三五年回雅典，創萊西阿穆（Lyceum）學苑，不過亞里多德的學派習慣上稱為「柏里巴德提克學派」（Peripatetic School）。[11] 在亞歷山大死（323B.C.）後，雅典一度有反馬其頓的情況，亞里士多德於西元前 322 年

---

11 意譯為「拱廊學派」，此因亞里士多德喜歡在學苑的拱廊上與弟子們討論學問，這種拱廊上邊有掩蓋，一如騎樓，而拱廊的希臘文是 peripatos。另一說法是，此學派之得名係因亞氏在講學時有在花園內走來走去的習慣。

避走尤比亞島的加里西斯（Chalcis），後來死於該地。

亞氏喜歡與柏拉圖辯難，因有「吾愛吾師，吾更愛真理」之說。他修正柏拉圖本題與現象分離的說法，認形體或理念跟物資是不可分的，不認為物資僅為形體或理念的反映。他認為宇宙萬物都在永續變化的歷程中，不過有一個最後、最高、最先的動因，即「不動的動者」（the Unmoved Mover），此為一神論的神學觀。他對倫理（價值）與政治的看法，認為人是理性的動物，不過也有情欲的作用，但要用理性控制情欲，使行為合情合理。他重視中庸（golden mean）之道，認為人生的目的追求幸福，幸福的生活是一種不走極端和常守中庸之道的境界。中庸是中道而行，如勇氣（courage）是恐懼（fear）與信心（confidence）的中庸。

在政治方面，他認為人是政治的動物，國家或政府是促進人類福祉的最高制度或組織，最好的政體不是君主政體，也不是貴族政體，也不是民主政體，而是一種介於寡頭和民主的國社體制（commonwealth）。他在方法論上有很大的貢獻，這主要見於他的邏輯著作〖工具論〗（*Organon*），他發展出三段論法（syllogism），一種包括大、小前題和結論三部份的邏輯論證，也就是演繹法（Deductive Method）。

希臘化時代主要的哲學思潮是伊比鳩魯學派（Epicureanism）和斯多亞學派（Stoicism），此外犬儒學派（Cynicism）亦為某些人所接受。伊比鳩魯學派為伊比鳩魯（Epicurus, 341-270B.C.）所創，始於西元前四世紀而流行至西元三世紀，歷時六百多年而不衰。他生於薩莫斯島（Samos），他曾在小亞細亞某些城市講學，約於西元前 306 年移往雅典。據說他的著作甚多，但僅留下片斷。他把注意力從形上學轉移到人生哲學，探討人生價值。他認為，人生的最高和最善的目的在追求快樂，而快樂便是身體沒有痛苦和靈魂不存困擾（absence of pain in body and trouble in the soul）。但他所說的快樂不是沉溺，他個人的生活非常節制而純樸，認為如果不能以少量為滿足，便無法獲得滿足，人應從憂懼中解脫出來，透過真理的認知而獲致平靜，即「阿達拉克西亞」（ataraxia），他也主張誠實、謹慎和公

正。他認為,至善便是至樂,人不必對不可察知的力量而心存憂懼,神靈即使是存在,也與人生和自然無關。此派後流於頹廢,日後也飽受基督教的攻擊。

斯多亞學派的創始人為齊諾(Zeno of Citium, Cyprus, c.334-262B.C.)。他大約在西元前 300 年在雅典創立學派,一般稱為斯多亞學派(Stoicism, or Stoic School),此名稱之由來,係因齊諾在雅典市場附近一個桂廊(stoa)公開講學,它是一個長長的,開放的但有頂蓋的柱廊,也漆有圖畫(故有時叫 Stoa Poecile, painted porch)。他在某些方面受蘇拉底學說和犬儒學派的影響,其邏輯亦以亞里多德邏輯為基礎。他認為人生的福祉不在健康、財富和成功,善與惡的分辨才至關緊要,人應該理性地生活,並與自然和諧相處,德性是唯一的善,有德性的人在履行義務時應無視歡樂、痛苦和不幸,如此才能超越機遇而達到精神的自由。他重視理性,主張克制激情,又強調倫理信念、智慧、勇氣和適度。此派對後來的羅馬,乃至整個西方文化均有重大影響。

至於犬儒學派,是安提斯尼斯(Antishenes, 444-370B.C 死於雅典)所倡。他認為塵世一切都是空的,認為德性是唯一的善,而非蘇格拉底所說的高尚的善。人生幸福要靠德性的生活方可獲致,而德性對他們而言,是自足生活、克制欲望和限制需求,他們推重貧困、透過自然律而得到心靈的平靜,則人人可一如帝王,他們也絕意歡樂和對人冷漠,因而有憤世嫉俗的傾向。安提斯尼斯的弟子狄奧吉尼斯(Diogenes of Sinope, 412-323B.C.)係與亞歷山大同時的人,據說更能絕意任何生活上的舒適與方便。生活在桶中,有一次見一農人用手捧水喝,乃馬上丟棄他唯一的餐具,那就是一個杯子。亞歷山大訪問他詢以有無可替其完成之事,他的回答是不要擋著他的陽光。此派流行到西元後六世紀,對斯多亞派和基督教苦修均有影響。至於此派為什麼稱犬儒,有謂他們在雅典犬嶺(Cynosarges)的體育館講學而得名,亦有謂是因為他們生活簡單如犬。英語中 cynic(小寫的c)一字,仍有憤世嫉俗者或好譏諷者的意思。

　　羅馬人性好實際，哲學的思考較不發達。共和晚期以後，伊比鳩魯學派和斯多亞學派傳入。伊比鳩魯學說的傳人以詩人呂克里修斯（Titus Lucretius Carsus, c.99-55B.C.）為主，他著有哲學長詩〖論萬物本質〗（*De rerum natura, or, On the Nature of Things*），六卷。他駁斥伊比鳩魯學說為享樂主義的說法，也認為人類生命是唯物的結構，靈魂和軀體，一如宇宙間任何東西，為原子的短暫結合；當死亡來臨時，原子就會分離散開。他認為死亡無可畏，它只是一場無晝又無夢的睡眠而已。[12]

　　斯多亞學派在羅馬大行其道，此可能與羅馬人的氣質和性格有關。羅馬斯多亞三哲為：席內卡、埃比克泰特和奧理略皇帝。席內克（Lucius Annaeus Seneca, c.3-65A.D.）為老席內卡（Seneca the Elder）之子，在尼祿皇帝（Nero, 37-68，在位時期 57-68）時因係皇帝的老師與顧問而權重一時，但西元 65 年因被控涉及政爭陰謀而被令自殺。他的哲學思想強調倫理學，尤重品德，主張克制激情。埃比克泰特（Epictetus, c.50-c.138）原為誕生在菲里幾亞（Phrygia,在小亞細亞）的奴隸。他不重外在的善，認為真正的善是內在的，他強調人類四海一家的精神。至於奧理略皇帝（Marcus Aurelius Antoninus, 121-180, 在位時期 161-180）為羅馬治世的最後一位皇帝，但在他統治時期，在安息（Parthia）（裏海東南約當現伊朗庫拉山省 Khurasan）、日爾曼和不列顛等地有叛亂而戎馬倥傯。他是用功甚勤的斯多亞哲學家，嚴以律己也堪稱賢君，他善待貧窮，減輕徭役，減少競技淺暴，但他仍然迫害基督徒（認為他們是帝國的敵人）。他也常常自省，著有〖沉思錄〗（*Meditations*）（亦譯〖養心錄〗）。[13]

---

12 參看邢義田編譯，〖西洋古代史參考資料〗㈠（台北：聯經，1987），pp. 149-55。

13 奧理略皇帝（安敦皇帝）可能是第一個載入中國史書的西方人士。按〖後漢書‧西域傳〗：「至桓帝延熹九年，大秦王安敦遣使自日南徼外獻象牙、犀角、玳瑁，始乃一通焉」。按東漢桓帝延熹九年為西元 166 年，正當他為羅馬皇帝之時。

　　還有，新柏拉圖主義（Neoplatonism）為三世紀至六世紀之間，在羅馬帝國很有影響力的學派，幾有取代斯多亞學派之勢。它的創建者是出生埃及而可能有羅馬血統的普洛提納斯（Plotinus, 205-270）。他先是在亞歷山卓研究哲學，對印度與波斯哲學均有涉獵，更鑽研希臘哲學。244 年定居羅馬並講學於此。他提出有系統的形上學理論以清理已混入柏拉圖哲學中的斯多亞哲學和神秘主義的解釋。他擯斥兩元論如善與惡、物資與精神、共相與殊相（universal and particular）之說，而結合柏拉圖、亞里士多德及畢達哥拉斯學派的說法，認為本體或上帝（the One or God）發散出神聖心智（Divine Mind, or Intelligence）和世界靈魂（World Soul）（包括個人靈魂），然後便是可以認知的世界。他有四十四卷作品，後由其弟子編為〖九書〗（*Enneads*）。此學派對早期基督教神學，如聖奧古斯汀（St. Augustine）等人的學說有很大的影響，不過普洛提納斯本人是反對基督教的。

三、文學

　　古代的希臘人（包括住在希臘半島本身、西西里及其他各島嶼，以及義大利南部的希臘人），留下很多的文學創作。羅馬人的文學作品，與希臘文學相比，較少一點原創性，但其拉丁語文的語意精準，直迄十八世紀為外交語文，現仍為國際學術語文，即使是英文也有接近一半的字彙經由古法文而帶有拉丁語根。

㈠史詩

　　史詩（Epic）是一種用詩的形式或韻文表達的長篇敘事文體。它的內容包括戰爭、冒險、英雄事跡等等。在古希臘世界中，史詩的史宗是荷馬（Homer）。他的生平不詳，有七個城邦爭著做他的出生地。他可能是西元前九世紀時的人，也有說他生在西元前一二○○年者。他可能在西元前九世紀生活在愛琴海東岸的小亞細亞的某一城邦，或者是奇奧廝島（Chios）。他的兩大史詩：〖伊里亞特〗（*Iliad*）和〖奧德賽〗（*Odyssey*），有人認係自青銅器時代（盛行於西元前三六〇〇年至一〇〇〇年，其後為鐵器時代）以來世代相傳的歌謠經整理而來。它們的故事背景是希臘各城邦聯軍攻打特類城，雖然爆發特類戰爭的真正原因可能是希臘各城邦已到了向外擴張的階段。這兩個史詩雖以特類戰爭為背景，特類戰爭發生在西元前十二世紀，但它們所描述的政治和社會，比較符合西元前九至八世紀的情況。這兩部史詩除了文學價值以外，也有很高的史料價值。

〖伊里亞特〗有二四卷（章），主要內容為描寫特類戰爭十年的故事。先是，特類王普瑞阿穆（Priam）之子巴里斯王子（Prince Paris）在天后喜拉、智慧女神雅典娜和美神阿扶洛黛德的賽美會上，在各女神均提出賄選的條件下，選了阿扶洛黛德為最美麗者，而她的條件便是許諾以最美的女人為妻。另一方面，希臘世界中最美的女人是海倫（Helen），她是眾人追逐的對象，最後斯巴達國王曼尼勞斯（Menelaus）贏得美人歸，眾人為表示風度，誓言維護他們的婚姻幸福。

後來巴里斯奉使來斯巴達看到海倫，驚為天人。阿扶洛黛德乃履行承諾，使海倫跟巴里斯私奔到特類。希臘各城邦認為「是可忍孰不可忍」，決定組成聯軍，以邁西尼國王阿格曼儂（Agamemnon）為統帥去討伐特類。各神明亦紛紛介入，有幫助希臘城邦者，如喜拉、雅典娜、普賽東等；有支持特類者，如宙斯、阿扶洛黛德、阿里斯等。交戰雙方旗鼓相當，希臘方面有阿格曼儂、奧德修斯（Odysseus，伊色佳國王，羅馬人稱尤里西斯 Ulysses）、阿奇里斯（Achilles）[14]，等等；特類方面有赫克多（Hector）、義尼阿斯（Aeneas），等等。但是，圍城之戰，十年無功。

---

[14] 相傳阿奇里斯是占薩利（Thessaly）國王派洛斯（Peleus）與女神詹緹斯（Thetis）之子，他在出生後，由乃母持之在冥河（River Styx）浴身，刀槍不入，但其後跟因當時用手持以浸身而忘記浴之，此後他竟因腳跟受傷不治。因之，「阿奇里斯的腳跟」（Achilles' heel）是「唯一致命弱點」之意。

最後，奧德修斯想出一條妙計，製造一個腹內藏有甲兵的大木馬，軍隊佯裝揚帆回航。當特類人想把大木馬當做戰利品拖入城內時，祭司勞空（Laocoon）提出警告反對。他說，他怕希臘人，即使是他們帶來禮物，也不例外。但勞空及其二子在海邊祭海神普魯東時，忽有二巨蛇自海中竄出，纏著他們並咬死他們，特類人認為勞空犯了神怒，乃將木馬拖入城內，當他們飲宴慶功時，木馬腹中甲兵忽而衝出，佯裝回航的大軍也折返，於是裏應外合，攻陷特類並屠城。這也是「希臘人的禮物」（Greek gift）和「木馬屠城」（Trajan horse）等典故的由來。

〔奧德賽〕亦有二四卷（章），敘述伊色佳國王奧德修斯在特類戰役後回航迷途，在海中歷盡冒險，遇見颶風駭浪、女妖、巨岩等等，有十年未能返家。其妻潘妮樂普（Penelope）則備受一些求婚者的困擾，她被迫用織造嫁衣而再拆掉的方式來拖延時間。最後被識破，眾求婚者逼其嫁其中一人。潘妮樂普乃請他們用奧德修斯的弓來射一個用十二把斧頭做成的承口，優勝者可以娶她，但無人成功。此時奧德修斯化裝成老丐歸來，其老狗識出，快樂地搖尾死去。他也要求一試，眾人不肯，潘妮樂普堅持也要給他一個機會，奧德修斯一箭中底，並回弓射死眾人，夫婦團圓。

荷馬的史詩，除了文學及史料價值外，也在刻劃或突顯希臘人的人生典範：海倫的美麗、潘妮樂普的堅貞、阿奇里斯的英勇、奧德修斯的智謀，乃至老狗的忠心。

羅馬人的史詩大師為大詩人威吉爾（Vergil, or Virgil, or Publius Vergilius Maro, 70-19B.C.）。他出生在曼圖亞（Mantua）附近，先後在米蘭、那不勒斯和羅馬受教育，後又與其父在農場生活十年。西元前四一年去羅馬，在文藝圈內遊走，成為曼西納斯（Caius Maecenas，死於 8 B.C.）的座上客。曼西納斯是政治關係良好的富豪，與渥大維（奧古斯都）有密切的連繫，且曾為他完成一些任務，後來兩人關係緊張，曼西納斯乃盡捐家財。曼西納斯招徠有才智的人，大力倡導文物，迄今他的姓氏如果開頭用小寫的 m，即 maecenas 仍指一般擁有雄厚財力並倡導文化活動的人。威吉爾的史

詩〔義尼德〕（*Aeneid*），十二卷，主要敘述特類英雄義尼阿斯（Aeneas）在特類陷落並遭屠城後，背著年邁老父突圍而出，後在地中海航行至迦太基，與女王黛鐸（Dido）相戀，但奉神諭離開迦太基，走西西里，訪冥神海地斯，後登陸義大利，後在羅馬打出一片天空，他便是羅馬人的始祖，其後人更是繼事承業，發揚光大，奠定羅馬基業。此史詩亦在突顯羅馬人的美德：對國家的忠，對尊親的孝，以及義尼阿斯的勇敢善戰。本作品用抑揚頓挫的六音腳韻文寫成，用字的考究和主題的崇高，均使它成為傑作。事實上，直迄威吉爾死，尚有一些作品並未完成，但奧古斯都不准其他作家「狗尾」續貂。

㈢詩歌

希臘文學中的詩歌發達。在抒情詩和頌詩方面，有女詩人莎孚（Sappho of Lesbos，西元前六世紀人）和平德爾（Pindar, 522?-443B.C.）。莎孚出生在愛琴海的萊斯布島（Lesbos），才華橫溢，據說哲學家柏拉圖稱許其為第十繆斯。寫下許多情感熾烈的詩給少女們，如〔好姑娘海倫〕和〔愛擾亂了我的心〕等。她有女同性戀的傾向，至今 lesbians（小寫的 L）是女同性戀者的意思。試看她的〔好姑娘海倫〕，便可看出她所寫的為愛不惜一切和完全聽從愛神召喚的決心：

好姑娘海倫，一切都是為了愛

　　好姑娘，海倫

　　人以美的女孩

　　別了高貴的夫君

　　航向遙遠的特洛

　　這一切都為了愛

　　忘了雅兒　　　忍離雙親

　　塞普瑞安（按即 Cyprian，為美神與愛神的另一稱呼）

帶她遠去

她——

柔弱順從　了無反抗 15

　　平德爾（Pindar, 522?-443）被認為是最偉大的希臘詩人。他出身波奧西亞（Boeotia）的貴族，但主要居住在底比斯（Thebes），他遊跡廣闊。他是亞歷山大大帝最喜愛的詩人之一，西元前三三六年他甫即位不久，底比斯因謠傳他死而叛，他強力平定並劫掠此城，除廟宇外，僅平德爾故居得以倖免。平德爾長於抒情詩和頌歌。他曾用〔太陽的新娘〕一詩讚揚一個拳擊選手在奧林匹克比賽會中的成就：

太陽的新娘

當一個人從豐盛之手取走了銀杯，

在葡萄泡沫之中滾滾地起泡，

將它呈給

一位年輕的新娘，信誓旦旦，以自傲，純潔的金子，財貨，

節日的歡欣，去榮耀他的新娘，使他出現

在新娘同意大備受眾友之讚美：

因此我，帶來勝利的甘露，

繆思的賜禮，心智甜蜜的收穫，

獻給

奧林匹亞和佩托（Pytho）的征服者。16

　　　　　（下略）

---

15 取自邢義田編譯，〖西洋古代史參考資〗（一）（台北：聯經，1987），p. 144。

16 取自劉景輝譯，〖西洋文化史〗，第一卷上古（台北：學生書店，1989），pp. 114-15。

希臘化時代最著名的詩人是詹奧克里圖斯（Theocritus of Syracuse）（西元前三世紀時人），長於田園詩及牧歌。

羅馬拉丁文學中，最著名的詩人是威吉爾（Vergil），他在史詩之外，長於刻劃真實人生和農莊生活的美，其農村田園詩，此與詹奧克里圖斯相若。他的〖牧歌集〗（*Ecologues*）（完成於西元前 37 年），受到極大的歡迎；他的〖耕作藝術〗（*Georgics, or, Art of Husbandry*）（完成於西元前 36 至 29 年）亦屬佳作。他的表現手法的完美，堪稱拉丁典範。另一詩人荷瑞思（Horace, or Quintus Horatius Flaccus, 65-8B.C.），出生在義大利威農西亞（Venusia），為一解放的奴隸之子，先後在羅馬和雅典受教育，曾因威吉爾之荐，而受到富豪曼西納斯的支援，後為奧古斯都所欣賞的詩人，著有〖頌歌集〗（*Odes*），三卷。還有，奧維德（Ovid, or Publius Ovidius Naso, 43? B.C.-17B.C.），原習法律，後為詩人，長於敘事詩和輓歌。他受知於奧古斯都，但在西元八年，不明究裏地被奧古斯都放逐至黑海港口突米斯（Tomis），地在多瑙河以南，後死於該地。他的作品有〖愛情詩集〗（*Amores*），其中多篇頌揚其情人柯瑞娜（Corinna）（可能是多位女人的混合代表）；〖女傑書簡〗（*Epistulae heroidum, or Letters from Heroines*），為虛擬的古代女英寫給她們的遠方良人的書函。他的〖變形集〗（*Metamorphoses*），是神話作品，用六音步韻文寫成，為其最大的傑作。放逐以後，有〖悲感集〗（*Tristia, or Sorrows*），為五集短詩，是他請求赦免的心聲；〖黑海書簡〗（*Epistulaeex Ponto, or Letters from the Black Sea*），為寫給羅馬友人的作品，已見創作力不如以前。

㈣戲劇

希臘人在戲劇方面有很高的成就，其悲劇創作已達極致。戲劇活動起源於祭祀酒神的活動。每年五月後糧食收成完畢，而葡萄和橄欖要到十月和十一月才成熟，因而有一段農隙期。希臘人利用這段較為閒暇的時間從事一些活動，秋天祭祀酒神狄奧尼修斯有歌舞活動，這些歌舞逐漸加上角

色的扮演和情節的結構乃成為戲劇。當局也獎勵這些活動，優勝的作品獎以山羊，而「悲劇」（tragedy）一詞便是由「山羊歌」（tragoidia）轉來。為了便於觀賞戲劇的演出，各城邦當局也興建戲院。不過，這些戲院露天的，多利用微斜的山坡地，建為梯形座次的場所，頗有韻律美。

戲劇構成的主要原理是衝突，這包括人與人的衝突，人與其反對力量的衝突，最後由衝突的一方獲得勝利而結束。悲劇代表著人與其所不能克服的力量，如命運、社會、法律和習慣等相衝突，雖百折不撓且義無反顧，但終於因為無能為力而失敗。亞里士多德（Aristotle）在其文學批評的作品〖詩學〗（*Poetics*）中解釋悲劇為經由悲憫和恐懼（through pity and terror），對情感的洗滌或宣洩（catharsis or purgation）。古希臘有三大悲劇作家，他們分別是艾思奇拉斯（Aeschylus, 525-456B.C.）、索夫克里斯（Sophocles, 495-405B.C.）和尤里匹底斯（Euripides, 480-406B.C.）。

艾思奇拉斯為雅典人，曾參與波希戰爭。他的戲劇之作，據說超過七十，僅餘其七，其中以〖奧勒斯提亞〗（*Oresteia*）（或譯〖王子復仇記〗）和〖普洛米修斯〗（*Prometheus Bound*）為人所熟知。〖奧勒斯提亞〗為三部曲戲劇，主要內容為：邁西尼國王阿格曼農（Agamemon）統希臘聯軍征討特類，在揚帆前被迫以女兒伊芙吉尼亞（Iphigenia）獻祭，回國後為其妻克萊緹妮斯特拉（Clytemnestra）和奸夫艾吉斯佐斯（Aegisthus）所謀殺，王子奧勒斯提（Orestes）時仍為幼童，被放逐在外，但因身為年長男嗣，有復仇責任且阿波羅亦命其如此做。在妹妹薏萊克特拉（Electra）的幫助下，終於完成任務，殺死母親和她的奸夫。他雖復了仇，但弒母為極大惡行，他受到眾神詛咒，也被三個人頭鳥身的復仇女神所追逐，最後在天庭大審中，阿波羅雖為他開除說他沒有別的選擇，因而不能為自己的行為負責。但奧勒斯提勇敢地承當責任，認為是自己弒母，與眾神無關。他不把責任推卸給別人或神，不怨天尤人，使眾神決定撤消對他的詛咒。這個過程說明心理疾病的復健，在為自己和自己的行為

承當責任。[17] 至於〖普羅米修斯〗，是說：普羅米修斯神盜取火種，送給人類，此舉使宙斯震怒乃降潘朵拉（Pandora）和她的裝滿麻煩災難的盒子以懲罰人類，同時把普羅米修斯用鍊條綑腳綁在高加索山的頂上，兀鷹每天啄其肝，夜間又長出，再被啄，歷經苦難和煎熬。另一傳說，他後來因大力士赫丘力斯（Hercules）殺死兀鷹而獲自由。此為十九世紀英國詩人雪萊（Percy B. Shelley, 1792-1822）所寫的〖普羅米修斯的獲釋〗（*Prometheus Unbound*）的題材。關於普羅米修斯還有別的傳說，他代表堅苦創造和奮取的精神。還有，薏萊克特拉以女兒身分參與弒母為父復仇的悲劇，所以心理分析學派以「薏萊克特拉情意結」（Electra Complex）來表示女孩的戀父情意結。

索福克里斯與艾思奇拉斯同時代而較年輕，兩人的才華亦相若。他作品有 123 部，現存七部。其中以〖奧迪匹斯〗（*Oedipus*）和〖安弟岡〗（*Antigone*）為著。〖奧迪匹斯〗內容是：奧迪匹斯是底比斯國王賴烏斯（Laius）子，但據德菲神諭，他將來會弒父娶母。因而生下後被棄之山邊，卻為科林斯國王波里巴斯（Polybus）所收養，命名為奧迪匹斯（意為「腫腳者」，因其腳在被棄時被刺傷）。他在長大後聽到傳言又認波里巴斯為其父，乃出走，在路上遇生父賴烏斯，因推撞而殺之。他走到底比斯因猜破獅身人面獸（Sphinx）所出何者幼用四腿走路，壯用二腿走路及老用三腿走路為人之後，解除該城邦危機而最後娶王后（其母），生下二子二女。他知道真相後挖眼出走，命二子相繼為王，後發生內戰。後來心理分析學派用「奧迪匹斯情意結」（Oedipus Complex）來表示男孩的戀母情意結。〖安弟岡〗可以說是〖奧迪匹斯〗的續集或完結篇，安弟岡是奧迪匹斯的女兒，隨他出走，但她的兩個兄弟在內戰中互相殺死對方，其叔叔底比斯國王克里昂（Creon）禁止安葬兩兄弟中被認係叛亂的一人，安弟岡

17 參看 M. Scott Peck, *Further Along the Road Less Traveled*（中文版：與心靈對話，台北天下文化出版公司，1997 一版 13 刷），pp. 110-111.

不顧禁令，予以安葬並舉行葬禮。在索福克里斯的劇中，她上吊死在克里昂要活埋她的墳中。但神話傳說是，克里昂的兒子救了她，把她混入牧羊人中間。索福克里斯的作品表現希臘人重中庸、節制及戒放縱、驕傲的德性。他藉〖安弟岡〗的結局的詞句說：

> 聰明的行為支配著快樂
> 在其所有之前，對上蒼的虔敬
> 一定要維持，傲者的大言
> 將悲哀領向極點以懲罰傲慢：
> 當人們年老時會知曉的一課教訓。18

　　尤里匹底斯也是雅典人，作品有九十二部，存留十九部。茲簡介其〖赫苦布〗（Hecuba）：赫苦布是特類王普瑞阿穆的正室，育有子女十九人，包括兒子巴里斯和赫克多等及女兒卡珊德拉（Cassandra）等。特類城陷後，她被歸奧德修斯為奴。先是，她救幼子波里多洛（Polydorus），把他送交色雷斯王波里奈斯圖（Polymnestor）撫養，但她隨奧德修斯至色雷斯時，獲悉其幼子已被害死，她乃設計復仇，將色雷斯王弄瞎，也殺死他的兩個兒子。

　　戲劇的另一類型是喜劇（comedy），它的特點在訴諸理智，與悲劇的訴諸情感不同，其功能在藉著表現劇中人物的愚行、缺點、和不協調以激發歡笑而帶來愉悅。如果說，悲劇的結局是讓人同情的話，則喜劇的結局是令人同意。主要的劇作家是亞里斯多芬（Aristophanes, 448?-380?），他也是雅典人。他的作品超過四十部，現僅剩下十一部。他擅於諷刺，各種政治的，社會的，文學的和思想上的諷刺。他所寫的〖雲〗（The Clouds），是諷刺蘇格拉底的作品，刻劃一個窮困潦倒的人到蘇格拉底的「思想學

18取自劉景輝譯，前揭書，pp. 110-11.

店」去註冊，以尋求恢復他財富的方法，從而發生一些趣事和絕妙的對話。另一作品〖萊西斯特拉達〗（*Lysistrata*），描繪雅典女人用拒絕行房來迫使男人停止作戰。

希臘化時代的文學缺乏深度。戲劇以米南德（Menander, 342?-291?）的新喜劇（new comedy）為著，這實為一種悲喜劇（tragicomedy）。他留下的作品多片斷不全，但一九五七年在開羅發現他所寫的〖守財奴〗（*The Curmudgeon*）為全本，並於一九五九年再行出版。

羅馬人的戲劇創造性不高，而且他們對競技的觀賞興趣遠大於戲劇。奈維烏斯（Gnaeus Naevius, c.270-c.199B.C.）及其後的人雖仿作希臘悲劇，但其水準不過是激烈的通俗鬧劇。塞內卡（Seneca the Younger, or Lucius Annaeus Seneca, c.3 B.C.-65A.D.）不但是政治家和哲學家，也是劇作家，有九悲劇之作，且對後來文藝復興時期作家有其影響，但創意不高僅堆砌辭藻。

四、史學

希臘人是古代西方民族中最富有歷史意識的民族，他們的史學成就很高。第一位史學家希羅多德（Herodotus, 485?-425?B.C.）是西方史學的開山祖師，日後羅馬人西塞羅（Cicero）稱他為「史學之父」（Father of History）。他出生在小亞細亞的希臘城邦哈利卡耶蘇（Halicarnassus）（現名波德魯木 Bodrum 在土耳其南岸），他的生平所知不多，僅從他的著作和後人的記述中知道一些。他遊蹤甚廣，遍及小亞細亞及中東（包括美索不達米亞、巴比侖、埃及等地），亦曾參與雅典在義大利南部圖點尹（Thurii）的殖民工作，因而又遊義大利南部和西西里島。他著〖史記〗（*The Histories*），該書雖以敘述波希戰爭為主要內容，但涉及甚廣，可以說是有關整個古代世界的通史。另一位史家是修西代底斯（Thucydides, 460-400 B.C.），出身雅典貴族世家，雖在西元前 430 年至 429 年的瘟疫中遭到感染

卻倖免於難，他也擔任過十將軍委員會中的將軍。但因在比羅奔尼蘇戰爭中在愛琴海北部作戰失利，導致馬其頓東部的安非波利斯（Amphipolis）棄守，被放逐二十年。他對雅典的民主政治並無好感，持批評態度。他的力作是〖比羅奔尼蘇戰爭史〗（*History of the Peloponnesian War*），該書分為八卷，涵蓋年代西元前 431 年至 411 年，戰爭歷二十八年，他處理了二十一年，為未竟之作。他也是廣遊覽，勤訪求，力持客觀。

　　希臘化時代的史家以波里比烏斯（Polybius of Megalopolis, c.203?-120? B. C.），出生在比羅奔尼蘇中部阿克底亞（Arcadia）山區的米格洛波里斯（Megalopolis），自幼受良好教育，善騎馬及狩獵，也曾擔任過騎兵將領。後來在羅馬征服後，被徙羅馬居任。他與羅馬大將西比阿（Scipio Aemilianus, 236-c.183）交好，也曾隨西比阿至西班牙和非洲征戰（布匿戰爭），他曾目睹西比阿對迦太基的包圍和摧毀（146 B.C.）。在歷史研究方面，他力求確實和客觀，並且較修西代底斯更重視社會和經濟的因素。他的〖史記〗（*Histories*），主要內容記述羅馬共和的興起及終成世界級國家的經過，他的重點本放在西元前 220 年迦太基大將漢尼拔的西班牙戰役至西元前 168 年羅馬征服馬其頓（翌年他被徙入羅馬），但有時上敘較早的事。全書四十卷，但僅前五卷完整地留下。

　　羅馬時期的史學也有其發展。凱撒既是軍人、政治家，亦為文學家和史家。他的〖高盧戰紀〗（*De bello Gallico*）、〖內戰紀聞〗（*De bello civili*）均有史料價值，也都表現出清晰明徹的散文風格。李維（Livy, or Titus Livius , 59B.C.-17 A.D.）是另一個重要的史家，他出生在義大利的巴都亞（Padua, or Patavium），雖受知於奧古斯都，但未參與政治。他一生力作是〖羅馬史〗（*Historiae ab Urbe Conditia, or, History of rome from the Founding of the City*），一四二卷，僅三十三卷存世。所敘範圍自羅馬建城（西元前 753）至西元前九年德拉蘇（Nero Claudius Drusus Germanicus, or Drusus Senior）（軍人及政治人物，曾任執政及高盧總督）的死。還有一位史家塔西圖斯（Cornelius Tacitus, c.55-117A.D.），其生平事跡不詳，政治立場有共

和傾向，故對帝制有成見。他著有〖史記〗（*Historiae, or The Histories*）、〖編年史〗（*Annales, oe The Annals*），以及〖日耳曼誌〗（*Germania*），他稍欠客觀，但其〖日耳曼誌〗記述日耳曼部落事情，可補凱撒著述之不足。

五、藝術

藝術是文化活動的另一重要層面，希臘人和羅馬人均有成就，而希臘人尤為突出。以建築言，希臘建築表現著人文精神，即使是以神明為體材，也是為了人。希臘人在西元前十世紀至西元前六世紀，便已發展出自己的建築，是用太陽曬乾的磚來砌牆，樑柱也用木材，奧林匹亞的天后廟或喜拉廟（Heracum）是最早的廟宇之一，便保持此一風格。西元前七、六世紀以後開始大量用石塊，西元前五世紀時用大理石為建材，蔚為風氣。各城邦主要的建築物約在西元前四八〇年至三二三年間完成，均係以衛城為中心，公共建築物也大多集中於此。希臘建築表現出均衡、對稱、和諧、秩序的美感，以殿廟最具代表性。其基本要素為內殿、圓柱、柱頂線盤、傾斜屋頂、山形牆等五項。內殿（cella）為一長方形奉祀神明的空間；圓柱構成門廊並環繞內殿；柱頂線盤（entablature）在圓柱上端支撐屋頂的部份；傾斜的屋頂（pitched or gabled roof）表現優雅美感；山形牆或三角牆（pediment）在屋頂之下和柱頂線盤之上。圓柱有不同的款式，其中多利安式（Doric order）較大也有較廣的凹槽（flutes）。較晚有愛奧尼式（Ionic order）和科林斯式（Corinthian order），柱體較為纖細和優美，凹糟亦淺，柱頭呈渦捲形，科林斯式為希臘化時代所通用而較愛奧尼形更為複雜和更富裝飾。柱頂線盤包括橫飾帶（frieze）和其下的框線，再下為柱頂，希臘人喜歡在橫飾帶裝飾一些藝術作品。

殿廟中最典型的，是雅典衛城上，雅典人奉祀其守護神雅典娜的巴特農神廟（Parthenon），為多利安式圓柱建築物。「巴特農」在希臘文中的

原義為「處女之地」，是雅典人的精神堡壘。它在波希戰爭中被焚燬，柏里克里斯重建，且曾動用提洛同盟的經費。它由西元前五世紀最偉大建築家伊克提那斯（Ictinus），佐之從另一大建築家卡里克拉提斯（Callicrartes）來設計，並由雕刻大師裴迪雅斯（Phidias）負責雕刻工作，在西元前四四七年至四三二年間完成。它是一座堂皇的多利安式建築，兩邊各有十七個圓柱，兩端各六個，總共有四十六個圓柱。建築始有二三七英呎（七二公尺）長，一一〇英呎（三四公尺）寬，高六〇英呎（一八公尺）。其內殿有二，東室奉雅典娜雕像，由菲迪雅斯用黃金及象牙雕成，在西元前四三八年開光（裝妥開祭），西室為寶庫，腰線（裝飾帶），即三角牆下邊與框線上邊之橫帶，以及門廊等處的大理石均有精工浮雕，以神話及歷史故事為題材，美不勝收。此外，衛城山丘上還有一個艾里克茲阿廟（Erechtheum），奉祀傳說中的雅典國王艾里克茲阿（Erechtheus），他是開始信奉雅典娜的人，廟內還奉有雅典娜及普塞東，亦為希臘名建築之一，用大理石建成，時在西元前四二一年至四〇五年，亦為波希戰爭所毀而重建的，圓柱用愛奧尼式。它和巴特農的廢墟皆屹立雅典衛城，皆為可觀賞的地方。

巴特農神廟一如命運多舛的佳人。它在六世紀時變成基督教堂，十五世紀時土耳其人占領雅典，又成為回教寺並加蓋一個叫拜樓（尖塔）。一六八七年威尼斯人圍攻雅典，土耳其人用它作火藥庫，發生爆炸而使屋頂和中間部份被毀。後來它的雕刻品和橫飾帶（上有浮雕），被英人額爾金勛爵（Lord Elgin, 1766-1841, 1799-1803 間奉使君士坦丁堡）（其子即焚燒中國圓明園者），運往英國，此即收藏在大英博物館的「額爾金大理石精品」（Elgin Marbles）。希臘一直希望收回，一九八〇年代後尤甚。順便在此一敘：許多國家期望討回被掠奪的國寶，至一九九五年聯合國教科文組織簽署「關於被盜取或非法出口文物公約」，規定任何因戰爭等原因被搶奪或丟失的文物均應歸還原國，而且沒有時間的限制。一九九八年十二月，全球四十四個國家十三個非政府組織在華盛頓舉行「戰時掠奪藝術品

處理會議」，大家同意被掠奪的藝術品應歸還原國，雖不具法律效力，卻有道德宣示的意義。中國因流失文物之多，據說超過百萬，精品也有數十萬件，涉及四十七國，亦參與追討。不過二〇〇一年十二月，歐美十九家博物館，包括大英博物館及巴黎羅浮宮等聯合發表「關於環球博物館的重要性和價值的聲明」，反對將藝術品，特別是古代文物交還原屬國。此事還要再發展下去。

我們再拉回歷史的鏡頭，回到原點。希臘人的雕刻也很圓熟。西元前六〇〇年至五〇〇年，頗多佳作。西元前五〇〇年後，雕刻漸以裝飾公共建築物，尤以神殿為主。最偉大的希臘雕刻家當推菲迪雅斯（Phidias, c.500 -c.432），他沒有原作留世，現有多為摹品。

希臘化時代的建築與雕刻，其意境較希臘時期為差。建築多採科林斯款式，較少流露出人文精神、均衡和節制，而以奢華宏偉為尚。亞歷山卓港燈塔高度近 400 英呎，用八個圓柱來支撐燈光，可見一斑。雕刻也呈現放縱與誇大的色彩，但仍有佳作，如米洛的維納斯（Venus de Milo, or Aph-rodide of Milos），係一八二〇年在米洛島上發現者，但斷去雙臂；薩莫色雷斯的勝利女神（Nike of Samothrace），係一八六三年在愛琴海東北部的薩莫色雷斯所發現的，但沒有頭部及雙臂（1950 又發現一隻手），她站在船頭，表現出動態美。二者皆存於巴黎羅浮宮。多年來，也有藝術家試著予以復原但沒有得到一致的結論，至今仍以「殘缺美」的形態出現。

羅馬人的藝術雖有模仿希臘人之處，但也有其獨特的風格。在建築方面，羅馬人有取自伊特拉斯坎人（Etruscans）和希臘人之處，但他們有突出的地方，即在於結合圓柱和拱門（arch），發展出穹窿（vaults）、圓頂（dome）和扶壁（buttresses）的結構功能。他們不像希臘人那麼著重柱子，因而牆的承受較大，建材雖也有磚及石，但他們用滲水的石炭混火山灰，發展出混凝土，是很耐久的建材，所以他們所建的一些建築物、道路、橋樑仍然存在。但混凝土的製法在羅馬亡後失傳，一直到一七五六年英國人才又發明出混凝土製法。他們也用圓柱，特別是修建廟宇時，惟多

採取科林斯款式，他們很重視建築物正面（facade）的美感。他們建了很多宏偉壯觀和富有帝國氣象的公共建築物，紀念重大事蹟的凱旋拱門遍於帝國。位於古羅馬中心，至今猶存的萬神廟（Partheon），其圓頂直徑高一四二英呎。此為奧古斯都興建而哈德良皇帝（Hadrian，在位時期 117-38）又予重建的宏偉廟宇，奉祀多神但以戰神和美神為主。羅馬大競技場（Colosseum, or Coliseum），亦稱福雷維安戲院（Flavian Amphtheatre）。此因它是福雷維安家族的第一個皇帝威斯巴西安（Vespasian，在位時期 69-79A. D.）為帝所建。他後來傳位二子，即鐵達時（Titus，在位時期 79-81）及多密先（Domitian，在位時期 81-96）相繼即位，故亦稱福雷維安王朝。此大競技場於西元七九年興建，八〇年竣工。它是一座四層的巨無霸建築物，高一六一英呎（四九公尺），長約六〇〇英呎（一八〇公尺），寬約五〇〇英呎（一五〇公尺），室內競技場呈橢圓形，以沙覆地。

競技場可容納觀眾四五、〇〇〇人，其遺跡至今猶存，外形像一個現代的「巨蛋」足球場，公共建築物中還有大型的浴場，在羅馬和其他地方均有興建。還有四通八達的道路，故有「條條道路通羅馬」之說。羅馬人還興建一種水道橋（aqueduct），引導水流越過山谷或河流，以供人口密集的城市地區居民的用水。

羅馬雕刻浮雕有以青銅為材質的，也有用大理石為材質的，戴克里先時期流行埃及斑岩，作品的題材常以戰功及皇帝肖像等為主。

六、法津

希臘人和羅馬人均有法律的觀念，也有立法的經驗。不過，在法律成就方面以羅馬人為高，對後世的影響也大。

所謂「羅馬法」（Roman Law）是一個複雜的集合體。它包括羅馬共和及帝國時期的各種法律。羅馬在擴張為世界性的大國以後，原來的法律不敷使用。後來逐漸發展出三種法律，即民法（jus civile, or civil law）、萬

民法或國際法（jus gentium）和自然法（natural law）。這其中有成文法
（jus scriptum, or written law）和不成文的法律（jus non scriptum, or unwritten
law），成文法多係立法，不成文法常基於習慣或天理。羅馬法對以後的教
會法，以及許多歐洲國家如義大利、法國、德國、西班牙、葡萄牙及拉丁
美洲的司法制度有所影響。

七、科技

　　長於抽象思考的希臘人對科學研究作出貢獻，而堅毅務實的羅馬人則
在技術方面有其成就。

　　希臘人在自然科學的理論天地，有些突破。天文學方面，已知推算日
蝕和月蝕，也知道月亮反射太陽的光。各城邦的曆法不盡相同，大致上陰
曆一年三百五十四日，陽曆一年三百六十五日。為了配合季節，懂得用閏
月來調劑。在數學方面，泰里斯和畢達哥拉斯的幾何學已有相當成就。醫
學方面，希波克拉提斯（Hippocrates of Cos, 460-c.377）有「醫學之父」
（Father of Medicine）的稱號，他出生在愛琴海柯斯島，醫術高超。他雖接
受當時理論認為疾病係由人體內四種體液（four humors，即血液、黏液、
膽液、憂鬱液）不平衡所致。但他亦認為病皆有其原因，且常受外力影
響。他也注意到某些病徵會與家族，乃至社會有關。治療方面，他主張飲
食調理和病人衛生著手，非必要時不採激烈措施。他非常重視醫德，命從
他習醫者必須宣誓（Hippocratic Oath），其重點為：為了病人的福祉才去
出診行醫，絕不可有不義之行，診病所見所聲均應保持緘默。至今，學醫
的人還要宣讀這個誓言。

　　希臘化時期在科學上的發展尤為輝煌。在天文學方面，亞歷山卓學派
的亞里斯他科斯（Aristarchus of Samos, 310-230B.C.）已提出太陽中心說的理
論，但未為當時所接受。另一亞歷山卓的托勒密（Ptolemy, or Claudius Pto-
lemaeus），為西元二世紀時人，他的主要工作在整理前人的學說而使之系

統化，他的〖天文學〗（*Almagest*），有十三卷，他主張地球中心說，後來同基督教支持等等，曾大為流行。數學方面，有歐幾里德（Euclid），約於西元前三○○年講學於亞歷山卓，他的生平所知不多，他的〖幾何學要素〗（*Elements of Geometry*）綜合古代數學知識。曾任亞歷山卓圖書館館長的厄拉托西尼（Eratoshenes, c.276-194? B.C.）是一位博學的人，提出地球是圓形和太陽光為平行的說法，並推算地球的直徑為七、八五○哩（一二、六三○公里），此與後來算出為七、九二六哩已甚接近，他也畫出當時的地圖，並認為一直西航有到達印度的可能。物理學的發展很大，此以阿基米德（Archimedes of Syracuse, c.287-212B.C.）最為有名。他畢生活在故鄉西西里敘拉古斯，與王室關係密切。他有很多發明，槓桿原理便是其一，據說曾有給他一個可以立定的點便可以移動世界的豪語。他最大突破便是發明「阿基米德原理」（Archimedes'principle）。緣因敘拉古斯統治者喜拉二世（Hiero II）懷疑其金匠在金王冠中滲銀，命阿基米德鑑定。他苦思後決定用比較容積（volume）的辦法來測試，容積指物體占有的空間，純金王冠應與同重量的純金占相同的容積，而同樣重量的銀會較同樣重量的金占較大的容積，此因銀的重量較金輕，如此則純金王冠會較滲銀王冠所占體積為小。但是，難題在於金冠不是金塊，它的形狀不規則而難於處理。後來他在洗澡的時候發現自己身體排出的水的容積等於自己身體的容積而頓時找到解決的辦法，他在興奮之餘竟不顧未穿衣而大呼：「我可弄明白了！」（Eureka！），後來藉此法來測量，結果發現國王金匠所做的金冠較純金金冠排出的水為多，即其容積大於純金金冠，因而確定金匠欺騙。

　　羅馬人性好實際，在自然理論科學的成就不大，未超出希臘人的範圍。出生高盧而在羅馬受教育的普萊尼（Pliny the Elder, or Gaius Pilinius Secundus, 23-79A.D.），曾在日耳曼參加軍旅，也曾在西班牙擔任財政長官（Procurator），人也長於觀察和研究自然事物，撰有〖博物學〗（*Historia Naturalis, or, Natural History*），有七十七卷。二世紀時在亞歷山卓工作的

天文家托勒密亦羅馬帝國初期之人。醫學方面，奧理略皇帝的御醫加倫
（Galen, or Claudius Galenus, c.130-c.201A.D.），在解剖學和生理學方面頗有
貢獻，他用實驗和動物分解的方式作研究，展示動脈運送血液，同時對大
腦、神經、脈搏等有相當程度的瞭解，著作亦多，仍存者有八三件。

羅馬人曆法相當發達。共和末期凱撒當政時有鑒於因為宗教官員扭曲
曆法以配合需要等因素，致使一年與太陽公轉年（solar year）相差達三個
月之多。凱撒於西元前四六年設計新曆，稱朱理曆（Julian Calendar）（朱
理 Julius 是他自己的名子）。為了調節，此年有十五個月。西元前四五年
一月一日實行朱理曆，將羅馬月改稱朱理月（Julius），就是七月（July）
以紀念自己，是有三十一天的大月。後來奧古斯都為紀念自己亦使八月
（August）成為有三十一天的大月。朱理曆每年有三百六十五又四分之一
天，比公轉太陽年多了十一分十四秒，但已較從前的曆法進步，但仍不夠
精準，至一五八〇年已相差十日了。一五八二年教宗格理高里十三世
（Gregory XIII）又頒新曆，此稱格理高里曆（Gregorian Calendar），也就
是今日仍在通用的西曆。此曆較精準，但仍每四年有閏年一次，即二月有
二十九天。但格理高里曆仍較太陽年長（多）26.3秒，預計到四十四世紀，
即四三一六年就會多出一日。此外，頒行格理高里曆後有些國家曾拒不接
受，俄國及若干東歐國家抵拒最久，這是為什麼一九一七年三月八日及十
一月六日到七日發生在俄國的革命分別叫二月革命及十月革命（因分別為
該年的二月二十三日及十月二十四至二十五日）的緣故了。

我們再把歷史的鏡頭拉回。前已談及羅馬人的技術如修橋造路，興建
水道橋等很發達。另外，羅馬人也發展出一套數字，此數字系統在十六世
紀被阿拉伯數字（實際上是印度數字）取代以前，曾長期使用，至今在許
多地方如重要文件及公共建築物上）仍然用到。它由七個基本數字，如 I
是 1，V 是 5，X 是 10，L 是 50，C 是 100，D 是 500，M 是 1000 為基礎。
數字排列在主要數字之左為減，在主要數字之右為加。如 IV 是 4，VI 是
6，IX 為 9，XIX 為 19，XC 為 90，CX 為 110，MCMXCVIII 為 1998，在某

數之上劃一直線，表示將該數乘以1000，如在M上劃一直線，使成為$\overline{M}$，該數即為1000x1000，即1,000,000。

八、社會概況

希臘人和羅馬人的社會及經濟生活均已相當進步。工商業雖屬小規模但亦頗為發達，惟各城邦及各地貧富不均現象普遍。都市在希臘化時期亦有顯著發展，埃及的亞歷山卓是古代最大城市，人口有一百萬之眾，城市規劃亦佳，如公園、道路、博物館及圖書館等，其圖書館據說藏書有七十萬卷之多。一般希臘人的飲食很簡單，通常每日兩餐：午前餐（ariston），常是一盤豆子或豌豆，再加一片生洋蔥或烤的蘿蔔；晚餐（deipnon），在落日時進用，為主餐，有麵包、乳酪、無花果、橄欖，有時有魚或肉。至於衣著，也很簡單，上衣經常到膝蓋或踝骨（這件上衣有時甚至是一塊長方形的布），腰間用繩或毛織成的帶子繫腰，不穿褲子，鞋子多為草鞋。他們住的房子係用石塊或日曬磚頭蓋成，上面塗以灰泥。他們大多日出而作和日入而息。每城邦均有體育館作為訓練運動和社會活動的地方。每四年一次的奧林匹克賽會是希臘人社會生活的頭等大事，各城邦停止爭戰來共同參與，比賽得勝者可以獲得橄欖葉做成的王冠，雖不名貴，卻為個人和所屬城邦爭得榮譽。

婦女地位，常是一個社會文明的指標。希臘女人屬於家庭，直迄西元前五世紀很少拿女性作為藝術創作的題材。健美或美是用裸男為代表。雖然在希臘悲劇中也有強而有力的女性角色，但女性地位並不重要。西元前四紀以後，在藝術領域，裸體的女人表現美的概念。不過，整個的希臘和希臘化時代，女人在法律上和經濟上的權利仍受限制。像埃及托勒密二世（Ptolemy II, 283-244 B.C.）的王后阿西納伊（Arsinoe）可以使她的肖像與君王的肖像均出現在貨幣上，算是例外。哲學方面斯多亞和伊比鳩魯兩學派均不歧視女性，收女弟子。希臘化時代末期，在亞歷山卓甚至有了婦女

的俱樂部或聯誼會一類的組織。

　　羅馬又是一番景象。帝國在西元一世紀初年有五千四百萬左右的人口，在義大利約有六百萬人，羅馬城約有一百萬人口。在西元二一二年擴大公民權給所有的自由人之前，公民人數約占十分之一。非公民人口包括外國人（peregrini）和奴隸。奴隸的來源主要是戰俘，被海盜俘獲和出賣的人口，再加上罪犯和被父母出賣的孩子等。奴隸之中從教師（多為希臘人）到農田和礦場的工人都有，他們是主要的勞動力，而且景況很差。一般說來，羅馬人很重視家庭生活，結婚的兒子和他們的奴隸常住一起，是一種大家庭。父親或家長（pater familias）的權威很高，也是家庭祭祀的主持人。羅馬人居住的房子有一個有頂或沒頂的前庭（atrium），通往四周各房間，城市中有一樓的房子（domus）或多層的公寓（insula），鄉間則有豪華的別墅（villa）。在飲食方面，羅馬人吃三餐，但除了晚餐（有時持續到夜晚）以外，均甚簡單，有時也有宵夜。羅馬人的衣著，男人以寬鬆的外袍（toga）為常見，通常是白色，後來官員所穿外袍滾有紫邊，皇帝和凱旋歸來的將軍則穿紫色繡花的外袍，男女多穿草鞋。帝國交通發達，公路系統把羅馬與各省聯在一起，海上航運暢通。商業方面，義大利進口糧食和出口酒、油及製造品，從阿拉伯輸入香水、藥材和寶石，自非洲運進金砂、象牙和檀木，由波羅的海輸進琥珀和皮貨，印度進口象牙、香料和檀木，中國的絲也進入羅馬市場。

　　羅馬人的生活水準相當高，羅馬固不待言。即從一七四八年發掘出土的龐培城（Pompeii）來看，該城位於義大利南部，在那不勒斯附近，為兩萬人左右的港口。西元 79 年因威蘇維（Vesuvius）火山爆發而把它埋沒，可看出其街道整潔，商業繁榮，規劃良好。不過，羅馬社會有其殘忍的一面。希臘人在戲院看戲和運動比賽便自娛其樂，但羅馬人卻喜歡賽車和競技，此類活動充滿暴力與血腥。政府亦供應此類節目以麻醉人民，而人民亦樂此不疲，以致詩人朱維納（Juvenal, c.55-c.130 A.D.）慨嘆他人只知麵包和競技。

　　羅馬婦女地位並不比希臘婦女高。在羅馬歷史上有兩個有名的女人，一為埃及女王克麗佩脫拉（Cleopatra VII, 69-30B.C.），另一為傳說中的呂克瑞西亞（Lucretia）（傳說他被最後一位羅馬王之子姦污自殺而促成人民推翻君主政體而建共和）。但是，克麗佩脫拉並非羅馬人而呂克瑞西亞僅止傳說。羅馬婦女不被承認的情形，可從她們沒有名子看出，她們沒有專屬自己的名子，而由家族的姓加上一個表示女性的字尾所構成，如朱利亞（Julia）是表示出自朱利（Julius）家族的女人，李維（薇）亞（Livia）是出自李維（Livius）家族的女人，一如中國古時的「x 氏」，而且一個家庭女兒多於一人時，用「朱利亞老大」（Julia the Elder 或 Julia the First）和「朱利亞老二」（Julia the Younger or Julia the Second）來表示。社會期盼她們的，是宜室宜家和多生貴子。固然，羅馬也曾發生過類似婦女運動的事件，如西元前一九五年婦女聚集在一起，要求廢除戰爭結束後仍強制執行命婦女捐出金飾支援漢尼拔戰爭經費的法律。另一次是西元前四二年婦女集結在羅馬廣場抗議要她們繳稅以支應內戰費用並提出無參政權即無納稅義務之說。但是，在羅馬婦女無法律上的地位，沒有訂立契約、處分財產和繼承的權利。在父系社會的羅馬，男性家長的權力極大，婦女在出嫁從夫之前須有男性親屬為監護人。不過，在上層社會婦女享有的自由較多，也較易離婚。

3

中世紀時期的文化

- 基督教
- 中世紀歐洲的一般情況

中世紀或中古（Media Aved, or Middle Ages）泛指西羅馬帝國滅亡至文藝復興之間的時段，它被認為是兩個文化高峰之間的低谷，因而曾有「黑暗時代」（Dark Age）之稱。這種說法，也有人提出質疑，首先是對它的起時和迄時，特別是迄時有不同的看法。另外，此期內行政系統解體，社會及經濟秩序崩潰，人的平均壽命不足三十歲，黑死病肆虐，戰亂頻仍，似乎很「黑暗」。但是，它也有些正面的發展，如「大憲章」的簽署，巴黎、牛津和劍橋等大學的出現，城市興起，工商業復蘇等，又難謂其「黑暗」。

中世紀最大的支配力量，這特別在西歐為然。在此，我們自基督教的興起談起。發生在五世紀到九世紀的日耳曼民族大遷徙，原為世界性的發展，由東邊的匈奴人所掀起，僅中國和印度未受波及。遊牧民族追逐西方較為豐多的水草，東羅馬帝國雖也受到壓力，但因君士坦丁堡固若金湯，經濟力強，海軍亦有戰鬥力，故能承受。西歐在日耳曼民族擾攘以後，他們安定下來並接受基督教信仰，其政治輪廓逐漸浮現。另一個重要力量是七世紀時興起於阿拉伯半島的回教力量，它到十五世紀仍足以威脅基督教文化的力量。中國在此時期為從南北朝至明代中葉的時期，隋、唐的國力，宋代的文化和經濟，以及明帝國的強盛和海外開拓，在在表現出中國的優越而不「黑暗」。唐帝國首都長安人口有兩百萬之眾，非任何歐洲城市可望其項背，宋帝國人口有一億之多，汴京人口恆在百萬以上，「清明上河圖」描繪當時的繁榮。歐洲人口在西元一〇〇〇年時，包括俄羅斯在內不過三千八百萬人左右。

中世紀也是一個世界性的互動的時期。回教勢力不僅影響到歐洲，也衝擊到東亞（大食在西元七五一年敗唐帝國於中亞），亦波及到印度（土耳其人在一〇〇〇年至一二〇〇年征服並統治印度北部），再加上十字軍東征和蒙古人的西征，處處說明此點。

第一節　基督教

　　基督教（Christianity）為世界主要，也是支配西方的重要力量，西方文化常被稱為基督教文化。它創始於西元一世紀，流行於三世紀，並在 380 年左右成為羅馬帝國的國教。它在一○五四年分裂為羅馬公教和東方（希臘）正教兩大支，一五一七年起羅馬公教又分裂為羅馬公教（舊教）和新教，但其皆為基督教則一。

一、耶穌及其時代

　　耶穌（Jesus）或耶穌基督（Jesus Christ）是基督教的創立者。耶穌在希伯來文中作 Joshua，Jesus 是希臘文，意思是「救主」（Savior）；基督（Christ）則係由希臘文的 Christos 轉來，其希伯來文作 Messiah，意思是「受香膏者」（Anointed）。他大約出生在西元前六至四年，一般以他的出生之年為西元紀元之始的說法，如西元前是「基督誕生前」（B.C. or Before Christ），西元後的紀年作「吾主誕生後」（A.D. or Anno Domini or in the year of our Lord）是一種通俗的誤解。因為，根據〖聖經〗的記載來推算，耶穌應出生在猶大希律王（Herod the Great）逝世之前，而希律王是在西元前四年逝世的。他出生的地點是猶大國（Judea）（拉丁文作 Judah）的伯利恆（Bethlehem）。他的父親是木匠約瑟（Joseph），母親是童貞女瑪利亞（The Virgin Mary）。伯利恆是個小鎮，位於耶路撒冷（Jerusalem）的西南約八公里（五英哩）處。它的希伯來文的名子是「肉屋」（Bet Lehem, or House of Meat），阿拉伯文名子的意思為「麵包之屋」（Bayt Lahm, or House of Bread），應是富足的地方。其地原屬約旦，在一九六七

年「六日戰爭」後為以色列占領，地位仍有爭議。

　　猶大國位於巴勒斯坦南部，是希伯來人（Hebrews）所建的王國。希伯來人自來與古埃及和西亞各民族相糾纏，他們的事跡主要見於〖聖經〗，另外，〖死海古卷〗（Dead Sea Scrolls）也有補充和佐證。〖聖經〗是由大約四十位不同的人，在超過一千六百年的時間內寫成的，最早從西元前十六世紀敘起，共有六十六小冊。〖死海古卷〗則是一九四七年和一九五二至一九五五年在死海古蘭（Qumran）附近十一處山洞中所發現的手稿，其中有寫在紙草上，或羊皮紙上，乃至有一塊寫在銅上，它們可能是希伯來人中的艾塞人（Essenes）所藏的文獻，在羅馬軍隊於西元六八年入侵時藏在陶罐中並置於山洞中的。這些文獻證明舊約聖經的可靠性，也對基督教的興起提供若干線索。

　　希伯來人很早就與美索不達米亞有關，可能是來自阿拉伯沙漠的閃族人（Semites）。他們的遠祖亞伯拉罕（Abraham）於西元前一八〇〇年左右率族人定居於美索不達米亞西北部，其孫雅各（Jacob）又率西南行，進入巴勒斯坦。雅各後改名為以色列（Israel），他有十二個兒子，後分為以色列十二個部落的頭子。西元前一六〇〇年後為逃荒年進入埃及，居住尼羅河三角洲而為法老所奴役。約在西元前一三〇〇至一二五〇年間，由摩西（Moses）率領「出埃及」。此時似為希克索人（Hyksos）統治埃及時期。他們進入荒涼的西奈半島（Sinai），又經四十餘年流浪，約於西元前1200 年進入並占領迦南（Canaan），其地乾燥荒涼，但與沙漠相比，仍屬肥美，所以〖聖經·出埃及記〗仍然說它是「美好寬闊流奶與蜜之地」。他們十二部落因受外在威脅而團結建立以色列王國，賢王有大衛（David）及所羅門王（Solomon）等，但在所羅門死後（約在西元前九三〇年至九二二年），分裂為二國。北部十個部落為以色列王國，以撒馬利亞（Samaria）為首都，在南部（約當地中海至死海之間的巴勒斯坦南部）兩個部落建猶大王國，興耶路撒冷為首都，他們被稱為猶太人（Judeans, or Jews），此即「猶太人」一詞的來源。以色列在西元前七二一年為亞述人（Assyr-

ians）所滅。猶大在西元前五八六年為加提人或後巴比侖人（Chaldeans, or
Neo-Babylonians）所亡。猶大豪族及自然領袖等且被徙往巴比侖（Baby-
lon），此即「巴比侖之囚」（Babylonian captivity）典故的由來。後來巴勒
斯坦歷經波斯人的控制（波斯人允許猶太人回巴勒斯坦）和亞歷山大大帝
的征服，等等滄桑。西元前五三年巴勒斯坦成為羅馬的行省。希律王（He-
rod the Great, 73-4B.C.）自西元前三七年被羅馬人扶立為猶大王，但掌理一
切大權的是羅馬人彼拉多（Pontius Pilate）。[1]

耶穌雖誕生在伯利恆，但其主要活動在拿撒勒（Nazareth），其地在
以色列北部加利利（Galilee）地區，故稱「拿撒勒人的耶穌」（Jesus of Na-
zareth）。他的生平事跡主要見於〖新約聖經〗中的「四福音」（馬太、馬
可、路加、約翰）和〔使徒行傳〕。當時猶太人在羅馬統治下普遍的不安
和不滿，盼望「救主」或「彌賽亞」的降臨。他們之間分成三個教派或政
治團體：法利賽人（Pharisees）、撒都該人（Sadducees）和艾塞尼人（Es-
senes）。法利賽人是多數派，以中產階級為主，堅信猶太教的律法（To-
rah）（包括書面的和口傳的），他們有民族主義的情操，耶穌常攻擊他們
「偽善」。撒都該人屬少數，以富人和祭司（教士）為主，他們不相信口
傳的律法。艾塞尼人不見諸〖聖經〗而見於〖死海古卷〗，屬苦修派，相
信神啟，也渴盼救主的降臨。

耶穌被施洗者約翰（John the Baptist）在約旦河施洗（約在西元二八年
至二九年間），便在拿撒勒和加利利地區傳道。其時猶太人信奉猶太教
（Judaism）。猶太教曾經歷過拜物與多神的階段，在西元前十三世紀進入
一神的信仰（Belief of One God），此一神是亞衛（Yahweh），自西元前

---

1 彼拉多死於西元 36 年以後，他在西元 36 年至 26 年間掌理猶大。他的官銜有時稱
　「太守」（prefect），有時稱「按察使」（procurator），〖新約聖經馬太福
　音〗，27 章 2 節稱其為「巡撫」（governor）。西元 66 年猶太人叛亂，羅馬人在
　剿平後燬耶路撒冷。

三〇〇年左右改稱「耶和華」（Jehovah）。猶太教相信耶和華降臨西奈，向摩西宣布十誡（Ten Commendments）並以希伯來人為其「選民」（chosen people），相信希伯來聖經的摩西五卷字字皆為神在西奈山所口授，也相信救主（大衛王室後裔）會降臨人間替人類贖罪。猶太教也吸收了一些外來因素，如來自埃及的永生和審判，來自兩河流域的洪水傳說，及來自祆教（Zoroastrianism）的撒旦之說。

基督教淵源自猶太教，有所為「猶太教的女兒」（the Daughter of Judaism）之說，耶穌及其十二門徒皆為猶太人，希伯來舊約即為其舊約聖經。因之，基督教實為猶太教改革運動的產品。耶穌把猶太教歸真返璞，少談教義及律法，而重視生活層面的真理。傳道的對象多屬下層社會的農民和漁民，以加利利海附近的迦百農（Capernaum）為根據地。他雖然談及「天上的父」（Father in Heaven），說自己是「神的兒子」（Son of God），但他也自稱「人子」（Son of Man）。他講的道，平易近人，很少涉及神學的理論。馬太福音所記的他的「登山訓眾論福」（五章一至十二節），告訴眾人求福的人必須是「虛心的人」、「哀慟的人」、「溫柔的人」、「飢渴慕義的人」、「憐恤的人」和「清心的人」。他叫人要虛心、謙卑、不可懷有仇恨、不可姦淫、要愛仇敵，施捨的時候「不要讓左手知道右手所做的」。他也叫人「不要論斷人」以免「被論斷」。他也叫人互相寬恕，「你們願意人怎樣待你們，你們也要怎樣待人」。[2] 他勸人不要貪財，要順從父母，不去爭訟及各受身分。[3] 他非常善用比喻，像「一粒麥子」及「浪子」的故事，皆所熟知。他在曠野受過魔鬼的「試探」以

---

[2] 中國儒家說，「己所不欲，勿施於人」，與耶穌和後來西方人所說的「己所欲，施於人」（Do to others as you would have others do to you, or, Do as you would be done by）是同樣的道理，但說法不同。

[3] 以上參看〔馬太福音〕，5，6，7章；〔路加福音〕，3章；〔哥林多前書〕，6章。

後，也曾歷經一些左右為難和進退失據的困境，但他多能化解於無形。譬如，希律黨人問他可以不可以納稅給該撒（凱撒），這涉及猶太的民族大義和羅馬統治必須完糧納稅的兩難之間，是非常難以自處的。但是，耶穌在叫人拿納稅用的錢看過後，便問他們錢上的「像和號」是誰的，在得到答案是該撒的，之後便說：「該撒的物當歸該撒，神的物當歸神」。便輕輕地化解了僵局。[4] 另有一次，文士與法利賽人帶著一個行淫被捉的婦人來問耶穌如何處理，根據摩西的律法是要用石頭把她打死的，這使耶穌面臨必須尊重律法（把她用石頭打死）和主張仁慈寬恕（因之公然助長破壞良善風俗）的兩難之局，耶穌卻回答說：「你們中間誰是沒罪的，誰就可以先拿石頭打他」。結果是，眾人慢慢地散去了，「只剩下耶穌一人，還有那婦人仍然站在當中」。[5]

耶穌傳道的工作，不過只有三年左右。但他吸引了很多追從者，他也收了十二個門徒或使徒（Apostles）。這十二門徒是：西門（耶穌改為彼得）（Simon, to whom he gave the name Peter）、西庇太的兒子雅各（James son of Zebedee）、雅各的兄弟約翰（John，又為之改名半尼其，Boaneges，就是雷子，Son of Thunder）、安得烈（Andrew）、腓力（Philip）、巴多羅買（Bartholomew）、馬太（Matthew）、多馬（Thomas）、亞勒腓的兒子雅各（James son of Alphaeus）、達太（Thaddaeus）、奮進黨的西門（Simon the Zealot），再加上加略人猶大（Judas Iscariot）。耶穌對此十二人特別看重，叫他們「常和自己同在，也要差他們去傳道，並給他們權柄趕鬼」。[6] 耶穌也稱許他們「為鹽為光」。[7]

---

[4]〔馬太福音〕，22 章 18 至 22 節；〔馬可福音〕，12 章 15 至 17 節；〔加福音〕，20 章 23 至 26 節。

[5]〔約翰福音〕，8 章 1 至 9 節。

[6]〔馬可福音〕，3 章 13 至 19 節，6 章 7 至 13 節；〔路加福音〕，6 章 12 至 19 節，9 章 1 至 9 節。

[7]〔馬太福音〕，5 章 13 至 19 節。

　　不過，耶穌不避罪人，又不遵守猶太人的傳統，例如在安息日（Sabbath）（星期六）不可做事等。他所行的一些神跡令人側目。另外，他聲稱自己是上帝之子，他聲稱其世系可以追溯到亞伯拉罕和大衛，此與傳說中的「彌賽亞」來自大衛王室相呼應，他的十二門徒又與希伯來人的十二個部落巧合。他聲稱天國近了，要人悔改，又說凡是受壓迫的人和窮人都在天國內被接受。他似乎不僅要做宗教的彌賽亞，也要做政治的彌賽亞。他的一些言行和他吸引群眾的方式，使猶太人認為他褻瀆神，羅馬人認為他從事政治活動。耶穌死難之年約在西元三〇年與三三年之間，確期不詳。

　　那一年耶穌和門徒前往耶路撒冷去過逾越節（Passover）（每年三月至四月間，為紀念希伯來人逃離埃及）。他在禮拜四晚間被捕之前尚與十二門徒共進「最後晚餐」（Last Supper）。他設立了聖餐禮，並以餅和酒說是自己的「身體」和「血」。他在晚餐席上說門徒之中有一個人要出賣他，眾徒非常憂愁，一個一個地問他：「不是我吧？」他也說彼得會在那晚「雞叫兩次之前」三次不認他。門徒之一的加略門人猶大，因為接受了祭司長三十塊銀錢的好處而決定出賣耶穌。他在客西馬尼園（Gethsemane）以親吻耶穌為暗號，幫助前來捉拿耶穌的士兵辨識。耶穌在被捕後送到祭司長處，審問他是否自稱是彌賽亞、上帝之子和猶太人的王，耶穌均承認不諱。翌日禮拜五早晨耶穌被送到彼拉多處，經審判及飽經羞辱後被釘死在十字架上，他在臨死之前還說：「父啊，赦免他們，因為他們所做的，他們不曉得。」[8] 耶穌的受難（Good Friday）和復活（Easter）均為宗教節日，在每年四月間。

8　關於耶穌的被出賣和受死，見〔馬可福音〕，14章；〔路加福音〕，23章34節。

二、基督教的傳播

耶穌曾教訓門徒們傳道和建立教會,在猶大背叛以後,眾門徒揀選馬提亞(Matthias)來代替他,仍為十二門徒或使徒。這些使徒除了約翰老死和猶大上吊自殺之外,皆為殉教而死。他們秉承著相信耶穌死後復活昇天,耶穌是救主和神的兒子,以及耶穌道成肉身(Incarnation),熱心傳教。羅馬後期的專制政府剝奪人身自由,人心苦悶迷惘,相信耶穌是「道路、真理、生命」。[9] 信仰基督使人可獲得內心的平靜,因而開拓了精神生活的新空間。

基督教的傳播,以保羅或聖保羅(Paul, or St. Paul, ?-65A.D.)的貢獻最大。他出於塞里西亞(Cilicia)(位於小亞細亞東南部,今土耳其南部)的塔薩斯(Tarsus),原名塔薩斯的掃羅(Saul of Tarsus)。他的父母均為猶太人,具有羅馬公民身分。他當為製造帳篷的業者,後在耶路撒冷受猶太教的教育以擔任法師或拉比(rabbi),他是法利賽人(派)。在耶穌有生之日,未曾皈依,且竭力迫害基督教徒。約在西元三四年至三五年間,在一次赴大馬士革的路上,受到耶穌顯像感召而改變原有的信仰,成為虔誠的基督教徒。他不辭辛勞危阻到賽普魯斯(Cyprus)、小亞細亞和希臘傳道,回到耶路撒冷受到猛烈的攻擊,後至羅馬開拓教務,為尼祿皇帝斬首。他的事跡主要見於〔新約・使徒行傳〕。他也是基督教早期重要的神學家,〔新約聖經〕中眾多書信(Epistles),均出自他手。聖經學者大體上同意,保羅是〔羅馬書〕、〔哥林多前書〕、〔哥林多後書〕、〔加拉太書〕、〔腓力比書〕、〔帖撒羅尼加前書〕和〔腓力門書〕的作者。不少學者還認為有其他的書信是出自他的手筆。不過,他更大的貢獻,是擴大了基督教信仰的群眾基礎,使之不再僅限為猶太人的宗教。我們知道,

---

[9] 〔使徒行傳〕,1章21至26節;〔約翰福音〕,1章14節,14章6節。

猶太人因為對上帝（神）的信仰不渝，使其雖國亡而種不滅，蓋因他們堅信他們自己是上帝的「選民」。但是，如果這一藩籬不能打破，基督教始終會是猶太人的宗教，而為一種小格局，無法成為世界級的宗教。保羅把信眾擴大到猶太人以外的「外邦人」（Gentiles），他把「選民」擴大到包括一切信仰主的人，他「給外邦人開信道的門」。[10] 這樣才奠定了基督教可以無限發展的基礎。因此，保羅有「外邦人的使徒」（Apostle to the Gentiles）。

基督教信仰先是流傳於窮人和下層社會群眾，他們對於希臘和羅馬的榮耀感受不多，而自己卻受苦受難，前途黑暗。後來漸漸擴及到受過教育的中產階級，乃至上層階級也受到感染。西元二世紀至三世紀間，他們發展甚快，也受到羅馬當局的注意和打擊。事實上，自從尼祿（Nero）皇帝在西元六十年初期迫害基督教徒到西元 313 年君士坦丁大帝（Constantine the Great）頒布米蘭詔令（Edict of Milan）把基督教信仰合法化為止，有二百五十年之久，基督教徒備受迫害。[11]

羅馬帝國原來是個有高度宗教寬容的多民族帝國，何以採取迫害基督教徒的政策？這是一個值得探討的問題。這是因為，帝國政府為了保持帝國的一統，就必須維繫人民對帝國的向心力，以有助於國家和社會的團結。為求達到此目的，採取神化皇帝（把皇帝當作神來崇拜）的做法，這在帝國漸呈衰象之後，特別顯得重要。皇帝被視作神明，此本為羅馬的傳統，「神明的凱撒，永恒的奧古斯都」（divus Caesar, semper Augustus）。皇帝崇拜是維持帝國統一和不墜的必要的政策和措施。視皇帝為神，這對別的宗教並無困難。他們多屬多神崇拜，增加一個或減少一個神明，可以說是無關宏旨。而且，在他們的信仰體系中，人與神的界線也不是那麼嚴

10〔使徒行傳〕，14 章 24 至 28 節。

11 參看 Norton Downs, ed., *Basic Documents in Medieval History* (Princeton: D. Van Nostrand Company, Inc., 1959), pp. 13-16.

格和分明。但是，基督教便不同了，它是一神教，只有唯一真神，這是猶太人不容妥協的立場。早在耶穌以前差不多二百年，當時亞歷山大大帝以後的塞流卡斯王朝的君主安提卡四世‧艾皮芬尼（Antiochus IV Epiphanes，在位時期 175-163B.C.）便命猶太人崇拜他為神，也叫他們接受羅馬的神明，此為猶太人所拒。猶大人並且在猶大‧馬可比阿斯（Judas Maccabaeus）領導下舉兵反抗且一度獲勝，猶太人認為此為上帝保祐所致。[12]

　　因此，基督徒拒絕崇拜羅馬皇帝為神明，對他們來說，是宗教信仰的最後立場，但此一最後立場卻與羅馬帝國的最高政治利益發生了衝突。所以，羅馬帝國以政治力量取締基督教，而基督教徒於是受到迫害。帝國當局對基督教徒的迫害（基督教謂為「教難」）到底嚴重到何種程度？各種說法及評論，頗不一致。此有人、時、地等不同的差異。大致言之，尼祿皇帝在西元六四年開始迫害基督徒，照塔西圖斯（Tacitus）在其〖編年史〗的說法，係為羅馬大火找代罪羔羊。在圖拉真（Trajan）皇帝（在位時期西元 98-117）時，似乎並沒有太迫害他們。大約在西元一一二年，貝塞尼亞（Bithynia）（古代小亞細亞西北部約今土耳其境內）總督小普萊尼（Pliny the Younger）上疏請示如何處理境內基督徒的問題並建議給予他們自新的機會。圖拉真覆諭：不必訂下普遍一成不變的規則，不必搜捕，經檢舉屬實者方可處罰，如被告不承認其為基督教徒並以崇拜帝國的神為證者免罪。哈德良（Hadrian）皇帝（在位時期 117-138）也主張寬大，處理原則是如被告不承認並向羅馬神明獻祭便既往不咎，也不鼓勵密告。但如基督徒不遵法令時連奧理略（Marcus Aurelius）皇帝（在位時期 161-180），也予以鎮制，他曾下令迫害小亞細亞和高盧的基督教徒。三世紀時帝國情勢危殆，迫害基督徒愈烈，尤以戴克里先（Diocletian）皇帝（在位時期

---

12 參看 R.R. Palmer & Joel Colton, *A History of the Modern World*, 6th ed. (New York:Knopf, 1984), pp.17-18; William H. McNeill, A History of the Human Community, 3rd ed. (New Jersey: Prentice-Hall, 1990), pp.198-99.

284-305）時尤為厲害。但是，基督教徒愈挫愈勇，信徒日多，終使採取猛烈迫害他們的蓋勒里烏斯（Galerius）皇帝（在位時期 305-311）在臨死之前盼下寬容詔令（Edict of Toleration），官方停止迫害基督教徒。西元三一三年，君士坦丁大帝（Constantine the Great）頒下米蘭詔令（Edict of Milan），給予基督教合法的地位，在法律上與帝國國教享有同等的自由，基督徒也與其他公民一樣享有受法律保障的權利。380 年狄奧道西大帝（Theodosius II, the Great）（東羅馬皇帝，379-395，西羅馬皇帝，392-395）頒詔獨尊基督教為國教，並禁止一切異教。[13] 基督教完全勝利。

三、教義、組織與第一次分裂

基督教被認為是具有東方信仰、希臘哲學和羅馬組織的大宗教。它的教義謹嚴，它的組織完整，本來也希望它一統萬世，但也歷經了分裂。

(一)教義

基督教有單一的教義，此與印度教和佛教不同。早期教會的基本教義有：第一、耶穌或上帝（神）是先存的，〖約翰福音〗第一章說：「太初有道（Word, or Logos），道與神同在，道就是神。這道太初與神同在。萬物是藉著他造的」。第二、相信耶穌基督是救主，是神唯一的愛子；他的降臨是藉聖靈感應和由童貞女馬利亞所生，是為拯救世人而來的（任何人都有「原罪」和其他的罪），而天國近，人應該悔改。第三、耶穌「道成

---

13 參看 Edward M. Burns & others, World Civilizations, 6th ed. Vol.I (New York: Norton, 1982), pp. 279-80; Crane Brinton & others, A History of Civilization, Vol. I (New Jersey: Prentice-Hall, 1960), pp.110-111; Milton Viorst, ed., The Great Documents of Western Civilization (Philadelphia: Chilton Company, 1967), pp.10-16；王任光編譯，〖西洋中古史史料選譯〗，第二輯（台北：東昇出版社，1981），pp.25-40。

肉身」和為人類受難而死。第四、耶穌死後昇天，坐在天父（上帝或神）的右邊，將來必會再臨（Second Advent），審判活人與死人。第五、是「三位一體」（Trinity），上帝（神）集三位即天父（God the Father）、聖子（God the Son）和聖靈（Holy Ghost）於一身的。

在教義之外，另有聖禮，後來發展為七個，是為「七聖禮」：洗禮（Baptism）、堅振禮（Confirmation）、聖餐禮（Eucharist）、告解或懺悔（Absolution or Penance）、婚配禮（Matrimony）、授職禮或冊封禮（Holy Orders or Ordination）、終敷禮（Extreme Unction, or Anointing）。這些聖禮中，有的很早，如洗禮在耶穌時代或更早便已由猶太教施行，聖餐是耶穌被出賣的那一夜所設立，有的則較晚。大致言之，七聖禮是十二世紀時義大利神學家彼得・倫巴地（Peter Lombard, c.1100-1160）所整理出來的。後來為另一義大利神學家聖湯穆斯・阿奎那（St. Thomas Aquinas, 1225-74）在其〖神學大系〗（*Summa Theologica, 1267-73*）作了有系統的闡釋，至特倫特大會（1545-47, 1551-1552, 1562-63）時再度肯定並正式頒行。

在教義的解釋上，基督教一直有所謂「異端」（Heresy）的挑戰。所謂「異端」，是不同於正統的信念和解釋的主張，這種不同的信念或解釋經常被壓制，有時也可能另成宗派。最先有所謂「唯知論」（Gnosticism），它源自「知識」（gnosis）一字，它又有不同的流派，在西元二世紀時流行。本來，希臘哲學對於「知識」的界定和「永恒」的問題，是非常關注的。「唯知論者」（Gnostics）相信只有精神的世界才是真的和美的，也認為知識而非信仰，才是最關重要的。不過，他們所說的知識係來自精神的洞察，而非科學的研究。他們企圖調和基督信仰和東方或希臘哲學間的差距，但與基督的基本信仰不合。此派後來衰落。另外，摩尼派（Manichaeism）亦曾流行且與唯知論有密切關係。緣有波斯人摩尼（Mani, c.216-276）因受袄教影響，主張光明之神與黑暗之神的兩元說，此說在三、四世紀時流行，特別在北非一帶為然。此派在唐代時曾傳入中國，亦為回紇人所接受。

四世紀時，流行在北非的多拿圖教派（Donatism）一度把基督教推向分裂的邊緣。此派主張教士應在道德上無瑕疵和聖禮是否有效端視主持其事的教士的品性，他們並主張洗禮應重新舉行，這些為教會當局所不能接受。緣因三一二年新任的一位迦太基主教，由阿普統加（Aptunga）主教費力克斯（Felix of Aptunga）為之舉行授職禮，而費力克斯曾經被視為「叛教者」（traditore），此因在戴克里先時期曾規定凡繳出聖經和法器的教士可免一死，這些繳出的人被稱為「叛教者」（traditores），而費力克斯曾是他們之中的一員。於是多拿圖（Donatus, d.355）對費力克斯的主持授職認為無效，也認為其他有類似背景的教士所主持的聖禮亦一概無效。他們被稱為多拿圖派（Donatists），而且聲勢浩大。羅馬皇帝君士坦丁於三一四年在艾勒（Arles，位於今法國中南部隆河三角洲）召開主教會議（Synod of Arles），譴責多拿圖派。他們在三一六年自教會分裂出來，另建自己的組織體系，而且到三五○年左右他們在北非的人數超過正統的基督教徒，每一城市均鬧主教雙胞案（他們與正統教徒各立主教）。四一一年聖奧古斯汀（St. Augustine）曾在迦太基與多拿圖派主教舉行大辯論。此派後來衰落，但迄七世紀仍未絕跡。

構成對早期教會最威脅的「異端」是阿萊安派（Arianism, or Arians）。此為亞歷山卓教士希臘人阿萊安（Arius, d.336）所倡。他在西元三一八年左右提出三位一體中的三位並非彼此平等，子既為父所創造，在位階上低於父，亦沒有父那麼永恒，但父與子在位階上均高於聖靈。他也認為，耶穌具有神、人二性，為半神半人（demigod）。他的主張受到亞歷山卓大主教阿詹納斯（Saint Athanasius, Patriarch of Alexandria, c.297-373）的反對。他認為，人間的邏輯不足以規範神的事，縱使耶穌是子，仍然是完全的神（上帝），父、子、聖靈均係平等一體。於是乃有阿萊安派和阿詹納斯派（Athansians）的爭論，此一爭議影響到教會的統一，三二五年君士坦丁大帝在尼西亞（Nicaea，位於小亞細亞北部）召開第一次大公會議（Ecumenical Council）[14]，來解決此一問題。與會的主教大多支持阿詹納斯的論點，

確認耶穌具有完全的神性，三位一體不容支離，並且頒佈尼西亞信經（Nicene Creed）。

　　值得注意的，是君士坦丁皇帝不僅是尼西亞大公會議的召集者，也是它的主持者，此種世俗政治權力介入宗教事務的情況，後來不斷發生。這在東羅馬帝國形成了政教合一體制（Caesaropapism），但在西羅馬帝國，自從西元四七六年以後，便不再有真正的皇帝，而東羅馬帝國對於西歐的控制或影響又日弱，於是有了不同的景況。

　　另外，關於耶穌的本質仍續有爭議。有所謂「雙性論者」（dyophysites），他們把耶穌的人性自神性分出，並拒絕承認母為神之母。又有所謂「單性論者」（monophysites）則認為神、人二性是混一的，並強調耶穌的神性，且有僅承認其神性一面的傾向。君士坦丁堡大主教景斯托留（Nestorius , Patriarch of Constantinople, d.451）倡言耶穌有神、人二性，儘管密不可分，但仍非一體，而為二體，他也不承認童貞女馬利亞是「神母」（Mother of God）。西元四三一年，東帝國皇帝狄奧道西二世（Theodosius II）和西帝國皇帝法倫提尼安三世（Valentinian III）在艾夫薩斯（Epheseus）（今土耳其西部）召開大公會議，通過譴責景斯托留派（Nestorians）為異端。但是，此派發展頗速。四五一年東帝馬辛（Marcian）（在位時期 450-457）在卡西頓（Chalcedon）（現為伊斯坦堡一區叫卡迪考義 Kadikoy）召開大公會議，再度強調艾夫薩斯大公會議的決議，認耶穌具有真神與真人二性，卻合為一體而具有神的本質，童貞女馬利亞是神母。但是，此派後來還是在中東、印度和中國流傳。其傳入中國者稱景教，於唐太宗貞觀初年（七世紀初）傳入，也有若干活動，在八世紀中葉後衰落，明末且發現「大秦景教流行中國碑」，碑文為中文及敘利亞文。

14大公（Ecumenical）源於 Ecumene，而此字係由希臘文 oikoumene（人間世界）轉來。

　　聖奧古斯汀（St. Augustine of Hippo, 354-430）是造詣精湛的神學家，他對澄清教義有很大的貢獻。他出生在北非（今阿爾及利亞），曾任希波城（Hippo）主教，早年受摩尼派的影響，後受米蘭主教聖安布魯斯（St. Ambrose , 430?-397）的開導而解脫精神上和思想上的困擾。他著有〖懺悔錄〗（*Confessiones, or Confessions, c.430*）、〖上帝之城〗（*De Civitate Dei, or, City of God*, 412 年後出版），以及〖論三位一體〗（*De Trinitate, or , On the Trinity, 400-416*）等書。他結合了基督神學與希羅哲學，特別新柏拉圖學說。他主張：(1)上帝與靈魂的關係：一切思想以上帝（神）為中心，認為人若懷疑即證明其存在，及「若我犯錯則我在」，相信上帝存在於每一個人的靈魂之中，人應該敬畏上帝而不為世間的煩憂和逸樂所誤導；(2)罪與恩典：人不僅僅有原罪，而且如果沒有神的恩典，就不能脫離罪惡的生活；(3)教會與聖禮的重要：人如果不參加教會和不接受聖禮，就不能蒙主救恩。針對多拿圖教派所倡導的教士品性會影響聖禮效力的主張，聖奧古斯汀認為上帝能透過聖禮超越一切弱點。他在〖上帝之城〗中，他因有鑒於西元四一〇年蠻族攻陷並搶劫號稱永恒之城的羅馬，以及它所引起的人心震撼，他指出此事就整個人類歷史或上帝救贖人類的大計畫而言，實為一瑣屑之事。他也指出，有上帝之城或天堂，亦有地上之城（City of Earth），而教會則為二者之間的連繫。藉著教會，人可以跨越世上的邪惡而進入天堂的榮耀，因為上帝是藉著教會來施恩典，教會所扮演的角色遠較早期基督教徒的時代為大；世界末日和基督再臨原是早期基督教徒所熱切期盼的，奧古斯汀則使之成為在時候到了和上帝所願的情況下才會發生的事。但是，從現在到無限的未來，基督建立的教會會來帶領上帝選定的得救者的靈魂，並導向他們去永恒的家，也就是上帝之城。自聖奧古斯汀以後，正統教義雖有時仍受到挑戰，但在十六世紀以前，大致未再有嚴重的威脅。

(二)組織

基督教有其嚴密的組織。隨著基督教的傳播與發展，它逐步地走向建構化和統階化。它的主要據點是城市，早期十二使徒也是以城市為發展的據點，這是因為猶太人多居住城內。自從保羅起，教士（clergy）與平信徒（laity）之間的區別開始日益擴大。他們每到一城市，先訓練一批人員，冊立其中一人為主教（bishop），其他的人或為長老（presbyter），或為輔祭（deacon）。主教的轄區稱教區（diocese），其中轄有一些教堂，稱為堂區（parish），它是基本單位。這些教區，彼此之間沒有上下或主從的關係。三世紀時，羅馬各省的主教為了解決省內教會的共同問題，乃有集結各地主教一起研商的情事，此種會議稱為教務會議（synod or council）。四世紀時，各省首府的主教因為常主持這類會議，漸漸成為全省教會的領導人物，稱都會主教（Metropolitan），或總主教（Archbishop）。在這些都會主教或總主教之中，羅馬、亞歷山卓、安提阿（Antioch）等三城的主教，因為特別重要，常稱宗主教（Patriarch），後又加上君士坦丁堡（三八一年）和耶路撒冷（四五一年）。

在這些宗主教當中，羅馬的地位日益重要，取得特別優越的地位，此即所謂「首席（座）權」（primacy）。這有它的原因：第一是羅馬為政治、經濟和文化的中心，自然居於樞紐地位。第二是有教會傳統和神學理論的根據，此即所謂「彼得盤石說」（Petrine Theory），彼得是耶穌的首席使徒且在羅馬殉教（約在西元六四年尼祿皇帝時），他被認為是羅馬的第一任主教。彼得的希臘文是 Petrus，它的意思是「盤石」（rock），耶穌曾用雙關語對他說：「你是彼得，我要把我的教會建立在這盤石上。陰間的權柄不能勝過他，我要把天國的鑰匙交給你」。[15] 再加上，保羅也在羅馬傳教和殉教，益增加羅馬的法統性。當然，羅馬歷任主教也非等閒，發

15〔馬太福音〕，16 章 18 節至 19 節。

揮了「地靈人傑」的效果。於是，羅馬主教乃漸漸凌駕於同儕之上，而成為基督教世界的最高領導，成為教宗或教皇（Pope）。[16]

自教宗以下，全部教士是一個統階（Hierarchy）。他們又分為入世教士（secular clergy）和戒律教士（regular clergy）。[17] 所謂入世教士，包括大主教、主教和一般的司鐸（神父）。至於戒律教士，則源於苦行主義（Asceticism）所造成的修會或修道院制度（Monasticism）。修會或修道院的教士稱為修士（monk）。[18] 苦行之風始於三世紀，先是起於東方。聖安東尼（St. Anthony, c.251-356）在二八五年後，曾在埃及沙漠中孤獨生活二十年之久。在埃及和敘利亞等地，有基督徒為了達到與上帝相結合的境地，乃棄世絕俗，逃避「肉體」和「魔鬼」的誘惑，成為「獨修者」（anchorite）或「隱士」（hermit），後來漸有修院修道之風。希臘人聖巴昔爾（St. Basil, c.330-379）倡導修士共修，建立有會規和從事勞動生產的修會。大約在963年，有人在希臘東北部的阿佐斯山（Mount Athos）建立了第一座聖巴昔爾修會（Order of St. Basil），後來發展成二十座左右，此為東方（希臘）教會的修會。至於西方，義大利修士聖本篤（Saint Benedict, d.547）創立本篤會（Benedictines），約於五二○年在義大利南部的卡西諾山（Monte Cassino）上興建修院。後來在十三世紀初，西班牙人聖多明我（Saint Dominic, 1170?-1221）和義大利人聖方濟（Saint Francis of Assisi, 1182?-1226）又分別在一二一六年和一二二三年建立了多明我修會（Dominicans）和方濟各修會（Franciscans）。[19]

---

[16] Pope 一詞源於拉丁文的 papa 和希臘文的 papas，就是一般 father 的意思，原來教職人員多可使用。迄今埃及教會（Coptic Church）（451 年在卡西頓大公會議因堅持耶穌單性論而與羅馬教會分裂）的領袖仍稱 pope。

[17] secular 源自拉丁文 saeculum，為「世界」（world）之意；regular 源自拉丁文 regular，為「規律」（rule）之意。

[18] 修士或和尚（monk）一詞，源於希臘文的 monos，原意為「孤獨」（alone）。

[19] 關於修院制度的資料，可參看王任光編譯，『西洋中古史史料選譯』，第三輯（台北：輔仁大學，1987），pp.37-56。

(三)第一次分裂

　　基督教本原有萬世千秋一統聖教的宏願，但正統教義也一直受到不同見解的挑戰。這些不同見解就是「異端」。這些「異端」，有的被消滅，有的流放外域，有的獨處一隅（如埃及教會），未足以構成分裂。這是因為，它們僅靠教義上的立異名高，其他的實力或條件則嫌不足所致。但東歐與西歐，始終存有地理上的，政治上的和文化上的各種差異，兩地的教會最終難保統一。首先在政治上，自從五世紀因蠻族入侵導致西羅馬帝國滅亡以後，羅馬教宗便享有最高地位，其統階結構的教會組織也填補了帝國行政系統解體後的真空。但在東歐，由於東羅馬帝國仍然持續存在到十五世紀中葉，東歐教會的最高領袖君士坦丁堡宗主教（Patriarch of Constantinople）雖領導教會卻為皇帝臣民，但不甘受羅馬教宗統轄，而東帝國是政教合一制度，政權凌駕教權，西方亦不願接受東帝國的「歐洲共主」地位；在文化上，東歐流行希臘語文，本來早期教會文獻為希臘文，希臘文在羅馬亦占優勢，但拉丁文在西歐自羅馬帝國以來，一直是官方語文，後來，特別五世紀以後在教會亦漸占優勢；至於地理上，東西歐更是各自均自成體系。

　　這些因素使東、西教會難以長久保持統一。早在四世紀之初，希臘教士便常以他們的意見為「正統」（ordthos, or orthodox）。八世紀時，在東羅馬帝國發佈破除偶像爭論（Iconoclastic Controversy），緣因皇帝李奧三世（Leo III, c.680-741，在位時期 717-41）禁止在教堂內使用圖像（images, or icons），以免導致異教的偶像崇拜。在他之後，接連有幾位皇帝執行此種政策，他們被稱為「破除偶像崇拜諸帝」（iconoclast emperors）。至愛倫女皇（Empress Irene, c.750-803，在位時期 797-802，自 780 年為其子君士坦丁六世攝政），才於七八七年恢復在教堂使用圖像，但仍不准用雕像。在破除偶像時期，羅馬教會不接受皇帝的詔令。此外，東、西教會對於巴爾幹地區，乃至義大利的教會管轄權有所爭奪，關係日趨惡化。但是，雙

方的正式分裂發生在一〇五四年，原因起於一項有關三位一體的爭議。緣因在「尼西亞信經」中，說聖靈源出於父（「從父而生」），西教會加上「和子」（filioque）字樣，成為「從父和子而生」，於是雙方發生「和子」爭議（聖靈是不是除源自父外也源自子）（Filioque Controversy）。事實上，西教會並不是在1054年才在信經中加上「和子」字樣，但在此年雙方爭議到無法彌補的程度，「和子」爭議才特別突顯。此年羅馬教宗李奧九世（Leo IX，在位時期1049-54）與君士坦丁堡宗主教塞魯拉里（Michael Cerularius）互相開除對方教籍（互處破門罪），於是教會分裂為二：西教會（拉丁教會）稱羅馬公教（Roman Catholic Church），東教會（希臘教會）稱東方正教（Eastern Orthodox Church）。他們之間互相敵對和互不承認，一直到一九六七年十二月七日，教宗保祿六世（Paul VI，在位時期1963-78）與伊斯坦堡大主教安佐納哥拉一世（Athenagoras I）會晤，彼此同意取消破門處分並互相承認。

此後大致分為兩個教會，直到一五一七年宗教改革發生以後，才有進一步的分裂。

第二節　中世紀歐洲的一般情況

中古時期的歐洲，東、西半部就開始展現了很大的差異。這種差異可以說是自羅馬帝國時代延續而來，在本時期差異的程度愈來愈大。

一、西歐

(一)歷史線索

1. 日耳曼人

日耳曼人（Germans）的入侵改變了羅馬帝國命運，也把歷史推向中古。自從遠古以來，人類歷史上就有居國與行國的鬥爭。在歐亞大陸從東歐的匈牙利、羅馬尼亞和俄羅斯南部到東亞的蒙古和中國的東北，是一個橫亙大陸的大草原。這裏自古便有一些遊牧民族，他們有動物和動物產品，但卻渴盼他們不能生產的糧食和金屬，他們用貿易或武力攻擊的方式來獲取所需。他們騎馬射箭，所展示的速度和動力，使農業社會和城市不勝其擾。這種情形在埃及、中東和中國均為常見。在中國，匈奴人（Huns or Hsiung-nu）在西元前三世紀成為邊患，長城即為防止他們進攻而興建者。

東漢初年，光武二十四年（西元四八年）匈奴分為南、北兩支，南匈奴附漢，至和帝永元三年（西元九一年）竇憲大破北匈奴。北匈奴西走，越過窩瓦河（Volga），在西元 374 年左右征服東哥德人（Ostrogoths），翌年西哥德人（Visigoths）西逃進入羅馬境內，而日耳曼人的「入侵」便告開始。另外，約於西元前 1000 年，「蠻」族自北歐移入今德國境內，他們在西元前一〇〇年左右南移至羅馬帝國邊疆，羅馬人大致以萊茵河及多瑙河為防。他們被稱為日耳曼人（Germani, or Germans），其實日耳曼雖僅指一部族，但亦包括其他人，如喀布里人（Cimbri）、法蘭克人（Franks）、哥德人（Goths）、汪達爾人（Vandals），等等。他們越過萊茵、多瑙的河防，向帝國內滲透，日甚一日，三世紀時漸多，至四世紀後尤甚。他們有些成了帝國的傭兵，成為主要的兵源。他們並非真正的「野蠻」人，從事農耕（雖也有遊牧），製造鐵器及陶器，而且他們在體質上與羅

馬人並無大差別，只是不住城市中，也不識字。但他們並沒有摧毀帝國的建築物和藝術品，他們不是要破壞文化，而是要奪取其成果。他們在侵入之前或已接受基督信仰，或在侵入之後便皈依基督。他們在羅馬一統帝國的遺骸上，建立了一些小王國，歐洲的列國輪廓漸次浮現。

五世紀後羅馬帝國日衰，各省秩序亦蕩然無存，日耳曼傭兵將領予取予求。四六七年一個叫做奧道阿塞（Odoacer, or Odovacer, c.435-493）的「蠻」軍將領罷黜了最後的羅馬皇帝羅穆洛斯・奧古斯都（Romulus Augustus）。此年被認為是西羅馬帝國滅亡之年，但在實際上，奧道阿塞此舉對羅馬情況並無很大差別，因為羅馬行政秩序已亂而皇帝早已是傀儡。另一方面，東哥德人本來為匈奴人所征服，但在號稱「上帝之鞭」的犯奴酋長阿提拉（433?-453）死後，乃向西移動。本來在西羅馬滅亡後東帝國皇帝齊諾（Zeno，在位時期 474-91）自認為東、西帝國共主，一度與奧道阿塞虛與委蛇，承認其在義大利的威權，四八八年命東哥德人酋長狄奧多里克（Theodoric the Great, 454?-526）去義大利驅逐奧道阿塞，他於數度擊敗奧道阿塞後，在四九三年兩人訂約分割義大利，但在宴會上把奧道阿塞及其子和一些重要軍官一起殺死。不過，東哥德人因信奉阿萊安教派而不適合統治義大利，後來被東羅馬皇帝查士丁尼（Justinian，在位時期 527-65）的軍隊逐出阿爾卑斯山以外，此後失去蹤影。

此外，還有其他的日耳曼人侵入歐洲各地。而且，八世紀以後，又有來自斯堪底那維亞半島的北蠻（Norsemen）入侵。他們亦稱維京人（Vikings），主要為挪威人、瑞典人和丹麥人等。他們所乘的快速小船很快攻入泰晤士河（the Thames）、塞維河（the Seine）和洛瓦河（the Loire）等河的河口，九至十一世紀間造成很大的侵擾，也在諾曼地（Normandy）和英格蘭留下痕跡。

2.英國與法國

安格魯・撒克遜人（Anglo-Saxons）建立的英格蘭和法蘭克人（Franks）所建立的法國，再加上日耳曼人（Germans）集中的日耳曼（Germany 地區，日後的德國），較為值得注意。

英格蘭在安格魯・撒克遜人建立輪廓後，一〇六六年來自諾曼第（Normandy）的諾曼人（Normans）跨海征服，建立了王權集中的國家。但在英格蘭國王約翰二世（John II,在位時期 1199-1216）時因屈從教宗英諾森三世（Innocent III,在位時期 1198-1216）和又敗於法國國王菲力普二世（Philip II,在位時期 1180-1223），於是在貴族和教士的脅迫下，在一二一五年六月五日在蘭尼米德（Runnymede）簽署大憲章（Magna Carta, or Great Charter），全文六十三條，用拉丁文寫成。它的主要內容是：保障教會及城市的權益，國事及新增稅目須經貴族同意，以及不經同儕（peers）合法審判不得被囚和被逐出國。這些條款原為保障貴族及教會的利益，後來隨著時代演進而包括全民，在英國憲政發展上有重大意義。愛德華一世（Edward I，在位時期 1272-1307）時，在一二九五年召集包括各階層之國會（Parliament），在召集令中且有：「攸關眾人之事應經眾人贊同」（What touches all should be approved by all））之名句。至於法國，卻由封建分裂逐步走上王權集中的體制。英、法兩國本有高度相類性，致有「連體嬰」（Siamese twins）之稱，但後來走上不同的路。此與英、法百年戰爭（Hundred Years War, 1337-1453）有關。此戰爭因王室競爭、領土糾紛和民族情緒而起，後來卻成為分割「連體嬰」的大手術。

3.羅馬大一統理念的復活

另一發展為歐洲人對羅馬帝國理念的憧憬。羅馬帝國的一統盛世，是歐洲人崇高價值。法蘭克人在八世紀興起，建立卡洛林王朝（Caroling-ians），也擁有今法國絕大部份、低地國（今荷蘭、比利時、萊茵地區），再加現在易北河以西的德國和奧地利、瑞士及義大利北、中部的大帝國。君主查理曼（Carolus Magnus Magnus, or Charlemagne, c.741-814，在位期間 768-814）於八〇〇年經教宗李奧三世（Leo III）加冕為「羅馬人的皇

帝」。此一動作，代表大一統帝國理念的復活。但是，此一帝國後來分崩離析，後來法、德等國便由它衍生。這種理念的第二次復活是日耳曼人所建立的神聖羅馬帝國（Holy Roman Empire）。這是日耳曼人鄂圖一世或鄂圖大帝（Otto I, or Otto the Great, 912-73，國王 936-62，皇帝，962-937）在九六二年由教宗約翰十二世（John XII）加冕為「神聖羅馬皇帝」而建立，主要為日耳曼政權。後來與羅馬教廷發生長期的政教之爭（1075-1272），使元氣大傷，也延遲了德國成為民族國家的發展。

4.教廷國的興起

中古時期在政治方面的另一大事，是教廷（Papacy）和教廷國（Papal States）的興起。此為羅馬教廷與法蘭克人結盟的結果。

羅馬教廷尚在艱苦奮鬥的時候，法蘭克人的雪中送炭，至關緊要。先是，原本在一世紀時居住在易北河下游的倫巴人（Lombards）後來屢經遷徙而於六世紀時進入義大利北部，並且建了一個以巴維亞（Pavia）為首都的王國，而且在七、八世紀時頗為強大。他們雖然早已信基督，卻屬阿萊安教派（Arianism），此對羅馬教宗造成極大的威脅。其時羅馬處境在政治上要承認東羅馬帝國的威權，在宗教聲望上亦遜於君士坦丁堡宗主教。在此情形下，信奉羅馬教會的法蘭克人成為教廷亟力爭取的奧援。在此情形下，教廷需要法蘭克人的援助，法蘭克人也需要教廷在法理上的支持，雙方一拍即合，自然雙方會結為同盟。七五一年教宗查克里亞斯（Saint Zacharias,在位時間 741-52）同意查理曼之父丕平（Pepin the Short, c. 714-768）稱王。教宗史提芬二世（Stephen II，在位時間 752-57）於 753 年親赴高盧訪問丕平，雙方締結同盟。七五六年丕平擊敗倫巴人，奪得拉文那（Ravenna）等地並交付教宗。此為「丕平的捐贈」（Donation of Pepin）。此年是教廷國成立之年。七七二年倫巴人又攻羅馬，但為查理曼所敗。雙方結盟的頂點，是教宗李奧三世在八〇〇年加冕查理曼為「羅馬人的皇帝」（Emperor of the Romans）。後來教廷國變成一個控有義大利中

部和部份北部的國家。教廷國雖於 1870 年結束，但教廷的權威迄今仍在。

此事具有很大的重要性。教廷有了世俗權力並繼續擴大，使其有力量對抗西歐君主，而使西歐有兩元權力體系而不致造成政教合一體制（Caesaropapism），這使西歐較有自由發展的空間，乃與東歐有異。

(二)社會與生活

1. 封建制度與莊園制度

(1)封建制度

封建制度（Feudalism）為中世紀時期歐洲，特別是西歐政治、社會、經濟乃至軍事的基石。它發展於八世紀，盛行於十至十三世紀，在工商復興以後趨於衰落，至十五世紀崩解。它在當時被認為是一種視為當然和唯一無二的生活方式，所謂「封建制度」這個名詞本身是在一八三九年以後始告流行者。

封建制度在本質上，是基於土地使用條件所建立的，各有權利和義務的領主和附庸之間的關係，以及根據這種關係所發展出來的生活方式。它的淵源可以追溯到帝國崩潰時，有人獻地給豪強以求保護，或地主在某些條件下把土地交給人使用。另一淵源可能是日耳曼人戰鬥群中領袖與戰士間的互助關係，戰士效忠和服從並以其榮譽和生命為領袖而戰，領袖給予禮遇和土地。擴而大之，適用於貴族間，此大約在八世紀時回教勢力自非洲經西班牙攻擊歐洲，各統治者需要有人為其作戰，乃將土地給予貴族或武士以換取其服務，此種土地稱為采邑（fief），采邑包括土地上的建築物和在土地上耕作的農民。得到土地者稱附庸（Vassal）。乃至上自帝王和下至農奴，均納入此一體系之中，帝王是國度中最大的領主，所有的土地在理論上均屬於他。沒有附庸的身分便沒有封賞土地的可能。作為附庸，要向

宗主行臣服禮（Homage），答應向領主效忠和盡義務，成為他的「人」[20]。之後，舉行冊封（Investiture）並取得采邑。但他所得的土地僅有保有權（possession）而非所有權（ownership），他之所以能保有，在於他能履行義務，這包括拜覲、服軍役（提供一定數字的武士或武裝士兵）、上繳產物，等等，在特殊情況下如宗主被俘虜或宗主兒子封武士或女兒出嫁有提供贖金和禮金的義務。領主的封建權利也有限制，如未經附庸同意不得加稅，此後延伸為君王如無人民同意時不得徵稅。另外，附庸亦可在自己采邑中另行封賞別人，也建立一種領主、附庸的關係，此為次級封建（sub-feudalism）。這樣運作下來，便形成一個金字塔式的結構，其最基層為農奴（serfs）。

　　本來，采邑在領主或附庸有一方死亡時，便需重新安排另封。後來漸漸演為世襲。為了維持采邑的完整和不被分割，又只有長子才可繼承爵位的長子繼承制（primogeniture）。如果附庸死時無男嗣，女兒亦可繼承，領主可為此女婚配，此一有繼承采邑權利的女孩，常為其他貴族幼子爭逐的對象，他們可以藉著娶得這類女孩而躋身封建土地貴族的行列。

　　此種制度下的司法也值得一提。各附庸間如有爭執，要在領主法庭（lord's court）解決，由各附庸組成審判團而由宗主主持之，且由同儕（feudal peers）陪審，此為後來英、美海洋法系中的陪審制度（jury system）的來源。封建法庭所用的法規，領主要經各附庸同意後始可制訂，此為後來如無人民同意不得立法的淵源。此時也有時用決鬥審判（trial by combat）來解決紛爭，勝者得直。

　　封建制度有其共同的模式，也有地域性的差異。大同之中存有小異，有的時候一個附庸不只有一位領主。於是，在大同色彩（universalism）之中有濃厚的地方主義（localism）。封建貴族之間常因不同的原因而發生戰爭，這種戰爭被稱為「私戰」（private wars），教會乃出面限制戰爭，制

---

20 Homo 在拉丁文是「人」的意思，Homage 是宣布成為「他的人」的儀式。

訂「上帝的和平」（peace of God）和「上帝的休戰」（truce of God）。
「上帝的和平」禁止在戰爭中侵犯農民、田畝、教士及非戰鬥人員的生命
財產；「上帝的休戰」則規定一年中的某些宗教節日不准有戰爭。

　　封建制度時期婦女生活很有意思。婦女地位固不如男人，但由於騎士
精神的影響，野蠻而好鬥的戰士逐漸變成有教養的「紳士」。在傳奇羅曼
斯（romances of adventures）和封建情詩中，有崇拜女性的情況。理想紳士
便是懂得體貼婦女的善良而熱情的人。婦女要在丈夫出征時守節等待，有
時丈夫外出時甚至可用「貞操帶」鎖住妻子。另外，女人沒有婚姻自主
權，婚姻是「政治」問題。

(2)莊園制度

　　莊園制度（Manorialism, or Manorial System）是封建制度的基礎。莊園
（manor）指為一個地主控有許多農民耕作的大農場。這種地主叫領主
（seignior, or seigneur, or lord），故又稱領主制度（Seignorialism or Seignorial
System）。這種制可以追溯到羅馬時代的大農場（latifundia）或日耳曼村社
（German village community）。莊園的大小不一，從數百英畝至數千英畝
不等。領主或莊園主保有的土地叫領主私屬地（lord's demesne），通常占
全部莊園的三分之一或一半的可耕地，由農民為之無償耕作。莊園的中心
地帶有莊主邸第（Manor House）、穀倉、爐灶、風車、教堂、牧師住所
（Parson's House），此外還有池塘、沼地、公用牧場（common pasture）。

　　土地耕作實施三田制（three-field -system），將土地分為三部分：一為
春耕地（spring planting），春種秋收；一為秋耕地（autumn planting），秋
種春收；一塊為休耕地（fallow），停耕以養地力，如此每隔三年土地就休
耕一次。但在歐洲南部一些地區多採二田制（two-field system），土地每隔
一年就休耕一次。莊園的居民多為農奴（serfs），他們必須無償為領主耕
作土地，並且另有種種的勞務。他們也不能脫離土地，與土地連在一起而
不可分，土地交易時隨土地易主。但是，他們與奴隸不同，仍有某些人身
自由，而且附屬於地固為一種束縛，但也是一種保障。十三、十四世紀以

後，隨著貨幣經濟興起，他們也多能以金錢折合勞役或其他服務，而且有的還向地主購得土地，他們便獲得解放了。另外，也有自由人（franklins, or freemen, or free villeins），此因他們的祖先沒有放棄土地所有權，因而未列入農奴，他們既屬自由人，便對地主沒有義務，但他們的生活與農奴並無多大的差異。農奴的生活很苦，中世紀時期的經濟完全是一種糊口經濟（subsistence economy），僅可存活。農奴的居住條件很差，穿的是自己紡織的粗布所做成的衣服，吃的是黑麵包、蔬菜、乾酪，偶而有雞蛋吃，一年很少有幾次吃到魚肉的機會。

2. 文學和藝術

(1)文學

歐洲中世紀的文學最主要的形式是羅曼斯（romance），此一名稱來自老法文，意思是用通俗語文所寫成的東西。所謂通俗語文為羅曼語文（roman）或羅曼斯語文（romance languages）。緣自羅馬人在凱撒時代征服高盧後，以士兵和農民為主體的移民開始自義大利移入，以及包括拉丁語文在內的羅馬文化。他們及他們子孫所說的拉丁文漸與當年的古典拉丁語有別，而成為在音韻、句法和字彙均有出入的日常拉丁語（sermo quotidianus）。往後，隨著時代和生活內容的變化，在九世紀演為「羅曼語」（一種由拉丁文正在轉變為法文的語文），使用這種語言的高盧人不再能聽懂古典拉丁語。後來演為拉丁文與羅曼斯文的分別。現存最古老的羅曼語文獻是西元八四二年的斯特拉斯堡誓詞（senrments de Strasbourg, or Oaths of Strasbourg），是一個用三種語言（拉丁文、羅曼文和古德文）對照的文件。此因查理曼帝國崩解，其三孫發生內戰，二孫日耳曼人路易（Louis the German）與三孫禿頭查理（Charles the Bald）聯合對付長孫羅塞爾（Lothair）。兩軍會盟於斯特拉斯堡（Strabourg, or Strassburg）（今法國東北部）。由於路易所統治的地區是原查理曼帝國的東部，也就是約略後來德國的地區，其部屬說古德文；查理所統率的部隊來自他治理下的原查理曼

帝國西部，也就是略為後來法國的地區，所講的語言為羅曼語，乃有雙方將士聽不懂對方語言的情事，最後決定互用對方的語言來宣誓，因而有此文獻。它在語言學上和政治史上均有重大意義。

　　一般言之，文學作品的羅曼斯是用羅曼文以韻文或散文所寫的有關愛情和英勇故事。它的取材，大致有三個來源：一是古典故事，即希臘、亞歷山大大帝和羅馬的故事；二是傳說中的六世紀英格蘭國王亞瑟（King Arthur）和他的圓桌武士（knights of the round table）的故事；三是查理曼和他的貼身武士（paladins）（有十二個但名單不同）的故事。這種故事也叫羅曼（roman），在十一世紀後隨羅曼斯文學的發展而流傳下來。這種文學形式之所以發達與高盧（法國）吟唱詩人的活動也不無關係。這種吟唱詩人有使用法國南方方言（langue d'oc）的南方及吟唱詩人（Troubadours）和使用法國北方方言（langue d'oil）（即巴黎地區方言後演變為法文）的北方吟唱詩人（trouveres）。這些吟唱詩人，特別是法國北部的吟唱詩人發展出一種「武勛之歌」（chansons de geste, or songs of deeds），出現在十一及十二世紀之交，至十三世紀而鼎盛。其中「羅蘭之歌」（Chanson de Roland, or Song of Roland）最為人所熟知，它是十一世紀作品。其最早抄本發現於一八三二年，現藏於英國牛津大學鮑德蘭圖書館（Bodleian Library），共長四千零二行詩。故事敘述西元七七八年查理曼出征西班牙時，其外甥羅蘭以二萬人為查理曼大軍殿後，在隆薩瓦爾（Roncesvalles，為比利牛斯山隘口）遭受十萬之眾的回教軍伏擊，在大軍來援之前光榮戰死的故事。

　　類似的文學型態在歐洲其他地區亦有產生。西班牙有史詩〖席德頌〗或〖征服者席德〗（*El Cid, or Cid Campeador*），為一首長達三千三百三十五行的長詩，寫作約在一一四〇年。內容是描述西班牙民族英雄洛德利哥（Rodrigo Dia de Vivar, c.1043-1099）率領卡斯提爾軍隊與摩爾人奮戰並於一〇九四年征服華林西亞（Valencia，位於西班牙東部）王國，而統治之的故事。「席德」（Cid）為「主公」（Lord）的意思。

　　在日耳曼有〖尼布龍之歌〗（*Nibelungenlied, or Song of Nibelungen*），

寫作於一一九〇年或一二〇〇年左右。尼布龍人（Nibelungen）是生活在挪威而握有財寶的矮人族，此史詩敘述席格菲烈（Siegfried）取得財寶並娶美女克里赫黛（Kriemhild），但後為哈根（Hagen）所殺，哈根並將財寶埋入萊茵河中，而克里赫黛復仇並導致大屠殺的故事。

英國有〖比渥伍爾夫〗（*Beowulf*），是最古的英文（安格魯・撒克遜語文）的作品，為長達三千二百行史詩，現僅有手抄本，存大英博物館。它揉雜著北蠻傳說和基督教因素，描述六世紀時丹麥和瑞典等的生活情況，經丹麥人以口耳相傳的方式傳播到英格蘭。此史詩分兩部分，敘述比渥爾夫戰勝水怪和龍，以及在備受尊崇中死去和葬禮感人的情景。

冰島有〖伊達〗。在北歐，此時文學作品以沙格（Saga）為主要形式。所謂「沙格」指冒險犯難的故事，在後來沙格（saga）（小寫的 s）仍是家族傳奇或冒險的故事之意。「伊達」的原意是「老祖母」，主要有兩部：一為〖老伊達，或詩的伊達〗（*Elder Edda, or Poetic Edda*）敘述有關北蠻神話及英雄故事，為大約八〇〇年或大約一二〇〇年間在冰島或挪威西部發展出來的，共三十四首；另一為〖小伊達，或散文伊達〗（*Younger Edda, or Prose Edda*），為十三世紀初冰島詩人史杜魯生（Snorri Sturluson）的作品。

(2)藝術

中世紀時期藝術活動並未停止，不過因為不重視個人精神，藝術家多匿名，沒有在作品上簽名或署名的習慣。在建築物方面，不重私人居處，而以代表團體的教堂、修院、城堡、行會（基爾特）會館等為主。藝術從業者有其養成的過程，先做學徒（apprentice），再做職工（journeyman），然後繳出一個出師作品或畢業作品（masterpiece），經行會審查合格後便取得師傅（master）的資格。

中世紀的藝術以建築為主，其他如繪畫、雕刻及染色玻璃畫（stained glass）等均附麗於建築。中世紀前期以仿羅馬式的建築和藝術（Romanesque architecture and art）為主，此在十一及十二世紀為盛。這個時期因城

市不多，教堂多建在城堡和修院之中。仿羅馬式建築雖以羅馬為心法，也採取了鄂圖曼土耳其和拜占庭的因素，最流行的地區是法國，其他如英格蘭和義大利等亦有之。這類建築有些粗重感，教堂的基本型制為拉丁十字架（Latin cross）形，即直長橫短。業者在建築正面用拱的原理做成半圓形的石拱門，正門（有雙塔或單塔），它之下有時有支承柱，用以承擔重量，進門後有一中央走道為本堂或正殿（nave），在本堂或正殿與旁邊的走道之間有粗重的柱子或圓柱，牆壁厚重，內部橫飾帶畫有聖經故事等，頂部有圓頂。較著名的，有法國吐魯斯（Toulouse）的聖賽尼教堂（Church of St. Sernin）。

哥德式的藝術和建築（Gothic art and architecturue）是中世紀後期，大約一二〇〇年至一五〇〇年間流行的款式。此名稱與哥德人無關，係因文藝復興時代的人喜歡古典款式，視此為野蠻，隱含五世紀時野蠻人摧毀古典藝術之意。它在十二世紀之末源自法國而流行全歐。其建築特點為高聳，使信徒向上看而注目天堂，使用有棱線的肋形穹窿肋拱（ribbed vault）以達效果。另用飛扶壁（flying buttresses）置於牆壁外以增強建築物。教堂使用色彩艷麗的染色玻璃以強化室內效果，題材多為聖經故事及宗教事跡，亦有時有非宗教題材如狩獵、騎術、愛情等。光線自窗外投入，堂內產生一種豐富的和絢麗的紫色光暉，置身其中，宛如處在另一世界。天上？人間？著名的哥德式建築在法國有巴黎的聖母院（Notre Dame），以及瑞穆斯（Rheims, or Reims）和查特（Chartres）的教堂，英國的西敏寺（Westminster Abbey）和莎里斯堡大教堂（Salisbury Cathedral），還有德國的科隆大教堂（Cologne Cathedral）。

此期雕刻多以聖徒與聖經人物為題材，多真人大小及三度空間的作品。也有大理石講壇和木刻的祭壇用品和十字架等。

3.大學的興起

大學的出現與發展，是中世紀文化的大事，也是西方文化的大事。五

世紀後，教會負責教育事務。固然，這有將古典時期的「知識教育」轉為「宗教教育」之勢，教育的目的在培養虔誠的信徒。但是，教會畢竟在教育方面做了一些事。西元八○○年，查理曼大帝曾命每一主教區和修道院所在的地方設立一所學校。

先是，教會為了傳教，設立學校來解說教義，這一類較初級的學校稱要理答問學校（Catechumental School），大城市中主教座堂所在地的主教座堂學校（Cathedral School）則較為高級。至於修道院，因規定修士修行、勞動和唸書，因而也有修院學校。十世紀以後修院學校漸衰，主教學校成為各地主要的學校。十二世紀末期，非教會人士所辦的世俗學校（lay schools）亦告興起，教育趨於發達。本來，中世紀初期文教落後，直到一○五○年左右，還是只有教士才通曉文墨。後來因教育逐漸發達，情況獲得改善，一三四○年左右義大利佛羅倫斯已有百分之四十的人識字，十四世紀晚期的英格蘭也達到此一水準。

大學的出現，代表文教的進步。中國在西元一世紀東漢光武帝時成立「太學」，但沒有持續發展。印度四世紀時，笈多王朝在恒河流域的那爛陀（Nalanda）（現名 Baragaon，位現印度中部東邊巴哈省內一村落）興建一所大學，成為研究佛學的中心，但僅持續到十二世紀。開羅的阿亞哈茲大學（University of Al-Azhar），建立於九七○年，迄今猶存。西方的大學源於十二世紀的歐洲。它可源自全科學校（studia generalia），這種全科學校可能是由主教學校或世俗學校內有著名學者講學而形成公共講學所（studia publica），於是漸形成一種教師與學生的團體組織。事實上，大學（university）是由拉丁文的「社團」（universitas, or corporation）演變而來，它是一種得到當局的特許狀（Charter）以後而享有若干特別權利的社團，它類似行會或基爾特，一如工匠行會有師傅、職工和學徒之分，大學亦有教師（Masters）、學士（Bachelors）和學生（Students）之別。當時大學的主要目的之一是培養教師，有核發教師執照的權利。大學講授的課程是「三文」和「四藝」。所謂三文（trivium）是文法、修辭與邏輯，所謂四藝指

算術、幾何、天文和音樂。這些課程構成了博雅教育的基礎,學生在修完
「三文」及「四藝」後可以進修專門學科,如神學、法學和醫學。大學的
教師組成學門(Faculty),一個大學通常有文學、法學、醫學和神學學門,
其中文學學門(Arts Faculty)又是其他學門的預科。大學修業時間是三年
或四年不等,修完課程後再經考試及格,便取得學士學位(Bachelor of
Arts),如再繼續進修二年,再經考試及格,便取得碩士學位(Master of
Arts),便可成為大學的成員。如再進修,可得到更高的執業資格或學位,
如神學教授(S.T. P, or Sanctae Theologiae Professor)、法學博士(L.D., or
Legum Doctor)、醫學博士(M.D., or Medicinae Doctor)等。大學通用的
語言是拉丁。學生除修課之外,還要參加多次辯論,才能畢業。

西方第一所大學是義大利波隆那的波隆那大學(University of Bolog-
na),大約設立在一一五八年,但早在八九○年即為一所法律學校,一一
五八年由神聖羅馬皇帝腓特烈一世頒特許狀,使其成員免於被濫捕,以及
審訊時由同儕或社會同等地位人士陪審。巴黎大學(University of Paris),
是由聖母主教座堂學校(Cathedral School of Notre Dame)和聖傑內維愛弗
修道院學校(Abbey School of St. Genevieve)合組而成,創立於十二世紀後
期[21],一二○○年和一二三一年分別由法國國王腓力普・奧古斯都(Philip
Augustus)和教宗格理高里九世(Gregory IX)頒下特許狀。波隆那大學和
巴黎大學代表兩種不同的類型和風格,除了波隆那以法學見長和巴黎以神
學及藝術聞名以外,還代表兩種不同的管理模式,波隆那是「學生治
校」,由學生決定學校政策和聘請教師;巴黎為「教師治校」,他們主導
學校政策並向學生收費。此外,英國的牛津大學(University of Oxford)謠
傳是一一六七年自巴黎分出,而劍橋大學(University of Cambridge)又是

---

[21] 中世紀許多大學的建立確期不詳,各家說法不一。波隆那大學亦有謂早於 1158,
巴黎大學至少早於一一六七年,因牛津大學是 1167 年自巴黎大學分出。一般用蘇
邦(La Sorbonne)來作巴黎大學的代稱,但蘇邦實為 1253 年始建立的一個學院。

一二〇九年自牛津分出。此後，大學在各地紛紛出現。不過，除教學外，重視研究的近代大學則在十七世末年濫觴於日耳曼，一七〇一年的霍爾大學（University of Halle）開始有大學本科及研究院。

中世紀時期的歐洲大學，除了主教座堂學校或其他舊址之外，多無固定的校舍。教師可以隨時隨地開課，因而沒有註冊，也不知確切的學生人數。大學的學院（College）原指宿舍，為教師與學生的駐足之所，後來演為校舍的起源。又，由於大學及其成員享有特殊權益而又自成世界，有時會與它所在的城鎮發生摩擦，此為「城鎮與道袍（大學）」（Town and Gown）的衝突。不過，中世紀的大學生活也多彩多姿，以巴黎大學為例，學生通常在早晨五、六點鐘起床，聖母院的大鐘會催喚他們作息，他們自臥室或膳堂湧出，走過狹窄而嘈雜的街道，前往散布在各處及各校區的講堂上課，當時流行的一首拉丁打油詩：「身在講堂，心在市場，或在飯桌，或在床上」，非常有趣。中世紀的大學生與其父母或監護人的通信內容，多是一方用很多理由要錢，一方責備對方不用功和荒嬉。

4.學術和思想

(1)學術活動

中世紀的學術和思想應非一片空白。神學（Theology）是這個時期的顯學，它不像現在只是眾多學門中的一門，而是包括很多其他學問的學門，並號稱「各門學問之首要」（queen of sciences）。大體言之，它是一種有系統的研究上帝的性質，以及上帝與人和世界的關係的學問。

哲學在此時期是神學的僕役，是為神學服務的。此時期最重要的哲學是經院哲學（Scholasticism）。它在基本性質上，是一種將基督教神學、邏輯和哲學（特別是亞里士多德哲學）加以綜合而使之成為一體的思想。它認為理性（reason）附屬於信仰（faith），但亦可用於強化信仰者對所信仰的道德的瞭解。十二世紀時，亞里士多德的著作，包括邏輯、哲學和自然科學的東西，均已先後譯成拉丁文。一些重要的阿拉伯文的哲學著作也譯

成拉丁文。這對沉寂已久的西方學術發展投下新的動力。不但使知識領域
擴大，而且也使獲取知識的方法有了新的創獲。在一個還不知道用實驗和
歸納法來治學的時代，亞里士多德的演繹法成為獲取新知的法寶。只要有
些正確的大前題，便可得到新結論，或推翻不正確的舊結論。同時，過去
認為不可解釋的難題，也可以用邏輯來解決。經院哲學的首倡者是彼得・
亞培拉（Peter Aberlard of Brittany, 1079-1142），他與艾洛綺絲（Heloise）
的愛情故事和他所寫的自傳〖痛史〗（Histoiria Calamitatum），均為人所
熟知。他在經院哲學方面的著作是〖是與非〗（Sic et Non），收集了一百
五十八個有關神學的論題，每一個均用正面和反面的論證，加以探討。差
不多與他同時的義大利神學家彼得・倫巴地 （Peter Lombard, c.1100-1160）
也有重大影響，他的〖神學句集〗（Sententiae, or Sentences）為第一部神
學教科書。不過，集大成者是多明我修會修士（也曾是巴黎大學教授）的
聖多瑪斯・阿奎那斯（Saint Thomas Aquinas , 1225?-1274）。他的〖神學大
系〗（Summa Theologica, 1267-74）成為基督教神學和哲學的聖經，他本
人也有「經院哲人的親王」（Princeps Scholasticorum, or Prince of Scholas-
tics）的稱號。他的學說被稱為「多瑪斯學說」（Thomism）。他的貢獻在
結合了基督教義和亞里士多德哲學，認為信仰與理性並無衝突，哲學基於
理性而信仰來自天啟，天啟與哲學結論之間如有歧異，係由於錯誤的推
論。他相信，人皆渴盼幸福，但幸福僅能靠與上帝直接契合而獲得，上帝
會賜給某些人救恩，使之能克服罪惡的影響，而與上帝直接契合，而聖禮
在使人獲得救恩方面有很大的幫助。

22參看 A.B. Cobban, *The Medieval Universities: Their Development and Or-
ganization* (London: Methuen, 1975) ;S.C. Ferruolo, *The Origins of the
University: The Schools of Paris and Their Critics, 1100-1215* (Stanford
University Press, 1985) ; G. Left, *Paris and Oxford Universities in their
Thirteenth and Fourteenth Centuries: An Intellectual History* (New York:
Wiley, 1968) .

經院哲學中有名目論（nominalism）和實在論（realism）的問題。所謂「名目論」，認為在殊象（particulars）之外，沒有通象（universals）的存在，任何事物（殊象）如桌子，並沒有一個先於實體的形象或通象概念（universal concepts）的存在。所謂「實在論」，則認為在殊象之外，有獨立存在的通象。

法律或法學的研究在十二世紀以後相當發達。這包括羅馬法的復興和教會法的整理。法學或法律是中世紀大學研習的重要課程之一。不過，在基本上，中世紀的人還不認為法律是可以制訂的，而是為人所「發現」的，法律的成長是約定俗成的。不過，他們也相信有一種超越各種法律的自然法。

在科學方面，中世紀亦非全無成就。在數學、天文學、醫學均有進展。多明我修士日耳曼人亞伯特大師（Saint Abertus Magnus, or Saint Albert the Great, 1193 or 1206-1280）、英國人羅伯・柯勞塞代斯托（Robert Grosseteste, c.1175-1253）（曾任主教亦曾任教牛津），以及方濟各會修士英國人羅哲爾・培根（Roger Bacon, 1214-1294）等人，均為有實驗精神和廣泛興趣的科學家。中世紀特別在十二世紀，煉金術（Alchemy）經阿拉伯（亦有謂經中國，更有謂源自古埃及）傳至歐洲，其目的在能將普通金屬轉變為金銀，也帶動一些實驗和研究。一般言之，中世紀的科學水準不高，此因當時對於自然現象慣以神意解釋，出世觀的人生哲學也影響人對自然和各種事物的態度。還有，科學與方術之間的分界不清，如煉金術與化學，占星學與天文學之間，沒有清晰的分際。

(3)思想

政治思想方面，十二世紀時英國教士及古典學者莎斯里的約翰（John of Salisbury, d.1180）著有〔政治家手冊〕（*Policratius, or Statesman's Book, 1159*）認為在國家（commonwealth）之中，君主為其頭腦，元老院或立法部門為其心，法官及各省總督為其眼、耳、舌，官員及士兵為其手，財稅官為其胃腸，農民為其腳。他稍後的義大利人巴都亞的馬斯留（Marsilius, or Marsiglio of Padua, 1290?-1343）著有〖和平的保衞者〗（*Defensor Pacis, or Defender of Peace*，完成於 *1324*，出版於 *1522*），在政教關係上他是保皇黨人，指出一個國家（commonwealth）之中，真正的權威在於全民（universitas civium）。

經濟思想方面，中世紀的社會有其階級，每個人均應安分守己，不可牟利。物價應有公正的價格（just price），由各行會訂定，不受供求關係的影響。教會把放款生息定為重利盤剝罪（sin of usury）。

最後要指出，中世紀的歐洲有其大同的一面。拉丁語大體上，特別在受過教育的人間，的確是普遍性的語言。學者道袍一襲，一口拉丁，當可通行各地。英國民諺說：懂得拉丁，再有一匹馬和錢，可以暢行天下。（With Latin, a horse and money, thou will pass through the world.）[23]

5.經濟復蘇和城市興起

(1)經濟復蘇

進入中世紀以後，因為經濟活動倒退和生產力的巨幅下降，使中世紀經濟成為比利時歷史學家比倫（Henri Pirenne, 1862-1935）在其〖中古歐洲經濟及社會史〗（*Economic and Social history of Medieval Europe, 1936* 英譯本）所說的「糊口經濟」（subsistence economy）。在中世紀，西歐本身成為封閉的農業社會，而阿拉伯回教勢力又控制了地中海的海上交通的樞紐地帶，遂使商業陷於停頓。但是，十一世紀以後逐漸發生變化。先是農業有了新的發展，而商業和工業也隨著繼起。先是在一○五○年至一二五○年間，農業有了進展，此有時稱為「第一次農業革命」（First Agricultural Revolution）。這包括：農作地區的轉移，由地中海區轉移向自英格蘭南部

---

23 參看 F.B. Artz, *The Mind of Medieval Ages, A.D. 1000-1500*, 3rd ed. (Chicago: University of Chicago Press, 1980)；J.W. Baldwin, *The Scholastic Culture of the Middle Ages, 1000-1300* (Lexington:Heath, 1978).

直迄烏拉山脈的廣大的，潮濕的和肥沃的地帶；農具的改良，如重犁（heavy plow）的使用，水車的推廣，以及廣種與深耕的應用，等等。這使農業有了穩定的生產。

商業也有了新的展望，羅馬時代和中世紀初期偏重地上的交通與貿易，北義大利和法蘭德斯（Flanders）（略當於比利時北部和荷蘭及法國的一部）等地區一直有商業活動。一〇五〇年至一三〇〇年間，義大利城邦如熱內亞（Genoa）、比薩（Pisa）、威尼斯（Venice）從阿拉伯回教勢力手中奪得大部地中海的控制權，而壟斷了與東羅馬帝國和東方的貿易，於是香料、寶石、香水和絲綢出現在西歐的市場。地處威尼斯、熱內亞、和比薩之間的倫巴地（Lombardy）地區，其商業也趨於繁榮。商人沿著東、西流向的多瑙河，北向的萊茵河，以及西向的隆河，與來自法蘭德斯的商人交易。法蘭德斯以其優越的地理條件和工業條件，北向可通斯堪底那維亞，南向可沿萊茵河和它的支流與法國和日耳曼交易。法國的香檳便因法蘭德斯的紡織品與來自東方的香料（經義大利人之手）相交易，而發展出貿易市集。

工業生產亦因商業繁榮而受到刺激。早在羅馬時代法蘭德斯的毛織業即已有名，中世紀初期曾受嚴重打擊，但自十世紀末以後又告逐漸恢復。當地羊毛供應不足，又自英格蘭大量進口羊毛，從而發生密切的經濟關係。其他重要的紡織中心有布路日（Bruges）（現在比利時）、根地（Ghent）（現在比利時）、里耳（Lille）、（現在法國）、易普爾（Ypres）（現在比利時）及阿拉（Arras）（現在法國）等地。在義大利北部毛紡業也有高度發展，在一三〇〇年左右佛羅倫斯大約有二百家工廠致力於毛紡。同時，冶金業在西西里、佛羅倫斯、熱內亞等地亦有發展。另外，造紙業在義大利與西班牙逐漸發達而在一二〇〇年至一四〇〇年間取代了羊紙業。鍍金玻璃和吹製玻璃在威尼斯和染色玻璃在法國均有相當的發展。

中世紀晚期，軍火工業和航海工業趨於發達。軍火發達與中國火藥的

西傳有關，大砲（重砲）在一三三〇年左右便已使用，此後屢有改進，威力亦日大，十五世紀時發生很大作用，一四五三年土耳其人使用日耳曼人和匈牙利人製造的巨砲突破了君士坦丁堡的防禦。法國人用大砲攻破玻多（Bordeaux）而結束了英法百年戰爭。由於大砲的使用，使封建貴族的城堡不足畏，有助於王權的伸張，為民族國家的興起添助力。一五〇〇年以後，毛瑟（滑鏜）鎗的使用，步兵成為戰場的主兵，而結束了重裝備的騎兵主控戰場的時代。軍火工業也在其他各國興起。至於航海工業，則因光學的進步（眼鏡發明於一二八〇年代），可以製造觀測儀器，以及造船業的進步，等等。

(2)城市的興起

商業和工業的發展，造成城市的興起。古代的城市是在農業發展後足夠的糧食可以養活非農業人口而逐漸形成的。有較大的聚落後，又需要管理及設施，而維持城市也需要腹地。古代城市多為行政和商業的中心，到中世紀趨於衰落。十一世紀以後，因為經濟情況漸有起色，城市漸漸復興而新的城市也次第出現。在日耳曼中部和東部，從前羅馬人未曾開發的地區，出現了一些新的城市如佛烈堡（Freiburg）、盧比克（Lubeck）、慕尼黑（Munich）和柏林（Berlin），這些都是十二世紀興起的城市。再往西去，有一些在羅馬時代即已出現但在十二世紀後才日益擴張的城市，如巴黎、倫敦、科隆等。中世紀時期最發達的城市，是義大利的威尼斯、熱內亞、米蘭、波隆那、巴勒摩（Palermo）、佛羅倫斯和那不勒斯等。城市興起的背景與原因。有的因為是良好的自然港口，如西班牙的巴塞隆那（海港）、倫敦（在泰晤士河上）、科隆（在萊茵河上），波隆那和巴黎有著名的大學，威尼斯、熱內亞、倫敦和科隆是貿易中心，而米蘭、根特、布路日是工業中心。許多因經濟因素（如商業和工業）而興的城市，其地名最後以「福」（fort, or furt）收尾，如法蘭克福（Frankfurt），或以「堡」（burg, or borough）收尾，如漢堡（Hamburg）、愛丁堡（Edinburgh）等。

　　這些城市在成長茁壯和控有資源與實力之後，便希望取得自治乃至獨立的地位，而建立自治城或城邦（communes, or city-state）。這些城市自帝王或對它們有主權的封建貴族買下他在封建制度下的權益，而成為「特許自治的城市」（chartered towns）。這類特許狀在日耳曼多由神聖羅馬皇帝頒發，而取得神聖羅馬帝國內的「自由市」（free city）的地位，從十二世紀到十五世紀，這類「自由市」約有五十個之多。其中較著者，有紐倫堡、奧古斯堡、阿亨、盧比克、布來梅、漢堡、法蘭克福，等等。它們不承認皇帝以外的任何威權。有的時候，這種權益是靠用武力得到的，如義大利城市米蘭、威尼斯、曼圖亞（Mantua）、巴都亞、羅堤（Lodi）等在一一六七年組成倫巴同盟（Lombard League）（後來屢次續盟），來抵抗神聖羅馬皇帝腓特烈一世的統治，（最盛時有二十多個城市加盟），又得到教宗亞歷山大三世的支持，它們在一一六七年戰爭，並在一一八三年的康斯坦士和約（Peace of Constance），在向皇帝重申忠忱（fealty）的情形下，得到自治權。

　　這些城市的統治階級多為富有的商人。市政係由行會或基爾特主控，這包括商人基爾特（Merchant Guild）和工匠基爾特（Craft Guild）。它們儼然是國家，但人口並不多，巴黎、威尼斯、佛羅倫斯、米蘭和熱內亞，人口很少超過十萬人，漢堡和奧古斯堡不過各兩萬人口。這與唐宋帝國的中國有五十二個人口超過十萬的城市，唐都長安更有二百萬人之眾，是不能比的。（奧古斯都時代的羅馬不過有八十萬人口）。城市內公共設施不足，生活條件欠佳，各基爾特統治不良。農民因莊園制度崩潰而湧入城市，勞工維生困難且無參政權，雖有人身自由卻為無產階級。[24]

---

24 參看 P.M. Hohenberg & L.H. Lees, *The Making of Urban Europe*（Harvard University Press, 1985）;M. M. Postan & E. Miller, *The Cambridge Economic History of Europe*, Vol.II., *Trade and Industry in the Middle Ages*, 2nd ed.（Cambridge University Press, 1987）; R.S. Lopez, *The Commercial Revolution of the Middle Ages, 950-1350*（Cambridge University Press, 1976）.

二、東歐

㈠東羅馬帝國的興衰

1. 興亡大勢

東羅馬帝國（Eastern Roman Empire），或拜占庭帝國（Byzantine Empire）的創建者是君士坦丁大帝（Constantine the Great, c.230-337）。他重建拜占庭（Byzantium）並更名為君士坦丁堡（Constantinople）[25]，且於 330 年將羅馬帝國首都遷此，是為東羅馬帝國的肇端。君士坦丁堡三邊環水，即由瑪莫拉海（Sea of Marmora）、韃靼尼爾海峽（the Dardanelles）和博斯普魯斯海峽（the Bosphorus）所構成的，但連結在一起的水域，陸上的一邊為堅牆高塔所切割，算得上鐵壁銅牆。帝國在文化本質上揉雜了羅馬、希臘和基督教的因素，其領土亦大部分在歐洲之外，包括現希臘、土耳其、中東（絕大部分）和埃及。帝國的語言主要為希臘文，其文化亦以希臘文化或希臘化文化為主。在政治體制上，為高度專制的體制，皇帝在君士坦丁皈依基督後，雖然不再是具有神性的神帝（God-Emperor），但為上帝的直接代理者，其權力是至高的和神聖的。自五世紀中葉，他即位時由君士坦丁堡宗主教加冕，七世紀起加冕典禮在聖智大教堂（Santa Sophia）舉行。皇帝的標誌除了皇冠外，還有一雙高的紫靴和一襲紫袍，自七世紀起加上「巴斯留」或「萬王之王」（Basileus, or King of Kings）的頭

---

[25] 拜占庭原為希臘人所建立的殖民地，因傳說其建立者拜占（Byzas），故名拜占庭（c.660 B.C.-330 A.D.）。330 年至 1930 年間，它的名稱是君士坦丁堡，此後名伊斯坦堡（Istanbul），但斯拉夫人稱之為皇城（Tsargrad）。它是一座唯一跨歐、亞兩洲的城市，博斯普魯斯海峽分開兩洲。

銜，稍後又加「專制者」（Autokrator）的稱號。

政教關係上，東羅馬帝國是政教合一的制度（Caesaropapism），皇帝既是最高的政治威權，又是教皇。他在宗教事務上有「同使徒」（Equal to the Apostles）的頭銜，可以任免主教和獎懲教士。皇帝也直接介入教會的教義和崇拜的問題，有一些大公會議，如尼西亞（Nicaea, 325A.D.）和卡西頓（Chalcedon, 451 A.D.）均由皇帝召開並主持。

東帝國歷經滄桑，如民族大遷徙的衝擊，以及各種內在和外在的壓力等，但以其有很大的經濟力量和軍事力量（包括強大的海軍），均能一一度過。從三三○年至一四五三年屹立無恙。西羅馬帝國滅亡以後，它更以聲稱它是歐洲共主，如果治權或行政權不及於西歐，至少它聲稱在法理上統有西歐。最後滅亡帝國的，是鄂斯曼或鄂圖曼土耳其人（Osman or Ottoman Turks）。這批土耳其人在十二世紀晚期由其酋長鄂斯曼（Osman）率領定居於貝塞尼亞（Bithynia）邊地，一三二六年建都於布薩（Bursa, 現土耳其西北部），在一三四五年進入巴爾幹半島。此後擴張迅速，一三五六年遷都亞得利亞堡（Adrianople），君士坦丁堡被包圍，僅靠海路可與西方聯絡，常被迫訂城下之盟。一四五一年土耳其築丹穆罕默德二世（Mohammed II, 1430-81, 在位時期 1451-81）即位，匈牙利人為之鑄造巨砲，不僅威脅到君士坦丁堡的防衛，架設在博斯普魯斯海峽的巨砲切斷它對外的交通和補給。一四五三年五月二十九日，在土耳其人大舉進攻下，君士坦丁堡城內的希臘及拉丁教徒在聖智大教堂做完最後一場聚會後，面臨的是土耳其人的攻陷，最後一位皇帝君士坦丁十一世（Constantine XI, 1404-1453,在位時期 1449-1453）英勇地戰死。穆罕默德二世在聖智大教堂祝謝阿拉，並將它改為回教清真寺。東羅馬帝國就此走入歷史，存在一千一百二十三年。

2.帝國的貢獻

東羅馬帝國有其貢獻和成就，對日後的歷史也有重大的影響。擇要言

之，有下列諸項。

第一有系統的整理羅馬法：羅馬法是重要法學資源，東羅馬帝國做了有系統的整理。皇帝查士丁尼一世（Justinian I,483-565，在位時期527-565）要保全羅馬法的傳統，他在五二八年命法學家托利包尼安（Tribonian, d. 545?）組成一個十人委員會，司理其事。把法條、判例、詔令作有系統的整理與編纂，最後定本在五三四年公布。此一大部頭的法典有十二卷，四千六百五十二條，稱〚查士丁尼法典〛（*Justianian Code*），或亦稱〚民法大全〛（*Corpus Juris Civilis*）。查士丁尼時代整理的法典把東方專制精神注入，強調皇帝的詔令就是法律，此對君權的伸張有關，助長民族王國（民族國家）的興起。另一重要的工作是完成〚法學摘要〛（*Digesta, or Digest*），此由十六位法學家組成的委員會負責，五三〇年開始工作，五三三年出版為五十卷，包括採自二千餘卷法書的精要，對於羅馬法學研究，很有貢獻。查士丁尼自五三四年起至五六五年他死，也頒布了許多詔令，後來經過編纂而稱為〚新法典〛（*Novellae Constitutiones Post Codicem*，在英文中簡稱為 *Novels*）。此外，還有〚法學入門〛（*Institutes*）的刊行，為法學教科書。廣義的〚查士丁尼法典〛包括上列四種，但前三種係拉丁文，後一種係希臘文。九世紀時皇帝李奧六世（Leo VI, 862?-912，在位時期886-912）又編纂法典，名稱為〚必斯理可〛（*Basilica, or Basilics*），為查士丁尼一世法律和教會法的革新版，用希臘文。這些羅馬法的整理對以後尊君的政治思想有很大的影響，從而對民族國家的興起有所助益。

第二藝術方面的成就：東羅馬帝國在文學、語言學、史學均有所進展。在藝術方面成就極大，以綜合藝術的建築而言，東帝國的拜占庭建築（Byzantine architecture）的特點，是把希臘化或羅馬的長方結構體（basilica）和高聳的波斯式的圓頂（dome）結為一體。這種建築的代表作是查士丁尼一世所建的聖智大教堂（Hagia Sophia, or Santa Sophia），它是一座非常宏偉堂皇的教堂，長二百五十呎，寬二百二十五呎。正中央的圓頂由四根托柱拱著，圓頂直徑一百零七呎，從地面至圓頂頂高為一百七十九呎。

教堂四壁及天花板的鑲嵌藝術，光輝奪目，美不勝收。這種建築風格也影響到其他地區，如義大利近亞得利亞海的拉文那（Ravenna）有三座小型的，有此風味的教堂。還有著名的威尼斯的聖馬可教堂（St. Mark's）。再就是有很多地區的清真寺模仿此種風格。建築之外，還有附屬的鑲嵌（mosaics）、繪畫和雕刻，乃至金銀工等，在東帝國均甚發達。

第三保全古典文化：中世紀時期，尤其是中世紀初期，西歐很少人通曉希臘文，無人研究希臘哲學、文學和科學的著作，很多古籍流失。東羅馬帝國保存下來這些寶貴的文化遺產。東羅馬與西歐不同的另一點是學術研究不限修院的修士。六世紀時查士丁尼雖關閉了有強烈異教傳統的雅典大學，但君士坦丁堡大學一直為學術重鎮，其課程亦多世俗課程，如哲學、天文、幾何、修辭、文法、音樂、法律、醫學和算學等。如果沒有東羅馬帝國，則柏拉圖、亞里士多德、荷馬和索福克里斯可能會流失，此對文化造成的損失將無法估計。

第四開化斯拉夫民族：東羅馬帝國與形形色色的斯拉夫人（Slavs）為鄰，這些斯拉夫人是屬於印歐語系的種族。他們之中，有西斯拉夫人（West Slavs），包括波蘭人、捷克人、斯洛伐克（Slovaks）等；有南斯拉夫人（South Slavs），包括塞爾維亞人（Serbs）、克魯特人（Croats）、斯洛維尼人（Slovenes）、馬其頓人（Macedonians）和蒙特尼哥羅人（Montenegrins）、波西尼亞人（Bosnians）和保加利亞人（Bulgars）等；有東斯拉夫人（East Slavs），為其最大宗，有大俄羅斯人（Great Russians）、烏克蘭人（Ukrainians）和白俄羅斯人（White Russians, or Belorussians）等。他們在當時仍處於野蠻狀態。東羅馬帝國透過各種接觸，包括東正教的傳教及貿易，使之漸漸開化。九世紀時，兩位希臘教士，即聖西瑞爾（Saint Cyril, d.869）和聖麥佐迪（Saint Methodius, d.884）於863年奉君士坦丁堡宗主教之命前往莫洛瑞亞（Moravia，今捷克中部）傳教。他們為了需要，發展出一套可以用來拼寫斯拉夫語言的西瑞爾字母（Cyrillic alphabet），有三十六個字母。後來成為許多斯拉夫民族的共同字母，他們也接受了基督信

仰。26

(二)俄羅斯的建國

各斯拉夫民族後來分別建國，但第一個真正獨立建國並對後來歷史發生重大影響的人，是俄羅斯人。

俄羅斯（Russia, or Rossiya）為東斯拉夫人所建立的國家。俄羅斯早期的歷史多根據十二世紀初（大約 1111 年）在基輔編纂的〖俄羅斯編年史長編〗（*The Primary Russian Chronicles*），主要敘述 852 年至 1110 年間的歷史，亦有謂其正確性並不可靠者。根據它的說法，諾夫哥勞特（Novgorod，今俄羅斯西北部）的斯拉夫族群發生爭執，邀請斯堪底那維亞半島維京人的一支維倫吉安人（Varangians）來治理他們。於是，維倫吉安人在首領羅立克（Rurik, d.879）率領下前來，征服諾夫哥勞特及附近地區，事在八六二年左右。這些人被稱為羅斯（Russ, or Rus），羅斯一詞後漸變為東斯拉夫人的通稱，也是俄羅斯（Russia）一詞的來源。羅立克和他的繼承者建立了羅立克王朝（Rurik dynasty），此一王朝建立了基輔俄羅斯（Kievan Russia），因為羅立克的繼承者奧萊格（Oleg, d.912）（為其親族）於八八二年將都城移至基輔（Kiev），是為基輔俄羅斯，後來亦統有莫斯科大公國等地，且控制波羅的海至黑海地區的貿易，亦與東羅馬帝國通商，基輔的統治者稱「大親王」（Grand Prince）或「大公」（Grand Duke），位在俄羅斯其他王侯之上，並在九一一年與東羅馬帝國訂通商條約。至伏拉迪密爾一世（Vladimir I, 在位時期 980-1015）時接受東正教信仰（約於九八八年受洗），並娶東帝巴昔耳二世之妹安娜（Anna）。此王朝直迄一五九八年費多爾一世（Feodor I）死時為止。

---

26 有一些斯拉夫人，如波蘭人、捷克人、斯洛伐克人、克魯特人、斯洛維尼人和部分烏克蘭人和大多數白俄羅斯人接受了羅馬公教，但在語言上烏克蘭人和白俄羅斯人採西瑞爾字母，上述其他人採拉丁字母。

　　另一方面，十三世紀初蒙古人興起，一二二〇年成吉思汗西征時滅亡中亞大國花剌子模（Bukhara），另支蒙古軍隊北越太和嶺（高加索山脈），戰敗阿羅斯（俄羅斯）聯軍，抵黑海北岸。一二三七年至一二四一年間，拔都（Batu Khan, d.1255）又率軍西征。蒙古人在大草原上行軍，攜帶牲口，供應不致匱乏，隨處可架起蒙古包（西方人稱之為「帳」，拔都的「帳」華麗，故稱「金帳」），拔都大軍在越過烏拉山後，征服俄羅斯（除西北角的諾夫哥勞特），攻入波蘭（孛烈兒），並破日耳曼（捏迷思）聯軍於柏林東南，也攻打匈牙利（馬札兒），直抵亞得利亞海東岸。一三四一年窩闊臺死訊至，回師和林（庫倫西南，現為廢墟），參與新大汗選舉，始未再進軍，這也說明東、西歷史交互影響的一例。此後俄羅斯便在欽察汗國（亦稱金帳汗國）（Kichak Khanate, or Khanate of Golden Horde）的統轄之下（一二三七年至一四八〇），汗國的首都為薩瑞（Sarai）。此城為一二四一年由拔都所建，為金帳汗國首府，城在今伏爾加格勒（Volgorad）附近，一四八〇年後衰落。

　　十四世紀後，莫斯科大公國（Grand Duchy of Moscow, or Muscovy）日盛。其統治者出自羅立克王朝一支。一三一八年尤里（Prince of Yuri, d.1326）為大公，尤里且娶金帳汗的妹妹。一三二六年俄羅斯東方正教的大主教（Metropolitan）經常駐錫莫斯科。尤里的弟便是伊凡一世（Ivan I, 1304?-1340, 在位時期 1328-40）與金帳汗國關係甚佳，被委代收貢金，因而號稱「錢袋子伊凡」（Ivan Kalita, or Ivan the Moneybag），他可能是第一位真正的大公。此後莫斯科大公國日益重要，漸成俄羅斯的中心，金帳汗國則日衰。一四六二年伊凡三世或伊凡大帝（Ivan III, or Ivan the Great, 1140-1505, 在位時期 1462-1505）繼位，他聰明謹慎而又胸懷大志，一四七八年他征服諾夫哥勞特等地，統一俄羅斯。一四八〇年拒絕再向金帳汗國繳稅，並推翻了它。他師法東帝國，建構專制體制的統治，並娶了最後一位東羅馬皇帝君士坦丁十一世的姪女蘇菲亞（Sophia），她把拜占庭朝儀帶到莫斯科。東羅馬時已滅亡，他採用東羅馬帝國的標徽雙頭鷹為國徽，

並且相信莫斯科是「第三羅馬」（Third Rome）。他的孫子便是伊凡四世或恐怖的伊凡（Ivan IV, or Ivan the Terrible, 1530-84，在位時期 1533-84），早年由乃母攝政，一五四七年加冕。他是第一位正式用皇帝（Czar）[27] 稱號的俄羅斯統治者。

　　莫斯科在十五世紀後成為俄羅斯的中心。此城的歷史可以追溯到一一四七年。此城沿莫斯科河（Moscow River）兩岸建築，並且有運河通往窩瓦河（Volga River），成為水陸路交通的要衝。自伊凡三世以來，俄羅斯有意繼承和取代東羅馬帝國，延聘義大利等地的建築師在莫斯科大興土木。舊城中心的克姆林宮（Kremlin），尤屬重要。克姆林源自俄文的城堡（kreml），在一三三一年已見其名，它的石牆是自一三六七年興建，現石牆為一四九二年峻工者。克姆林宮是一個楔形或三角形的建築物，南臨莫斯科河，居形勝之地。外邊是鋸齒形的堅厚石牆，牆內是一些富麗雄偉的宮殿和教堂，牆的四邊各有七庭塔，共有二十座。占地約九十英畝（三十六點四公頃）。它在一九五五年後有一部分開放為博物院。

---

27 俄皇是 Czar 或 Tsar，在中文中常被譯作「沙皇」。事實上，應譯為「俄皇」。此因它一如德皇（Kaiser），係由 Caesar 衍來。「沙」（Tsar or Czar）的本身就是「皇」或「皇帝」的意思。如再譯為「沙皇」便成為「皇皇」了。

文藝復興的輝煌

　　「文藝復興」是中世紀和近代的過渡時期，它的起迄點有不同的說法。大致言之，它開始在一三五〇年左右，結束在一六五〇年左右。在它的發源地義大利肇端於十四世紀中葉，到十五世紀或四百年代（quattrocento）（即一四〇〇年代）和十六世紀或五百年代（cinquecento）（即一五〇〇年代）達於高潮，在一五〇〇年以後傳播到阿爾卑斯山脈以北的地區。但在歐洲其他地區它大致始於十五世紀而迄於十七世紀中葉。這個過渡期有數世紀，而且價值觀的轉變有時並不明顯，但有其自身清晰的風格。它顯露出重視個人表現、自我意識和現世精神的特色。具體的現象有古典學術的研究、人文主義的發揚、方言文學的興起（即後來各國的語文）、藝術活動的創新和新學說的出現。這個時期很長，重大的歷史發展也不少，原不僅限於文化的活動。

　　文藝復興（renaissance）源自法文，由「再」（re）與「生」（naissance）組合而成。這個名詞係因瑞士歷史學家蒲卡德（Jacob Christoph Burckhardt, 1818-97）在其力作〖義大利文藝復興的文化〗（*Die Kultur der Renaissance in Italien, or The Civilization of the Renaissance in Italy, 1860*）提出而流行的。另外，英國歷史學家席孟斯（John Addington Symonds, 1840-93）在其七卷巨著〖義大利的文藝復興〗（*The Renaissance in Italy, 1875-86*）也推廣甚力。

第一節　義大利文藝復興

　　義大利的文藝復興燦爛輝煌，啟蒙時代的法國思想大師伏爾泰（Voltaire, 1694-1778）在其〔風俗論〕（*Essai sur les moeurs et l' esprit des nations, 1756*）中，認為文藝復興時代的義大利與伯克里斯時代的雅典、奧古斯都時代的羅馬、以及路易十四時代的法國這四個輝煌的時代，可以相提並論。文藝復興何以首先發生在義大利？這有其背景。

一、文藝復興首先發生在義大利的背景

(一)政治背景

　　文化成就常發生在政治安定之時，但有時政治不穩也會使它有突破性的發展，文藝復興在義大利便是在政治混亂的情形下誕生的。中世紀的政教衝突使義大利沒有強而有力的政府，對半島之外沒有擴張的力量，在半島之內也沒有統一的發展。文藝復興時代的義大利是一個「地理名詞」（geographical expression），政治上四分五裂而又互相競爭。義大利半島上的政治力量大致有三種不同的型態：北部是一些城邦，中部是教廷國，南部是那不勒斯王國或雙西西里王國（Kingdom of Two Sicilies）。北部的城邦多屬共和，它們在中世紀晚期掙脫神聖羅馬帝國的控制，原來也曾有較為民主的政治體制，但後來漸成獨裁或寡頭的統治。商業發達又使各城邦主導人物追求經濟利益而忽視政治和軍事。結果造成傭兵將領（condottieri）奪權。像米蘭（此時不僅為一城市而且也控有倫巴地平原），原是由維斯康提家族（the Visconti）統治，但在一四五〇年傭兵領袖法蘭西斯

科‧斯福薩（Francesco I Sforza, 1401-66）奪得政權，成為米蘭公爵，其家族統治米蘭至一五三五年。再一種情況是富豪或強有力人士得勢，如佛羅倫斯或翡冷翠（Florence, or Firenze）（為一控有塔斯坎尼地區並自 1406 年取得比薩 Pisa 的城邦），從十五世紀中葉（約 1434 年）便為富商及銀行家族麥地西家族（the Medici）所統治，十六世紀後改稱公爵或塔斯坎尼大公，統治至一七三七年。其他如傭兵將領出身的岡薩格家族（the Gon-zaga）統治曼都亞（Mantua）（1708 年為奧地利所併），以及艾斯特家族（the Este）統治下的法拉拉（Ferrara）（1558 為教廷國所併），無不類此。至於威尼斯（1454 年已併取義大利東北部），雖名為共和，實為富商所把持，其最高領袖稱道支（Doge），還有執政議會（Grand Council），均為他們所掌控。西北部的熱內亞為寡頭政治，其行政長官亦稱道支。大致說來，北部以米蘭、佛羅倫斯和威尼斯為重要。中部的教廷國自八世紀以來，維持政府和軍隊等，教宗熱衷於國與國間的縱橫捭闔與戰爭和平，一切實與世俗國無異。南部的那不勒斯王國一方面參與角逐，另一方面其本身又是西班牙和法國覬覦的對象。

半島上各國之間互相競爭，又因互相競爭而重視人才，於是權力政治和個人主義相互為用。[1] 同時，各國政府及統治者亦提倡文化和學術。

舉凡米蘭的斯福薩家族，佛羅倫斯的麥地西家族，法拉拉的艾斯特家族，曼圖亞的岡薩格家族，以及威尼斯政府莫不如此。即使是教廷國，歷位教宗如尼古拉五世（Nicholas V, 1397?-1455，在位時期 1447-55）有「人文主義教宗」（Humanist Pope）的稱號，他建立梵諦岡圖書館。後來的教宗包括亞歷山大六世（Alexander VI, 1431?-1503，在位時期 1492-1503）、朱理二世（Julius II, 1443-1513，在位時期 1503-1513）（有「戰士教宗」War-

1 參看 *The New Cambridge Modern History*, Vol. *The Renaissance*, edited by G.R. Potter（Cambridge University Press, 1961）, pp.31-32；王任光，『文藝復興時代』（台北：成文出版社，1979）, pp.274-97。

rior Pope 之稱）、李奧十世（Leo X, 1475-1521，在位時期 1513-1521），均雅愛文化和藝術。

(二)經濟背景

十一世紀以後，西歐經濟復蘇，農業有新的進展，商業和工業日益發達。但這些發展因為受到中世紀制度，特別是基爾特制度和農奴制的束縛，不易有大的突破。到十三世紀末和十四世紀初以後，由於貨幣經濟和新武器（火藥和砲）的出現，使封建制度和莊園制度趨於崩潰。我們暫且不談新武器使封建城堡不再固若金湯的事。貨幣經濟興起以後，通商有了很大的便捷，而貨幣的功能，可以使價值的交易、貯存和分割有了可以計算的標準，而且可以迅速完成，資本主義也有了可以初步發展的環境。義大利商人自十一世紀即已壟斷西歐與東方的貿易，他們用西方的紡織品和金屬等交換拜占庭和回教世界的精細工藝品，或者從東方來的香料、絲、棉、糖、染料等。他們回到本土以後，把從東方帶來的貨品，除了少量為供應當地市場所需之外，其餘則批售給資本較小的商人，再由他們轉售歐陸各地。然後再把其他地區的產品採購回義大利並且轉售到其他地區，獲利甚豐。米蘭位於波河流域的心臟地區，控制經由阿爾卑斯山脈通往北歐的貿易路線，本身又有發達的紡織工業和武器工業，自然位置優越。佛羅倫斯不僅商業興盛，在十三、四世紀時毛紡業亦甚可觀。根據歷史學家素拉尼（Giovanni Villani, c.1275-1348）在〖佛羅倫斯年鑑〗記載，在一三三八年佛羅倫斯有二百多紡織廠商，三萬多工人，占全人口三分之一。他們組有羊毛公會（Arte di lana），控制毛織生產和工人，因為這項工業不需要特別的技術或訓練，工人沒有本錢以罷工為手段向資方攤牌。這個羊毛公會是資方組織，有本錢施壓佛羅倫斯政府，通過有利於自己的法規和命令。

威尼斯在文藝復興時代是個海權大國，並且在一二九○年至一三○○年間發展出一種新型的艦隻，用帆和槳配合來推動船身，號稱「巨舶」

（great galleys）。這種船船長約一百二十呎至一百五十呎之間，有一百至二百船員。甲板兩邊每邊有二十五至三十條長凳供船員坐著搖槳，船艙不深，且僅一層，但貨運容量很大。直迄十六世紀中葉，威尼斯和其他義大利遠洋商船就是用這種巨舶。後來漸漸以帆代槳，使原來操槳的船員可做其他事情。這般商船隊也是武裝艦隊，遇有情況，可以隨時作戰。自從一三一七年威尼斯船隊首航法蘭德斯和英格蘭以後，此一航線成為義大利和西歐及北歐貿易的正常路線。威尼斯每年派遣船隊遠航，每次少則一艘，多則六艘，春天起航，自亞得利亞海南行，經西西里島、科西嘉島、巴利亞群島（Balearic Islands），過直布羅陀海峽，沿西班牙和葡萄牙岸，進入風險浪高的比斯開灣（Bay of Biscay），然後北航至英國；有的船隻至英國南安普敦港（Southampton）或多佛（Dover），有的遠至泰晤士河到達倫敦。有的船隻亦可航行至荷蘭的港口。從威尼斯起航到最後的目的地，沿途可在重要港口停泊，推銷貨品或購進新貨，但極大部分貨品係在終點卸貨。沿途港口均有代理商照料。商船所載貨物，運往英格蘭和法蘭德斯的多為：香料、糖、乾果、酒、明礬、染料、帳幄、棉、絲、紙、甲冑、玻璃、書籍，以及其他拜占庭和阿拉伯的工藝品。回程載貨有英格蘭的羊毛、毛布、皮革、皮貨、鐵、鉛、錫、白臘，布路日的毛布、成衣、帽、刀劍利器、黃銅、麻繩等。貨物的進出，政府均課以關稅，港口各種設施均收費。但航行及貿易獲利極高。當時威尼斯的政體為徹頭徹尾的商業寡頭體制。有財勢的家族列入金冊（Golden Book），大約有二百四十家富商控制執政議會，再由此選出一個十人委員會（Council of Ten）。就內部而言，威尼斯較佛羅倫斯和米蘭安定，也沒有捲入皇帝與教宗之爭（Guelph-Ghibelline feud）。不過，它為了爭奪東地中海地區貿易控制權曾經有過艱苦的鬥爭，至一三八〇年獲勝。另外，為了確保糧食供應和控制經由阿爾卑斯山脈通往北歐的貿易路線，而必須在義大利北部開疆拓土。在取得巴都亞和凡戎那（Verona），與米蘭和教廷國均有衝突，同時因為它在亞得利亞海的擴張也引起奧地利的不滿。它在北義大利陸上的拓展不免分散它

海上擴張的力量，一四六三年至一四七九年間它與土耳其帝國也有過長期的戰爭。不過，威尼斯在十五世紀和十六世紀初期到達巔峰狀態，後來因土耳其人將其勢力逐出地中海，始衰。在全盛期間，威尼斯物阜民豐。威尼斯也販賣過奴隸，家庭中也有黑奴。它對外國人也寬大，但對猶太人例外，他們要戴黃色標誌，且自一四二三年不准擁有房地產，一五一六年起又限定他們在某些特定地區居住。不過，義大利半島上的其他國家對猶太人也不比威尼斯寬大。[2]

在此期間，商業組織也有了新的發展。熱內亞早在十二世紀就有一種臨時夥伴組合（commendia, or temporary partnership），每次為特定的投資經營而結合，事後解散。十四世紀義大利商人也發展出代理商機制（agency），委託或授權代理商人在船貨抵達時代為銷售，並依雙方議定的條件致酬。此外，還有從事多角經營如商業、銀行和不動產業的家族企業，這種企業有資本集中、領導中心固定等優點，但一旦發生危機則有全部破產的危險，為了應付這種可能而有些家族如麥地西除在佛羅倫斯有總部外，亦在外地設子公司，且使之有組織上和財政上獨立，一旦一地子公司發生問題便不會牽連到總部和其他地方的子公司。

更重要的，是近代銀行業在十二世紀便在義大利萌芽。「銀行」（bank）源自義大利文的金錢借貸者所坐的「凳子」（banca）。威尼斯銀行（Bank of Venice）在一一七一年便登記營業。銀行業的發展與經濟和商業的成長有密切的關係，因為銀行可使兌換、匯款、存款、放款、轉帳、投資、授信等有很大的便利。佛羅倫斯素有銀行城之稱，一四七二年時有十三家銀行。熱內亞和威尼斯等地也有銀行。佛羅倫斯銀行發行的金幣叫佛羅林（florin），威尼斯銀行發行的金幣叫達卡特（ducat），它們不僅幣值穩定，且通行他國。這些銀行的客戶包括教宗和帝王將相。此外，熱內

---

2 參看王任光，前揭書，pp.85-91;P. Lauritzen, *Venice: A Thousand Years of Culture and Civilization* (London: Weidenfeld & Nicolson, 1978).

亞亦開始發展保險業，對遠洋貿易貨品的安全和盈虧都接受保險。

(三)社會背景

政治和經濟的活絡，使社會有了動力。本來中世紀的社會殊少流動性，因為封建制度之基礎的莊園制度具有經濟、社會乃至政治的功能。在政治上，莊園是領主統轄的範圍；在經濟上，是自給自足的單位；在社會上，廣大的農奴不能離開土地且須為領主服勞務而結合成殊少變動的社會。但當商業復興和貨幣制度流通後，貨幣既有價值交易、價值分割和價值貯存等功能，有的農奴便可用金錢來代替勞役，或儲存一筆錢來支付全部今生的勞役。久而久之，他和領主間的主奴關係也就得到解除，他就變成自由人，不再附屬於土地，土地甚至可能變成他的。這種農奴「解放」運動在一三○○年以前便已發生，到十五世紀末，一般說來，西歐已無農奴，莊園制度亦告瓦解，取而代之的是近代農業制度，農民成為自耕農或自由佃農。義大利半島上的商業復興和貨幣經濟發生得較早，城市興起亦較早，在義大利半島北部和中部的各城市爭取脫離封建控制的過程中，在新的經濟壓力下，許多地主出售土地，而以所得投資到城市的經濟活動；都市之中的富有者亦以其多餘的資金在鄉間置產，作為另一種投資方式。如此，土地買賣被看為投資，且用企業的態度來經營。在義大利北部和中部，莊園制度崩潰和農奴解放比較其他地方為早，約在十三世紀便已完成。在這種過程中，也有一些原來依附土地為生的農奴流離失所，跑到城市謀生。於是，城市發展工業便有了勞動力的供應，佛羅倫斯的毛紡業和威尼斯的造船業和武器製造業的興起，均與此有關。

十四世紀初瘟疫黑死病（Black Death，一種淋巴腺瘟疫）肆虐歐洲，一三四七年至一三五一年間有二千五百萬人死亡，約當其時三分之一的人口。此後在一三六一年至一三六三年，一三六九年至一三七一年，一三七四年至一三七五年，一三九○年和一四○○年又迭次發生，造成人口減少，勞力短缺，乃致工資上漲，經濟和社會結構亦隨之發生更大的變化。

另一方面，由於資本制度的發展和工業企業化，都市中的人口逐漸又產生階級的對立，使社會結構呈現分裂。以擁有財產多寡為標準，有了資產階級、中產階級和無產階級。階級間的衝突，是這個時期城市混亂的最大因素。農民雖已擺脫了農奴的桎梏，可是他們的景況並不比過去好到那裏去，在十四、五世紀，各地一再有規模不同的農民暴動，其原因在此。

文藝復興的文化活動富有濃厚的城市色彩。由於商業和工業在義大利發達最早也發展最快，所以城市較歐洲其他地區為多，城市人民間的階級區分也最顯著。但是，這種階級區分是根據財富的多寡而不是血緣或宗教，所以階級與階級之間並不存有不可跨越的鴻溝，社會流動仍屬可能。城市中屬於上層階級的是握有雄厚資財的富商、企業家、銀行家、律師、法官等。他們在經濟上是資本家，在政治上是統治者。組成這個階層的人有三種：一是參與城邦獨立運動時期的富商的後代；另種是在城邦獨立後能識時務而參加前述人士行列的貴族的後代；三是新發跡的富商和官員。第三種人原來多屬一般人民或平民（popolo），他們在商業和企業上發跡，或在事業上成功，變成了大亨或大人物（popolo grasso），他們躋身權貴並與既得利益階級相結合。還有，十四、五世紀時，城市貴族的另一表記是騎士爵位（knighthood），皇帝、教宗、城邦統治者往往用這個爵位來封錫有功人士，有錢的人也可花錢買得這種爵位。即使是城邦中的共和政府亦頒封這種爵位。總之，儘管封建制度已成為過去，但許多人對爵位仍極富興趣。何況，在義大利之外的其他地區，各種封建貴族的頭銜仍然流行。

城市居民之中，中產階級不少。他們之中包括店東、技工、基爾特會員如醫師、藥劑師、律師、書記等。他們自食其力，活動範圍亦在城市之內。他們之中某些幸運者變成暴發戶，或在事業上成功而躍為名律師、名醫師，或在行政體系中擔任重要職位，也會更上層樓而成為城市新貴。在中產階級之下的，是「無產階級」，他們處於城市居民的最下層。他們在經濟上，是被剝削者；在政治上，是被統治者。他們不滿現實，常被煽動，而為野心家所驅使。城市之外，農村也有無產階級，這包括沒有土地

者，或名義上有少些田地但無力維持生計的小地主。他們被煽動利用之後，常為亂源。在此情形下，文藝復興時代的義大利常有激烈的社會衝突。這些衝突有時因不同黨派的爭奪權力，因而有政治因素。有時也因工潮而起，例如一三七八年佛羅倫斯的「西奧穆比之亂」（Revolt of Ciompi）即為一例。「西奧穆比」是佛羅倫斯毛紡工人的統稱，他們聯合下層社會份子向行政會議（Signoria）提出一連串的請願，並於該年七月廿二日奪權接管政府，選出梳毛工人蘭道（Michele di Lando）為執掌司法的保民官（gonfaloniere），但兩月後辭職。他是暴動領導人物中少數得善終的人之一，他在職的時候，確也為人民做了一些事，其中有組成毛紡工人基爾特（Ciompi Guild），他們的代表也參加政府，一如其他的基爾特。可惜在他離職後，因為缺乏有效領導，紛爭再起，又有暴亂。這給上層社會份子一個武力剷除他們的藉口，毛紡工人基爾特亦遭禁止。整個暴亂有三年之久，到一三八一年才停止，一切又恢復舊觀。

　　文藝復興的義大利社會，特別是佛羅倫斯社會，一方面呈現活力，另一方面又有高度的不穩定性。佛羅倫斯原本在麥地西家族的統治下，一四九四年忽受一個來自法拉拉多明我會修士薩伏那羅拉（Fra Giolamo Savonarola, 1452-1498）的煽動，推翻政府而另建共和，以嚴酷的宗教法規來控制佛羅倫斯，使之成為一個神權國家。人民乃不再擁護他，新教宗亞歷山大六世乃利用時機宣布其為異端並處以破門罪。一四九八年他被炮烙之刑焚死，屍體被人民投入亞諾河中。[3]

　　文藝復興發軔於義大利是可以理解的。義大利人一直以羅馬帝國的傳人自居，文獻保存良好和古蹟處處可見。又加上政治、經濟和社會的背景較其他地區遠為成熟。

3　參看王任光，前揭書，pp.128-77; *The New Cambridge Modern History*, Vol. I., *The Renaissance*, pp.79-81.

二、文藝復興運動的開展

　　文藝復興發源於義大利半島的佛羅倫斯。何以它肇端於此？乍看起來，不易瞭解。因為它既不像羅馬有豐厚的傳統，也不像熱內亞或威尼斯有海洋經濟的條件，尤其是威尼斯除掌握東西貿易以外，還與東地中海域有密切的聯繫。即使是米蘭，居於阿爾卑斯山脈與北方貿易的要衝地位，似乎也比佛羅倫斯優越。不過，佛羅倫斯居於羅馬和北方貿易的重要位置，其爭取獨立的過程中也激發了其人民的公民精神和歷史感，文藝復興在此開始，也不無原因。[4]

　　佛羅倫斯位於羅馬西北約一百四十五英哩（二百三十公里），位於亞諾河（Arno River）上，在亞平寧山脈腳下。亞諾河把它分為兩部，河的右岸比較重要，重要的建築物和古蹟名勝集中於此。其地原為伊特拉斯坎人的聚落，後為羅馬的城市。五世紀和六世紀時，哥德人、拜占庭人和倫巴人曾相繼占領，十二世紀成為自治區（Commune），後來變為城邦。十三世紀時，教皇黨人（Guelphs）和保皇黨人（Ghibellines）曾互爭此地的控制權，十三世紀末教皇黨人勝利但又分裂為白派（the Whites, or White Guelphs）和黑派（the Blacks, or Black Guelphs），雙方爭戰不休，同時又與鄰近城市作戰。不過，十三世紀後經濟成長迅速，主要為毛紡業，從英格蘭和西班牙進口羊毛，織造後行銷西歐和東地中海區域。它的金融（銀行）業亦盛，為教廷國財稅代理。十四世紀時曾遭受兩次打擊，一為英格蘭國王愛德華三世（Edward III）破產賴帳使銀行業元氣大傷，另一次為一三四八年黑死病流行使其人口死掉約百分之六十之多（當時人口約 95,000 人，死亡約 55,000 人），但後來仍能繼續繁榮。文藝復興時代它的哥德式建築

4　參看 Richard L. Greaves & others, *Civilization of the World: The Human Adventure* (Philadelphia: Harper & Row, 1990), p.331.

物著稱，其聖瑪利亞大教堂（Cathedral of Santa Maria del Fiore），以及人民宮（Palazzo del Popolo）（主要軍政機關和議會在此）和行政宮（Palazzo della Signoria）（各行會代表集會以決定政策之處），均為哥德式建築。文藝復興時期統治佛羅倫斯者為麥地西家族。

義大利文藝復興運動有三個主要發展：方言文學的興起、人文主義、古典研究和學術的新取向，以及藝術的創新。

(一)方言文學的興起

所謂「方言文學」（vernacular literature），指寫作用的語言是方言，所謂方言是相對於拉丁語言而言。這種「方言」後來成為國家或民族語文。例如在義大利佛羅倫斯所在的塔斯坎尼（Tuscany）地區，其塔斯坎語文（Tuscan）後來即成為義大利語文。首先運用塔斯坎語文寫作的人是但丁（Dante Alighieri, 1265-1321）。他在某些方面是個介於中世紀和文藝復興時代之間的人物，但他對日後的西方文學影響甚大。

但丁一二六五年出生在佛羅倫斯。早期的事跡，見他所寫的一個自傳性的作品〔新生〕（*La Vita Nuova, or The New Life*，約完成於一二九二年至九三年間），他出身佛羅倫斯教皇黨的白派，曾服務政界和外交界，也曾參與軍旅，但白派後來敗於黑派。一三〇二年，他遭到放逐，曾至巴黎和牛津遊學，最後在一三二一年死於拉文那（Ravenna）並葬於該地。他曾在波隆那、巴都亞和巴黎研究，也曾胸懷壯志，但未得伸。他特別之處，當為他對碧艾翠斯（Beatrice）的深情。她可能是佛羅倫斯貴族福爾科·波迪那里（Folco Portinari）的女兒。但丁在九歲時（1274）與她見過一面，九年後又見一面，但他對她終生未忘。這種刻骨銘心的愛，在她嫁後和他娶後終生不渝，而且她是他創作的靈感之源。[5]

♪ 但丁對碧艾翠斯的禮讚，可參看 Mary Ann Frese Wightt & others, *The Humanities: Culdtural Roots and Continuities*, Vol. I, (Lexington:Heath, 980), pp.194-201.

　　但丁鼓吹用塔斯坎文寫作，著有〖論義大利語文的寫作〗（*De Vulgari Eloquentia, or On writing in the Italian Language*，約寫作於 *1303-06*），此作品雖用拉丁文寫的，但強調使用共同的義大利語文寫作的重要性。但是，他的名著包括前邊所說的〖新生〗和奠定他義大利文學祭酒地位的〖神曲〗（*La Divina Commedia, or, The Divine Comedy*，大約寫作於一三〇八至一三二〇期間），都是用塔斯坎語文（也就是日後的義大利語）所寫的。〖新生〗有自傳的意味，收了三十一首詩和一些散文，以謳歌碧艾翠斯的美和他對她的愛為主。〖神曲〗是個大部頭的鉅構，是包括一百篇章（canto），超過一萬四千行的詩作，分為〔地獄〕（Inferno）、〔煉獄〕（Purgatorio）和〔天堂〕（Paradiso）三部曲。但丁記其夢遊地獄和煉獄係由羅馬詩宗威吉爾所引導，而天堂之行則係由碧艾翠斯帶路。另外，但丁還有一部也是用塔斯坎文所寫但未及完成的作品，叫〖饗宴〗（*Il Convivo, or, The Banquest*，約寫作於一三〇四至一三〇七期間），其中包括三篇頌歌和用散文對它們的評釋，主要討論哲學和科學。此外，但丁還有用拉丁文寫的〖論君主政體〗（*De Monarchia, or, On Monarchy*，可能寫作於一三一三年），他主張建立統一的世俗政權，支持神聖羅馬帝國。這可能與他不滿教宗龐尼菲斯七世（*Boniface VII*，在位時期 *1294-1303*）和傾向於皇帝亨利七世（*Hendry VII*，在位時期 *1308-1313*）有關。

　　另一位方言文學大家是佩脫拉克（Francesco Petrarch, or Petrarca, 1304-1374），他是有名的文學家和詩人。他雖有很多拉丁文的作品，但最有價值的作品是用塔斯坎語文寫作的東西。他在一三〇四年出生塔斯坎尼的亞勒索（Arezzo），因此是佛羅倫斯人。因為他的父親供職教會法庭，此時教廷正在法國的亞威農（Avignon）。亞威農在法東南部隆河（Rhone River）左（東）岸，隨家遷居於此。他個人也一度在科隆那樞機主教（Cardinal Colonna）處做事。他雖曾在蒙貝艾（Montpellier）大學及波隆那大學修習法律，但雅愛希臘及拉丁古典文學，他拉丁文作品很多，且在一三四一年在羅馬加冕為桂冠詩人。他也有他的理想情人：蘿拉（Laura）。蘿拉

到底有無伊人？是一個爭議的問題。不過，一般說法是一三二七年佩脫拉克在亞威農的聖卡萊爾教堂（Church of St. Clare）遇見她，兩人雖未交往，他卻一直難以忘懷。她大約在一三四八年與科隆那樞機主教皆死於瘟疫，但成為佩脫拉克一生謳歌禮讚並認同美的理想化的對象。佩脫拉克用義大利文寫了四百首以上的詩篇，其中絕大部份（約有三百六十六首）後來錄入他的〖詩歌集〗（*Canoniere, or, Book of Songs*），其中多屬十四行詩或商籟體的詩（sonnet）。另外，他還有種種不同體裁的詩作，均以蘿拉為中心，後來分為兩部：〖蘿拉生時的詩篇〗（*Rime in vita di Laura, or, Poems during Laura's Life*），以及〖蘿拉死後的詩篇〗（*Rime in morte di Laura, or, Poems after Laura's Death*）。另外，他還有一部敘事的長詩，題目叫〖勝利〗（*Trionfi*），描述愛情、貞潔、死亡、榮譽、時間及永恒的勝利。蘿拉代表貞潔，而她的死則表現勝利。作品中脈絡清晰：愛情征服了男人，但聖潔征服了愛情，雖然聖潔不免死亡，但榮譽使人的名子不朽，因此死亡不足畏，而最後時間必須讓位給永恆。

　　薄伽丘（Giovanni Boccaccio, 1313-1375）是第三位方言文學的大師。他是一個佛羅倫斯商人的婚外私生子，母親為法國人。他在佛羅倫斯的童年並不快樂，又因其父與佛羅倫斯銀行家族巴爾迪（the Bardi）在那不勒斯的業務有關，因此他在青年時期，大約一三二七年至一三四〇年間，曾在那不勒斯習商。這使他感染上一些那不勒斯的商業貴族氣息和在那時尚殘存的騎士精神。一三四〇年因為巴爾迪銀行破產，乃父召其回佛羅倫斯，此後生活情況不佳。也許是因為「窮而後工」，致力文學創作。早期作品有〖火花〗（*Fiammetta*，寫作於一三四四至一三四六年間）。此作品敘述他與一個名叫瑪利亞（Maria）之間的愛情故事。此一瑪利亞，有人認為子虛烏有，也有人認為確有伊人。他最有名的作品是〖十日譚〗（*Decameron*），寫作於一三五一年至一三五三年間。故事背景為一三四八年黑死病流行，有七女三男為逃生而相遇在佛羅倫斯一所教堂中，並決定離城到郊外山區逃避瘟疫，為了消磨時間，相約每人每天講一個故事解

悶，共有十日相處，乃有故事百篇，分別編排在第一日（Day I）、第二日等等。這些故事內容光怪陸離，但嘲弄禁慾思想和固有道德風俗，反映出當時人的價值觀。茲舉一例：

> 在我們城中曾有一個很富有的商人，名叫阿瑞古西奧‧柏林基瑞的，娶了一個名喚西絲蒙達的年少淑女，不過閨房不睦。由於他像一般商人經商在外，很少和她共居，她便與一個名盧珀圖的青年戀愛了。結果阿瑞古西奧發現他的妻子不貞而將她痛打了一番──他自以為已將她打得半死。鞭打是在暗室中進行的，其實西絲蒙達用了李代桃姜之計，她的女傭頂替，阿瑞古西奧打的是這名女僕。他還不知道他受了騙，（自認）已極盡發洩之能事，並召喚西絲蒙達的兄弟前來目睹她的恥辱；那些兄弟們──看見她好端端地坐在那兒做針線，臉上沒有絲毫挨打的痕跡，而阿瑞卻信誓旦旦地說他已將她打得半死──開始覺得奇怪了。西絲蒙達立刻向她的兄弟們控告她那倒霉的丈夫，「流連沉醉於酒肆，一會兒與這個下流女人交談，一會兒與那個下流女人聊天，讓我在家辛苦等他……到深夜」。結果是，她的兄弟們給他一頓毒打。薄伽丘的寓意是：
> 那女人，藉著她的機智，不但逃開了燃眉的災禍，為其未來尋歡作樂開闢了一條道路，根本不必畏懼她的丈夫了。[6]

薄伽丘對後來的影響很大。但在他晚年，他不再從事文學創作，而專注於拉丁學術的研究。

不過，塔斯坎語文經過但丁、佩脫拉克和薄伽丘的淨化和提昇，演為義大利的國家語文。

---

6 取自劉景輝譯『西洋文化史』，第四冊（台北：學生書店，1989），pp.32-41.

(二)人文主義和學術研究的新取向

1. 人文主義的興起

人文主義（Humanism, or Humanistas）是文藝復興時期最為突出的文化運動。從事這種研究和懷抱這些價值的人稱為人文主義者（Humanists），他們研究古典文化（希臘、羅馬文化）的典籍、文學、文法、史學和倫理學。這種研究被稱為「人文研究」（studia humanistas），其目的在重新發掘古典文化所蘊含的人文精神和在政治、社會和宗教各方面的價值以解脫基督教神學的束縛。人文學家非常重視以「七藝」（seven liberal arts，也就是文法、邏輯、修辭、史學、天文、詩歌和倫理學）為主的博雅教育（liberal education），主張欣賞自然的美，也深信人會用思考來做出判斷，他們也認為現世的成就勝過來世的憧憬。人文主義的研究在十五世紀（義大利的「四百年代」）蔚為風尚，與前一個世紀（十四世紀或義大利的「三百年代」）方言文學獨領風騷的情形，可以說是一個明顯的對比。在一四五〇年左右，人文主義已是義大利文化的主導力量，而且開始滲透到阿爾卑斯山脈以北，到一五二〇年左右，它改變西歐的文化和思想。

人文主義或人文運動是由佩脫拉克在十四世紀（「三百年代」）所肇始的，因此他有「人文主義之父」（Father of Humanism）的稱號。佩脫拉克在一三三三年至一三三七年間訪遊巴黎、根特、列日、科隆、羅馬等歐洲城市，參觀教堂、訪問修院，他到處搜求古籍和抄本，詳加研究和考證。他對古典文化考察的結果，使他相信在古典文化和基督教文化之間有其連接性。一三三七年他訪遊羅馬時，在廢墟中翻到羅馬過去的光輝。他撰寫了很多羅馬人物的傳記，此即〖名人傳〗（De viris illustribus），它本以羅馬人物為範圍，後擴大包括自亞當以來的重要人物。他也曾摹擬威吉爾的史詩〖義尼德〗，撰寫史詩〖亞非利加〗（Africa）來頌揚西比阿（Scipio）在第二次布匿戰爭中的成就。他神交古人，與荷瑞斯、李維、威

吉爾、西塞羅等人「通信」論學，計留下六十六封函牘，係用拉丁六韻步韻文體所寫成，後來輯為〖與古人書〗（*Epistolae metricae, or Letters to the Ancient Dead*）。薄伽丘也致力古典學術的研究，他也曾協助佩脫拉克搜求古本，在卡西諾山（Mont Cassino）的本篤會修道院（Benedictine Abbey）找到史家塔西圖斯的手稿。他在晚年也從事古典研究，用拉丁文寫了一些著作，其中包括〖名人的命運〗（*De Casibus Virorum Illustrium, or The Fate of Illustrious Men*）、〖論名女人〗（*De Claris Mulieribus, or On Famous Women*），以及〖異教神明譜系〗（*De Genealogiis Deorum Gendtilium, or Genealogies of Pagan Gods*）等。

希臘語文與學術研究也在展開。一三九七年東羅馬學者克利沙羅拉（Manuel Chrysoloras, 1350?-1415）被聘至佛羅倫斯大學講授希臘文。一四五三年，東羅馬滅亡後有大批希臘學者逃至義大利講學，希臘語文及學術研究的風氣日盛。

另一方面，佩脫拉克曾有〔我的義大利〕（Italia Mia）之詩作，流露出對義大利統一的憧憬，但他畢竟是羅馬教會的修士，立場有其局限。為了符合時代需要，又有「公民的人文主義」（Civic Humanism）。此種思想認為人應學後致用和服務社會國家，也重視政治自由和愛國主義。早期人物有薩盧達提（Coluccio Salutati, 1331-1404，佩脫拉克學生）、布魯尼（Leonard Bruni, c.1370-1444）和亞伯提（Leon Battista Aberti, 1404-1572）等人。薩盧達提稱佛羅倫斯為「自由之母」。布魯尼在一四二八年摹擬雅典的伯里克里斯的「陣亡將士悼詞」而為佛羅倫斯與米蘭作戰而陣亡的將軍史特洛茲（Nanni Strozzi）作悼詞。此一悼詞也表現出公民人文主義的胸懷。我們試看：

　　　　這是一篇特別的悼詞，因為它不適宜哭泣，也不適宜悲嘆……

　　　　他誕生於最偉大的城市，而且此城市是伊特拉斯坎人的城市

之一。事實上，它在義大利諸城之中，以淵源、財富和面積而言，均不做第二城想。兩個義大利最高貴的種族，也就是原來統治義大利的伊特拉斯坎人和征服世界的羅馬人，共同奠定它的基礎…

那麼，那一個城市更卓越？更高貴？誰有更光榮的祖先？…

我們治國箴，其目的在使每一公民得自由和平等。…我們不向任何主宰顫抖，我們也不被少數的權力所支配。全體公民享有同樣的自由，只受法律的治理，和無懼於任何個人。任何人只要勤奮，有才能和有清醒生活方式，就有同樣的希望得榮耀和改進其狀況。…

因之，民眾是治理國家的唯一政府形式。在一個受民眾支持的政府內，所有的公民均可享有真正的自由和平等…自由的人民可從憑能力得到榮耀和實現為其目標，這是激發每一個人才能的最佳途徑…

我們不僅在治理國家方面有能力，在學術、商業，乃至軍事光榮方面也有很大的成就。…

在文學和學術方面…誰不承認佛羅倫斯是主要的和輝煌的領導者？…文學和學術…現在已經衰落七百多年的希臘文學，已經在我們的城市復興…這些人文研究，這是最卓越和有最高價值的…

所以說，我們所禮讚的這個人，在出生上屬於這個最高貴的，聲譽卓越的，人口最多的，最富有精神的，富有和光榮的祖國。在永生的神的意志下，他（史特洛茲）完成了他的最大幸實苗…[7]

---

[7] Mary Witt, op.cit., pp.224-26,王光宇譯，〔人文主義與早期義大利文藝復興〕，載〖人文與社會學科教育通訊雙月刊〗，三卷二期（1992/08）, pp. 141-52。

在哲學上，新柏拉圖主義在一四五○年以後亙迄一六○○年左右在希臘研究的興起，最堪注目。東羅馬學者克利沙羅拉在一三九○年代來佛羅倫斯講學，布魯尼為其學生之一，他翻譯了柏拉圖全集等書（亞里士多德的著作在十三世紀已譯為拉丁文），繼之在一四三九年有一些希臘學者來法拉拉參加教會統合大會，蔚為盛事。不久，在一四五三年君士坦丁堡被鄂圖曼土耳其人攻陷而東羅馬帝國滅亡，乃有更多的希臘學者來到義大利。此時佛羅倫斯的當政者柯西摩‧麥地西（Cosimo de Medici, 1380-1464）喜愛文物，於興建麥地西圖書館（Medici Library）之外，於一四六二年捐建柏拉圖學院（Platonic Academy）。此學院經常集結學者講學及研討，由費西諾（Marsilio Ficino, 1433-1499）擔任主持人。這些學者中的佼佼者米蘭多拉（Giovanni Pico della Mirandola, 1463-1494）所作的講詞〔論人的尊嚴〕（Oration on the Dignity of Man），引發很大迴響。他的講詞提出人有創造性的自由意志。從前佛羅倫斯的新柏拉圖主義者受波洛提那斯（Plotinus）的影響，認為人處於最低級的物體和上帝之間的中間點，相信人具有提昇到最高層次或跌進深淵的力量。米蘭多拉則持不同的觀點，認為人在其自身內部具有可做任何事的潛能，他的自由意志是完整的；事實上，他是一個具體而微的小宇宙。[8]

2. 學術研究的新取向

學術研究有了新的取向，而且展現批評的精神。在歷史研究方面，布魯尼的〔佛羅倫斯史〕（*Historiarum Florentinarum*）打破了中世紀一慣的敘事的傳統，也認為研究過去可以增進人對現代事務的洞察。另一個歷史學者格西亞迪尼（Francesco Guicciardini, 1483-1540）本為佛羅倫斯的外交官，他有現實主義的觀點。他的名著是〔義大利史〕（*Storia d'Italia, or, History of Italy*），敘述一四九二年至一五三四年間的義大利的歷史。

---

8 Mary Witt, op.cit., pp.226-28.

考證和批評的精神也在此時興起。在從事考證之學的人物之中，法拉（Lorenzo Valla,1404-1457）尤為著名。他出生在羅馬，曾在義大利北部一些大學任教，亦曾為那不勒斯國王亞方蕭（King Alfonso）效力，後來又為教廷服務。他考證出教廷國賴以聲稱其享有主權的「君士坦丁捐賜狀」（The Donation of Constantine）乃出自為偽造。他也發現「使徒信經」（Apostles' Creed）也非使徒所作。

近代政治學的鼻祖馬基維里（Niccolo Machiavelli, 1469-1527）也是這個時代的人物。他是佛羅倫斯人，為政治人物和政治理論家。他因為捲入薩伏那羅拉的奪權，而未能得伸壯志。前已談及 9，一四九二年宗教改革者薩伏那羅拉煽動佛羅倫斯人民驅逐麥地西家族建立共和，至 1512 年結束，後來麥地西家族復辟。但在共和期間，馬基維里曾為之效力擔任代表出使歐洲各地，後來雖受赦免，但終不見用。他因政治生涯告終，乃轉向著述。他在一五一三年至一五一七年間完成了一些著作，如〖佛羅倫斯史〗和〖君王論〗（Il Principe, or, The Prince），其中以〖君王論〗最為有名，公認是近代政治學的開山之作。

〖君王論〗亦譯〖霸術〗，可能完成於一五一三年，但一五三二年在馬基維里已作古後始出版。此著作的主旨在伸論「目的可以使手段變為正當」（The end justifies the means）。他主張統治者一定要維持和鞏固其權位，他應該懂得運用權謀，他可以不講信義，可以冷酷殘忍，也可以狡獪。他認為：統治者可以偽裝慈善、仁愛、忠誠、信義，但一旦必要時立即以採用相反的，殘酷的手段。統治者應像獅子一樣猛勇以嚇走敵人，但僅此仍不夠，因為有可能陷入陷阱，因之他還有狐狸般的狡獪。他指出：統治者與人民的關係可能有三種：一是使人民敬愛，此固不錯，但主動操在人民，不易持久；二是使人民害怕，此為佳策，因主動操在統治者，可使之持久；三是人民輕視，此為最壞的方式，因為覆亡在即。他也主張勿

---

9 參看第一節社會背景部份。

奪人民所好，也不要與民爭利，因之人民的「女人和錢袋」是不可碰的。
他對統治者寄以厚望，希望能造成統一而強大的義大利。

有謂馬基維里撰寫此書的動機，是將書稿獻給勞倫佐·麥地西（Lor-
enzo de Medici, 1492-1519），以期東山再起者。但書中所寫的人物則以西塞
爾·鮑吉亞（Cesare Borgia, 1476-1507）為典型。西塞爾·鮑吉亞是教宗亞
歷山大六世（Alexander VI, 1431-1503，在位時期 1492-1503）的私生子。亞
歷山大六世「出家」以前的姓名是洛德瑞各·鮑吉亞（Rodrigo Borgia）。

西塞爾·鮑告亞是一個有能力而又陰險狡獪的軍人與行政官，他可能
謀殺了自己的兄弟而取得教廷國軍隊統帥（captain-general）之職。他幾經
轉戰，一度控有羅馬涅（Romagna）、比魯幾亞（Perugia）、辛那（Si-
ena）、畢奧比諾（Piombino）和烏比諾（Urbino）等地，並企圖建立一個
中義大利王國。他在乃父死後為敵人所敗，在那不勒斯而遭囚禁，後於一
五〇〇亡命逃出並為那瓦爾（Navarre）國王效力而戰死。他的妹妹盧克瑞
贊亞·鮑吉亞（Lucrezia Bordgia, 1480-1519）是一代尤物，美艷而富心機，
諸傳她與父親和哥哥均有不正常的關係，她也曾被父親安排政治婚姻三次
之多，最後嫁法拉拉公爵（Alfonso d'Este, Duke of Ferrara），卻能提倡文
物而為人民所愛戴。又，權謀的（machiavellian）一詞即出自馬基維里。10

(三)藝術的創新

文藝復興燦爛奪目的成就在於藝術，而藝術之中又以繪畫居首，繪畫
在十五世紀登峰造極。在這個過程中，顯示技巧與風格的創新。文藝復興
初期，十四世紀時，繪畫和其他藝術尚受哥德藝術的影響，後來愈來愈能
表現自身的特色，只要把十四世紀初期的喬島和十五世紀末期的米開蘭基

10參看 F. Gilbert, *Machiavelli and Guicciardni:Politics and History in the Sixteenth-Century Florence* (New Jersey: Princeton University Press, 1965).

羅做一比較，便可看出其間的不同。在中世紀時，繪畫和雕刻只是建築的附屬品，主要的用途在裝點建築，文藝復興以後，它們成為獨立的藝術。還有，在中世紀時，藝術工作者只是工匠，屬於基爾特的管轄，只有團體而沒有個人的意識，因之他們在作品上從不具名。在文藝復興以後，他們有了個人的意識，知道追求個人創作的境界，因為作品中蘊含自己的精神和理念，所以在它上面署名。

1. 繪畫

佛羅倫斯畫派（School of Florence）的開創者是喬島（Giotto di Bondone, 1267-1337）。他誕生在佛羅倫斯附近的柯爾（Colle）。他在繪畫方面的成就，在於打破了拜占庭傳統的平面的，單調的技法。他為許多教堂，包括巴都亞和佛羅倫斯等教堂所作的壁畫，遠近馳名。這些壁畫的素材以耶穌、聖母和聖經故事為主。他的作品倖存至今的，有佛羅倫斯聖十字架教堂（Santa Croce）中的巴爾迪禮拜堂（Bardi Chapel）和佩魯齊禮拜堂（Peruzzi Chapel）的壁畫，前者是畫聖方濟（St. Francis）的生平，後者是畫施洗者約翰的事跡。另外，佛羅倫斯的烏裴茲畫廊（Uffizi Gallery）中所收藏的一幅〔聖母加冕像〕（The Virgin Enthroned），亦係真跡。

十五世紀後在繪畫的技巧上，由於光影對比法（chiaroscuro）的進步，以及油基顏料（oil-based paints）較用蛋黃混合塗料的暗晦手法（tempera）更能表現畫家的情感，使繪畫有了更大的發展空間。馬沙丘（Masaccio，1401-1428）（真實姓名為 Tomasso di Giovanni）為此期之先導人物，他雖非生在佛羅倫斯，卻在佛羅倫斯工作。他雖然在世僅二十七年，但影響很大，且有「真正的文藝復興繪畫之父」（the true father of Renaissance painting）的稱號。他在創作上強調單純，並以「模擬自然」為重點。他所畫的〔亞當和夏娃被逐出樂園〕（The Expulsion of Adam and Eve from the Garden），畫中亞當和夏娃皆為裸體，加強了自然的效果，也刻劃出心理的深度。他也長於畫三位一體的素材。他的風格後為波提西里（Sandro Botticelli,

1444 -1510）（真實姓名為 Alessandro di Mariano dei Filipepi）所承襲。波提西里的生與死均在佛羅倫斯，為一製革工人之子，善於營造美的線條，作品有古典神話，也有宗教故事。

他的〔春〕（Primavera）和〔維納斯的誕生〕（The Birth of Venus），均屬佳構。他為麥地西家族畫了一些畫像，也參加過羅馬西斯禮拜堂（Sistine Chapel）的壁畫工作。

佛羅倫斯畫派的大宗師是達文奇（Leonardo da Vinci, 1452-1519），誕生在佛羅倫斯附近的文奇（Vinci），為一公證人的私生子。他是畫家、雕刻家、建築家、工程家、科學家和詩人。他的生平也多彩和多姿，他曾擔任過米蘭統治者洛多維可‧斯福薩（Ludovico Sforza）的工程師和宮廷演藝服裝的設計師，曾為其城堡設計中央暖氣系統（1482），也曾為西塞爾‧鮑吉亞做軍事工程師（1502），後應法國國王法蘭西斯一世（Francis I）之聘前往法國效力，後來死在法國。他對解剖學、動物學和數學均有研究。他常把心得和隨感寫在一個筆記本上。不過，這個筆記本很少記述同時代其他藝術家的事，如建築家布拉曼特、畫家拉斐爾及米開蘭基羅等均未提及。他有他自己的創作哲學：不受別人影響和自我創新。同時，他的作品取材很廣，有宗教意味濃郁的〔最後晚餐〕（Last Supper），也有世俗精神洋溢的〔蒙娜麗莎〕（Mona Lisa）。

〔最後晚餐〕可能完成於一四九五年至一四九八年間，為米蘭聖瑪利亞修道院（Refectory of Santa Maria delle Grazie）所畫的壁畫。這幅畫的題材是耶穌主持他與他的十二門徒的最後一次的踰越節聚餐。達文奇運用幾何學的原理把十二門徒每三人一組地分成四組，圍繞著坐在中央的耶穌，他謹慎地把背景儘量保持單純，不過有些地方不夠寫實，例如他畫的餐桌相當小，不足十三個人共飲共餐。別的畫家往往將這一群人的最後聚餐，用莊嚴肅穆而安詳和平的氛圍來襯托，並將猶大置於孤立的位置，與其他門徒分開，以暗示他的背叛。達文奇則不然，他選擇了耶穌說出「你們當中有一人要出賣我」的緊張時刻，把猶大安排在諸門徒中間，以他們的臉

部的表情和身體的動作來顯示叛逆者的罪惡和其他眾人的錯愕。在其他的畫作中，也可以看出達文西對畫部結構和細部嚴密處理的匠心。在〖巖中聖母〗中，達文奇所畫的樹木與花卉酷似教科書中之插圖。畫中人物的排列有如金字塔，聖母的兩側分別是聖約翰與天使，緊靠她身邊的聖嬰耶穌有小巧的手臂，細緻的頭髮，衣裳上的折痕，都顯示出他對幾何圖形之熟練與繪畫技巧的精通。他的〔蒙娜麗莎〕完成於一五○三年，原名〖姬阿孔達〗（La Gioconda），畫中的人物是那不勒斯的女貴族麗莎姬阿孔達夫人（Madonna or Mona Lisa del Gioconda），她的微笑令人著迷且有諸多解說。後來英國小說家赫胥黎（Aldous Huxley, 1894-1963）且有〖姬阿孔達的微笑〗（The Gioconda Smile）的作品。他還有另一作品叫〖處女的頭〗（Head of Virgin），係用白堊及紅粉彩筆所畫，約完成於一五○○年。它和〖夢娜麗莎〗均藏於巴黎羅浮宮。達文西的另一特點是他與贊助人的工作關係良好，他的意志也多能伸張，此與米開蘭基羅與教宗朱理二世之間的關係迴異。

十五世紀之末至十六世紀之初，威尼斯畫派（Venetian School）興起，主要人物有喬琪奧奈（Giorgione, 1478-1510）（真實姓名為 Giorgio di Castelfranco）、提善（Titian, c.1477-1576）（真名是 Tiziano Vecelli）和丁圖里托（Tintoretto, 1518-1594）（真名為 Jocopo Robusti）。喬琪奧奈的生平不詳，留下的作品不多，他的畫富有感官效應和詩境，現存作品有〔暴風雨〕（Tempest，大約作於 1506）和〔沉睡中的維納斯〕（Sleeping Venus, 大約作於 1510 年）等。

提善是畫壇巨匠，他對後世影響很大，特別是在用色方面。他的作品多屬宗教和神話故事的題材，也深受歐洲統治者和羅馬教宗所喜愛，包括法拉拉、曼都亞和烏比諾的公爵家族，神聖羅馬皇帝查理五世（一度封他為伯爵），教宗保祿三世等。他的名作〔神聖的和凡俗的愛〕（Sacred and Profane Love），大約完成於一五一三年，現藏羅馬布吉斯畫廊（Borghese Gallery），一五一八年完成威尼斯聖瑪利教堂（Church of Santa Maria Gloriosa dei Frari）的祭壇後方牆上的〖聖母昇天〗（*Assumption of the Virgin*），翌年畫成的〖維納斯的崇拜〗（*Worship of Venus*），一五四八年完成的〔查理五世在穆勒堡戰場〕（Charles at the Battle of Muhlberg），和大約在一五七〇年完成的〖亞當與夏娃〗（*Adam and Eve*）現均收藏在馬德里博拉多（Prado）博物館。他的作品也有一些收在波士頓美術館、紐約大都會博物館和華盛頓國家藝術畫廊等處。

丁圖里托除兩度訪問曼都亞外，均生活在威尼斯，其作品的尺碼常常很大，他畫畫的速度也快，作品有〔最後晚餐〕（一五四七）、〖最後審判〗（大約完成於一五六〇年）、〖報佳音〗（*Annuciation*,在一五八三至八七年間完成）。另一作品〔釘十字架〕（Crucifixation,完成於一五六五年）。

文藝復興時期的義大利最後的兩大畫壇大宗師是拉裴爾和米開蘭基羅。拉裴爾（Raphael, 1483-1520）（真名是 Raffaelo Sanzio）。拉裴爾、達文奇和米開蘭基羅號稱同時代三傑。拉裴爾生在烏比諾，亦曾在佛羅倫斯生活，後應教宗朱理二世之聘，前往羅馬工作。他的父親是烏比諾公爵宮廷畫師，他也曾隨父學藝，但母死（一四九一）後不久父亡（一四九四）。自一五一四年起到羅馬參加聖彼得大教堂的工作。在朱理二世和李奧十世時均在羅馬，後來死在羅馬，年僅卅七歲。他的作品呈現和諧與均衡的美，取材亦廣，有宗教故事和歷史神話，其聖母像尤為著稱，其中以西斯汀禮拜堂的聖母像尤為人所樂道。他為教廷所作的兩幅巨型壁畫，即〔爭議〕（Disputa, or Triumph of Religion）象徵天上教會與地上教會之間的關係，以及〔雅典學派〕（School of Athens）暗諷柏拉圖學派和亞里士多德學派的差異。天花板上是法律、哲學、詩歌和神學的寓意形體。

米開蘭基羅是曠世奇才，也多彩多姿，集畫家、雕刻家、建築家、工程家、詩人於一身。他出生在塔斯坎尼的卡普里塞（Capresse），曾在佛羅倫斯、波隆那和羅馬工作。他的創造力很大，個性亦強，他與教宗朱理二世的爭執為人熟知。終其一生，他對繪畫的興趣不如雕刻大，但他在繪畫

方面的成就也是極端突出的。他的主要畫作有〔聖家〕（Holy Family），完成於一五〇四年，現存佛羅倫斯烏裴濟畫廊（Uffizi Gallery）。他為教廷還畫了其他的畫，包括〔創世紀〕和〔最後審判〕。〔創世紀〕（Genesis）畫在西斯汀禮拜堂天花板上，描繪從創造天地到挪亞方舟的各個情節，完成於一五〇八年至一五一二年。〔最後審判〕（*Last Judgement*）是為教宗保祿三世在西斯汀禮拜堂祭壇後邊的牆上所畫的壁畫，完成於一五三二年至一五四一年。其情景為一陣超強旋風把地獄邊緣的死者捲上審判庭，他們在審判後或上天國與聖人為伍，或被惡魔推下地獄，其暴力場面，令人悚心驚目，畫中多人赤裸，為迎合較保守的觀念，在米開蘭基羅生前已開始為裸者添加一些絲帶或衣服。

2. 雕刻

雕刻在文藝復興時期的義大利也有很大的發展，而且成為獨立的藝術。早期名家有吉伯提（Lorenzo Ghiberti, 1378-1455）（真實姓名為Lorenzo di Cione Ser Buonaccorso）和多那特羅（Donatello, 1386-1466）（真實姓名為 Donato di Niccolo dei Bardi）。吉伯提是佛羅倫斯人，原為金匠及青銅器鑄器匠，其作品有佛羅倫斯洗禮堂（Bapistery）的北門和東部的鍍金青銅浮雕（工作時間分別為 1402-22 和 1427-52），手法混合了傳統與創新，精美絕倫。多那特羅亦為佛羅倫斯人，是吉伯提的徒弟。他的作品有〔大衛男孩〕（The Boy David）。它是一座青銅裸體立像，為佛羅倫斯的象徵。他也有木雕作品。稍後雕刻家有維羅基奧（Andrea del Verrochio, 1436-1488）（真實姓名為 Andrea di Michele di Francesco di Cione），亦為佛羅倫斯人，他的作品有用青銅雕成的〔大衛〕（一四七六）和在威尼斯的〔科勒奧尼將軍馬上雕像〕（General Bartolommeo Colleoni,一四七九）。

此時期最偉大的雕刻家是米開蘭基羅，他也是世界上最偉大的藝術家之一。他雖為頂尖畫家，但對雕刻興趣尤大，他自己也說喜歡形體甚於喜歡色彩。他喜歡用大理石為材料，一四九六年到羅馬，一四九八年至一四

九九年完成名作〔聖殤像〕（Pieta），耶穌釘死在十字架後傷痕累累，聖母莊嚴而哀戚地抱在懷中，衣裳飄動，極為生動感人，藏在羅馬聖彼得大教堂。回到佛羅倫斯，在一五〇一年至一五〇四年間，致力於〔大衛〕（David）雕刻，為自羅馬帝國滅亡後所見的最大的大理石雕像。一五〇五年他去羅馬為教宗朱理二世設計和營造墓園，但二人意見不合，時生爭執，以致進度不大。他受命繪畫西斯汀禮拜堂天花板，他甚不甘願，實勉強為之。一五二〇年至一五二四年，他為佛羅倫斯統治家族麥地西家族墓園工作，所作柯西摩與吉蓮諾（Cosimo and Giuliano de Medici）的雕像，以及棺蓋上四個哀悼者所表現的晨（Dawn，醒來的哀慟）、昏（Evening，悲傷力竭的象徵）、日（Day，騷亂中的悲傷）和夜（Night，表示難以安眠）的景象，令人印象深刻。一五三四年後定居羅馬，在完成繪畫〔最後審判〕（1536-41）便不再從事繪事而全神致力聖彼得大教堂的建築工作。

3.建築

　　文藝復興時期，特別是十五及十六世紀，羅馬式的建築復活。早期建築名家有布魯那勒契（Filippo Brunelleschi, 1377-1446）。他是佛羅倫斯人，作品有佛羅倫斯的聖瑪利大教堂，該教堂自十三世紀末年即已動工，其圓頂由布魯那勒契用羅馬萬神廟的觀念而設計者。他的另一作品是聖勞倫佐教堂（Church of St. Lorenzo），自一四一八年開始。

　　布拉曼特（Donato Bramante, 1444-1514）是很重要的建築家，他發展出文藝復興鼎盛期（High Renaissance）建築的古典指導原則。他出生在烏比諾，前半生在米蘭，他是米蘭聖瑪利教堂（Church of St. Maria presso Satiro）的主要設計者。一四九九年後在羅馬度過。一五〇五年至一五〇六年間，他應教宗朱理二世之請，對聖彼得大教堂和梵諦岡的重建，做了重要的規劃和設計。

　　米開蘭基羅也是重要的建築家。一五三八年起直迄一五六四年他逝世為止，他一直參與教廷和聖彼得大教堂的重建工作，為它設計圓頂，一五

四六至一五六四年間他是執行重建工程的建築師。至於柱廊,則是後來義大利建築家貝爾尼尼(Lorenzo ernini, 1598-1680)所設計。整個工程在一五〇六年至一六六七年完成。這個原被認為是聖彼德的墳墓的地基,成為基督教世界最大的教堂,可容納五千人。

第二節　文藝復興的傳播

　　文藝復興之所以首先在義大利展開,是因為義大利的經濟、文化與都市生活均較歐洲其他地區先進,也就是背景與條件較早成熟。在一五五〇年後,義大利的文藝復興運動漸漸走上衰途。這有其原因:第一在經濟方面,新航路及新大陸發現之後,經濟中心由地中海轉向大西洋,義大利喪失了經濟優勢。第二法國國王查理八世於一四九四年越過阿爾卑斯山佔領佛羅倫斯和征服那不勒斯,後來雖因西班牙、教廷國、神聖羅馬帝國、米蘭及威尼斯聯合並組同盟而迫使其退兵。但是繼位的法國國王路易十二又入侵義大利,使一四九九年至一五二九年間義大利兵連禍結,義大利各城邦及義大利人民的政治自由受到威脅。第三是宗教改革和對抗改革所造成的信仰上的紛歧,一五四二年羅馬建立異端裁判所和一五五九年教宗保祿四世頒佈禁書目錄等,使義大利人民喪失了思想自由。凡此種種,均使義大利的文藝復興無能為繼。但是,文藝復興也從義大利越過阿爾卑斯山脈傳向北方。不過,「北區」(the North)的文藝復興也有其背景。

一、阿爾卑斯山脈以北的文藝復興的背景

(一)政治背景

十四世紀以後，封建制度崩潰，歐洲也在蛻變。十五世紀中葉以後，逐漸興起新的政治力量，它不是籠統含混的一統帝國，也不是散漫無力的城邦，而是與封建制度崩潰而同時興起的民族王國（National Monarchies），也就是後來稱為「民族國家」（National State）的體制。這種民族王國在初時亦稱「地域王國」（Territorial Monarchies），此指在固定區域（即所謂「領土」）內所形成的新型王國。它既是離心的（centrififugal）發展，又是向心（centripetal）發展，而這兩種方向不同的發展，卻是建立在同一個共同基礎之上，那就是維護國權的完整。因為要維護國家主權的完整，乃不承認在地域或領土之外有任何高於國家主權的權力，所以對神聖羅馬帝國及教廷而言，是「離心」的；因為要維護國權的完整，所以不能容忍在其區域或「領土」之內的割據勢力的存在，因此是「向心」的。這種民族王國大體上都有強而有力的中央政府，支薪的職業軍人和文官體系，中央財稅和法制。它們掃除了境內的封建勢力，卻又獨立於超國家的政治組織。它們各以一個單一的民族為核心，又具有自己的語言、文學和某種自我意識。

這種民族王國或民族國家不是短時間之內形成的，而是在連續的時期內，由各種不同的因素發展而成的。這些因素有：

第一是十字軍東征所發生的影響。十字軍東征運動，為回教勢力興起後妨害基督教徒朝聖，自十一世紀之末到十三世紀之末，西歐基督教勢力對東方回教勢力的攻擊行動，是所謂「十字架對新月的抗爭」。它前後超過兩百年之久，在軍事上雖為失敗，但導致了西方和東方的會合，使西方看到東方式的「君主專制」（oriental absolutism）的行政方式，它也刺激了

商業和交通的發達，削弱貴族的勢力。

第二是中產階級的興起，中世紀晚期商業復興和工業發展打破了中世紀閉鎖的經濟型態，也使中產階級興起。中產階級有其財富和知識，憎惡封建混亂而樂見法律與秩序，又因只有強而有力的王室和中央政府才能提供法律與秩序，他們的利益在此時是與君主的利益一致的，於是與君主結為「有力的同盟」（powerful alliance），他們願意納稅以在財政上支持君主，使其可加強行政和軍事力量以打擊封建貴族的勢力。

第三是戰術與武器的革新，騎兵本為主力，但中世紀後期漸漸失去重要性，而使用弓箭和長矛的步兵則成為戰場主力。在英、法百年戰爭（Hundred Years' War, 1337-1453）中，一三四六年的克拉西（Crecy）之役和一三五六年的波瓦底厄（Poitiers）之役，英國步兵大敗法國騎兵，屬於顯例。另外，步兵多來自平民，此與騎兵較富有貴族色彩，有其不同的社會意義。尤其是十四世紀以後火藥傳入歐洲，巨砲出現，更改變了戰爭的舊觀，使封建領主的堡壘不復為鞏固的屏障，封建軍隊不再是王軍的對手。

第四是羅馬法的復興，歐洲在十二、三世紀後，主張尊君的羅馬法復興，從義大利的波隆那（Bologna）大學傳到各地，封建的和因襲的「習慣」法居於下風。國王被稱為「君主」（sovereign）和「陛下」。羅馬法主張「君主本身代表人民的意志和福祉，而人民的福祉便是最高的法律」（salus populi suprema lex, or, the welfare of the people is the highest law），「君王所悅納者便有法律的效力」（quod principi placuit legis habet viogrem, or, what pleases the prince has the force of law），這使君主的權力得到法理上的維護。11

第五是政治新說的產生，十六世紀後有許多政治學說助長君主專制，

---

11 參看 R.R. Palmer & Joel Colton, *A History of the Modern World*, 6th ed. (New York: Knopf, 1983), p.68.

法國人布丹（Jean Bodin, 1530?-1598）在一五七六年出版〖國家論六卷〗（*Six livres de la republique*），他倡言君主為立法者而高於法律，不過他也說此僅為法律的原則，君主仍應遵守上帝的法則與自然法，否則即為暴君，他主張人民沒有抵抗君主統治的權力。英國人霍布士（Thomas Hobbes, 1588-1679），發表〖利維坦〗（*Leviathan*），從自然狀態和社會契約的理論來為君主專制說話，他力主君主和政府有很大的權力，「利維坦」這個名詞本身借自〖聖經・約伯記〗所說的一種巨大有力的水中動物，即暗示政府要龐大而有力之意。另外，父權理論（Paternalism）也助長君主專制，他們以「子民」、「羊群」、「父」、「牧者」來比喻君主與人民的關係。凡此種種，均助長君權的擴張，後來乃有「君權神授」之說。

這種民族王國或民族國家便是日後歐洲列國制度的主要角色，它們首先發展成功於西班牙、葡萄牙、英國、法國、丹麥、挪威、瑞典、波蘭等國。一四九四年法國國王查理八世進兵義大利，意味著民族王國開始從事自己疆土以外的征伐戰了。它們之間的衝突、會盟、戰爭、和平等等的互動關係，使歐洲政治有了複雜的變化。

(二)經濟背景

十四世紀和十五世紀初，歐洲曾因黑死病肆虐等原因而有過經濟性災難，但自十五世紀後期以來，由於人口恢復到從前的水平，工商業的發展也使經濟活動趨於多元。以尼德蘭而言，其南部（約當今之比利時），也就是泛指為法蘭德斯的地區，自十一世紀中葉商業復蘇以來即為歐洲西北地區的商業中心。到十四和十五世紀時更為鼎盛，而且除了商業之外，毛紡業興起，布路日、根特、易普爾等地均日益重要。同時，由於毛紡自英國輸入羊毛為材料，乃與英國有了密切的關係。後來英國也發展毛紡業，而且在十三世紀中葉以後發展迅速。同時英國也自法國進口葡萄酒，以及從事海鮮魚類的貿易。於是各種商業行號或組織興起，大的批發商組成同業公會（Livery Companies），最重要的有十二個，稱為「倫敦十二公會」

（12 Livery Companies in London）。這些公會成員除了有共同遵守的規則以外，還有共同的服飾，這是「制服」（livery）一詞的由來。此外，巴黎有六大商團（Corps de Marchands）。它們在歐洲各地均有分支機構。在日爾曼北部，商業城市如盧比克（Lubeck）、漢堡（Hamburg）等在十三世紀中葉組成漢撒同盟（Hansa, or Hanseatic League）（「漢撒」即同業公會之意），從一三四一年盧比克與漢堡訂約成立和其他城市日後相繼加入至一六九九年解散，它們一直縱橫七海，它們的船隻往來斯堪底那維亞半島、俄羅斯、不列顛、法蘭德斯和義大利，以波羅的海和北海的魚類、木材、糧食、皮貨來易酒類、香料、布匹等。尼德蘭是交易中心，布路日碼頭每天平均泊船一百艘。它們不僅在歐洲其他地方有分支機構或漢撒，還有類似租界的作業區（Kantore）。

開礦業也在開展，這在中歐特別發達。

銀行業也應運而生，此最先源於義大利。阿爾卑斯山以北，則以日爾曼的奧古斯堡（Augsburg）和紐倫堡（Nurnberg, or Nuremberg）的富格家族（the Fuggers）為最著，他們建立了主導歐洲十五及十六世紀商業的銀行王朝。這個銀行家族的創始人是漢斯・富格（Hans or Johannes Fugger, 1348-1409）。他在一三六七年到奧古斯堡，原為紡織工人，藉著兩次婚娶紡織基爾特領袖的女兒，再加克勤克儉而起家。傳到第三代他的孫子雅各・富格（Jacob II, Fugger the Rich, 1459-1525）時，家族事業達到頂點。雅各・富格一方面在西班牙、提洛爾和喀倫塞亞（Carinthia，現奧地利南部）經營礦業，並從印度及東方輸入香料；另一方面從事規模龐大的銀行業，並作教廷國和神聖羅馬帝國的財務代理人。一五一四年皇帝麥西米連一世（Maximilian I, 1459-1519, 在位時期 1493-1519）且封他為伯爵，他並出巨資供皇帝收買各選侯（Electors），使麥西米連一世的孫子能擊敗與他競選的法國國王法蘭西斯一世和英國國王亨利八世而當選為神聖羅馬皇帝。此一家族在十六世紀下半葉後衰落。此一家族也獎勵文物，奧古斯堡和紐倫堡一度文物鼎盛。

(三)社會背景

文藝復興時期的歐洲社會也是一個擾攘不安的社會。中世紀後期經濟復蘇以後,造成中產階級的興起。中產階級是一個不定的名詞,它之所以稱為中產階級,係相對於整個社會結構中的其他階級而言。此時是指處於貴族(包括教士)(上層階級)和農民(下層階級)之間的社會階級。但是,中產階級是個動力很大的社會階層。由於封建制度和莊園制度的解體,貴族喪失他們在政治上和經濟上的地位,也就不再能確保他們在社會上的地位。在工商業進步和貨幣經濟興起以後,農奴原來所服的勞役(corvee)可以用金錢代替,原來名目繁多的稅目捐項也可以用一筆總額金額抵消,這使農奴解放,成為自由的農民。另一方面,隨著商業和工業活動的日益發達,資本化和企業化的經營,以及城市人口的增加,使十四、五世紀以後的社會盡改舊觀。中產階級中有部份擁有資財的人與舊貴族合流,形成一種新貴。其他大多數未能與時俱進的人仍然保有中產階級的地位,甚至有人變成無產階級。農民雖已具有自由的身分,但其情況並未改善。

另一方面,社會變動也帶來不穩定。由於在工商成長和資本企業經營的社會中呈現富者愈富和貧者愈貧的情形,不僅城市中有許多被壓迫的工人或無產者,在鄉村也有許多家無寸土的佃農。這些無產階級在生活壓力下,對現實不滿,易為野心者所利用。再加上天災人禍,如黑死病和戰亂(如英法百年戰爭等),受害最大的,也是這些城市中和農村裡的無產階級。另外,教會又領導無能,教士生活違反原始理想,更是火上加油,引起人民不滿。於是,這些因素造成十四和十五世紀的社會騷亂。

二、北區文藝復興

㈠方言文學的發展

1. 法國文學的濫觴

　　北區文藝復興，一如在義大利的情形，有方言（國語文）文學的興起。在法國，作家開始用法文寫作。所謂「法文」，是一種現在在法國、比利時的一部分、瑞士的一部分和加拿大的一部分，以及從前的法國和比利時殖民地所使用的語言。它屬於羅曼斯語系（Romance languages）的一種，是在羅馬占領高盧以後從拉丁語言發展出來的，它也混有塞爾特和日爾曼的因素，十一世紀左右在法國南方和北方各有一種方言，北方方言後來成為古法文（francian），此即巴黎的方言，十六世紀後期成為法文。用法文寫作的重要作家有拉伯雷（François Rabelais, c.1490-c.1553）和蒙田（Michele de Montaigne, 1553-1592）。拉伯雷為圖倫省（Touraine）希儂（Chinon）城的一個地主和律師的兒子。他曾經做過聖方濟修會的修士，也學過希臘文和法律，學過醫且做過醫生。他的名著是〖巨人傳〗（*Gargantua et Pantagruel*），是一個諷刺小說，描述巨人卡岡圖亞和其子龐達格魯遊玩及探險的故事，前後有五冊，每冊均有它自己的書名，最初一冊出版於一五三二年，最後一冊出版於一五六二年時拉伯雷已死（因而有遺作或偽作的爭議）。這個著作相當轟動，銷售甚佳但爭論亦大，且被特倫特大會（Council of Trent,1545-63）宣布收入禁書目錄（Index）。

　　蒙田是近代法國散文體裁的創造者。他出生在波多的蒙田堡（Chateaude Montaigne），曾受嚴格的拉丁教育，拉丁為其六歲以前的唯一語文。他後來修習法律，也曾擔任波多高等法院（Parlement de Bordeaux）的法官和波多市市長。他的頭兩集〖散文集〗（*Essais*，出版於 *1580* 年），風格

極受稱賞。第三集和頭二集的修訂版則在一五八六年和他逝世之間，全集第一版出版於一五九五年他死以後。他對知識抱著懷疑的態度，他的口頭禪是：「我知道什麼？」（Que sais-je? or, what do I know?）

2.西班牙文學的肇端

西班牙語言的文學亦於此時大放異彩。西班牙文為今日西班牙和拉丁美洲使用的語文，它根源於拉丁，為羅曼斯語系的一種，近代西班牙文則是從西班牙中部的布果斯（Burgos）發展出的卡斯提爾方言（Castilian dialect）而成的。此時期主要的作家有西萬提斯（Miguel de Cervantes Saavedra, 1547-1616）和維加（Lope de Vega Carpio, 1562-1635）。

西萬提斯是西班牙文學的瑰寶，他不僅為小說家，且為詩人和劇作家。他誕生在馬德里附近的埃納雷斯堡（Alcala de Henares），一五六九年赴義大利涉獵文學與哲學。一五七○年從軍，翌年參加過神聖聯盟（Holy League，由西班牙、威尼斯、教廷國等組成）戰敗土耳其的雷龐多之役（Battle of Lepato）（在希臘外海），不過因此而左臂傷殘，一五七七年在回程中為巴巴利（Barbary）海盜所擄，被售為奴，數度脫逃不成，一五八○年被贖回。他的力作是〖唐吉訶德傳〗（*Don Quixote*，第一部一六○五年，第二部一六一五年）。這是一個諷刺封建主義及其理想，以及人在脫離現實後的可笑可悲，迄今「脫離現實者」（quixote）和「不切實際的行徑或想法」（quixotism）已成為家喻戶曉的字彙，即拜西萬提斯之所賜。此書主要內容為：西班牙拉曼卻（La Mancha）地方有一位年近五十的紳士吉訶德先生，迷戀騎士小說，竟想親自來實踐其事。他騎著馬，手執矛和盾，週遊世界打抱不平，鬧了許多笑話，例如把鄉下旅店當封建城堡，把店中兩個女僕當貴婦，把老闆當領主，並要求頒授騎士爵位，在飽受侮辱和戲弄之後，便自認為已是騎士，便去行俠仗義，受到旅人傷害，卻甘之如飴，不肯悔改。他後來在鄉下找到一個農夫山差邦（Sancho Panza），許他在征服第一個島嶼後派任總督，因此說服了這個農夫拋妻別子，

跟他去打天下。於是，唐吉訶德騎著他的瘦馬，山差邦騎著他僅有的一隻驢子，看見風磨，便將它們當做巨人，將長矛刺去，矛斷人傷，卻仍不相信自己的錯覺，而是敵人使用魔法使巨人變成了風磨。他這種把自己的幻想依附在全然無關的事物上來滿足自己武俠迷的冒險行為，書中不可勝數。例如他看見一輛四輪馬車，車中坐著一個女人，還有幾個騎騾乘馬的人一同前進，他把車中女當做一個被劫的公主而前往營救；又如他遇見一群羊走過，前面塵土飛揚，就幻想是有兩軍作戰，乃決定去幫助屬於基督的軍隊，於是揮動長予，衝入羊群，結果卻被牧童們用石子打落三顆牙齒，等等。本書第二部敘述他在家養傷痊癒後又出外行俠，後來遇見白月騎士（chevalier de la Blanche Lune）的挑戰，雙方約定：如果唐吉訶德戰敗，便得轉回家鄉，永遠不再出門。所謂「白月騎士」實際上是他的朋友所裝，結果白月騎士打敗了唐吉訶德，將他從他的瘦馬上擲下，唐吉訶德遵守信諾，轉回家鄉。不久，他生了一場大病，居然恢復了理智，否認自己過去的那些荒誕不經的武俠行為，最後立下聰明的遺囑，抱著最虔誠的信心死去。[12]

　　維加是西班牙的戲劇家和詩人，為西班牙戲劇的奠基者。他出生在馬德里，出身農家，幼為孤兒。他自十二歲就開始寫作，廿五歲時已享大名，作品甚多，有謂有一千八百部，有謂兩千部，現存者有五百部，作品多為喜劇，主題多為榮譽、尊嚴、公義，以及農民與貴族的衝突等。他一生捲入很多次的男女戀情和醜聞，他的第一個太太伊莎貝（Isabel de Ur-bino）在他許多的詩和劇作中以貝莉莎（Belisa）之名受到讚賞。他參加過一五八八年西班牙無敵艦隊（Spanish Armada）的對英國作戰，回國後從事戲劇業，得到塞沙公爵（Duke of Sessa）的長期支持。儘管他艷事不斷，在西班牙教會中亦受尊重。

---

12 參看黎烈文，〖西洋文學史〗（台北：大中國圖書公司，1975），pp. 122-25.

3.英國文學的發展

英國文學亦告成熟。英語現為英國、美國、澳洲、紐西蘭和很多其他地區的語言,它從西日爾曼語(West Germanic)演來,最早的英語為安格魯‧撒克遜英語或老英語(Anglo-Saxon English or Old English),八世紀的文學作〖比烏渥爾夫〗(Beowulf)屬於這種語言的作品。中古英語(Middle English)始於一〇六六年的諾曼征服而終於一四〇〇年喬叟之死,此期內接受了一些法文和拉丁文的因素。同時,東部中區英語方言(East Middlelands English dialect)(倫敦人所說的方言)漸興,此後有大約百年的演變,成為後來的英語,另因文藝復興,又吸收了一些希臘字和來自拉丁語的字(Greek and Latinate words)。

英國文學之父是喬叟(Geoffrey Chaucer, 1342-1400)。他寫作主要作品時不用拉丁,不用法文,也不用義大利文,而用倫敦人所說東部中區英語。他生於倫敦,為一富有酒商之子。他的名著〖坎登伯里故事集〗(Canterbury Tales),主要部份寫作於一三八七年,實際上並未殺青。在寫作手法上,受到薄伽丘的影響,背景是三十個朝聖者自倫敦出發到坎登伯里,為了排遣途中寂寞乃輪流講故事,原計講一百二十個故事,但喬叟只寫了二十個,文體為韻文。

伊莉沙白一世(Elizabeth I, 1533-1603,在位時期 1558-1603)的時候,英國文學的發展到了高峰。詩人有史賓塞(Edmund Spenser, 1552?-1599),誕生於倫敦,受教育於劍橋。他的名著〖仙后傳〗(Faerie Queene),原先計劃全書十二部,但僅完成六部,於一五九〇年出版。

不過,最大的文學成就在戲劇,大師有馬婁(Christopher Marlowe, 1564-1593)和莎士比亞(William Shakespeare, 1564-1616)。馬婁出生在坎登伯里而在劍橋受教育。他曾在情治部門工作,死於餐飲中與人鬥毆。他的名作是〖浮士德博士悲史〗(The Tragical History of Doctor Faustus, or Dr. Faustus, 1588?),主要內容為浮士德把靈魂賣給魔鬼以換取隨心所欲

而無所不能的法力的故事。

　　莎士比亞是大師中的大師，被認為是自古希臘尤里匹底斯（Euripides）以來最偉大的劇作家，也是大詩人。他在一五六四年誕生在英格蘭瓦威克郡（Warwickshire）的艾文河（Avon River）上的斯特拉福（Stratford-upon-Avon），因而有「艾文河上的吟唱詩人」（Bard of Avon）或「艾文河上的天鵝」（Swan of Avon）的綽稱。他的父親是一個熱心鎮上公益事務的雜貨商。他曾在斯特拉福的愛德四世文法學校（King Edward IV Grammar School）上過學，十八歲時娶農家女安·哈茨威（Anne Hathaway，比他大七、八歲）為妻，育有一女和二孿生兒子，其一早殤。世人對他在一五八五年至一五九二年間的事蹟，所知不多，僅知其在倫敦從事演戲及編寫劇本。一五九二年六月至一五九四年四月，瘟疫流行，倫敦各戲院歇業，南漢普敦伯爵（Henry Wriothesley, Earl of Southhampton）曾接濟過他。一五九四年他參加御前大臣戲班（Lord Chamberlain's Company of Actors），因而是御前大臣的伶人或國王的伶人（Lord Chamberlain's Men, or King's Men），此時國王為詹姆士一世（James I, 1566-25）。他們投資於環球戲院（Globe），此使莎士比亞能夠在一五九七年在斯特拉福買下一處大房子，就是「新屋」（New Place），成為他在一六一二年退休時的住所。

　　莎士比亞的作品很多，確實屬他所作的有三十六部，此因大約在一六一二年所寫的兩部，即〖亨利八世〗（Henry VIII）和〖兩位貴戚〗（Two Noble Kinsmen），可能是和傅萊契（John Fletcher）合著的。他的傑作完成於一六〇〇年至一六一〇年間。

　　他的作品可分三大類：第一類是十個歷史劇，都是相當嚴格地依照英國的編年史或有關史籍寫成，其中精彩的作品有〖理查三世〗（Richard III）和〖亨利四世〗（Henry IV）；第二類是十個悲劇，其中三個屬於羅馬時代，即〖哥利奧拉努斯〗（Coriolanus）、〖凱撒〗（Julius Caesar），以及〖安東尼與克麗佩脫拉〗（Antony and Cleopatra）；另七個取材自中世紀編年史的作者或義大利的小說家，其中影響最廣也評價最

高的，是〖哈孟雷特〗（〖王子復仇記〗）（*Hamlet*）、〖麥克白斯〗（*Macbeth*）、〖奧塞洛〗（*Othello*）、〖李爾王〗（*King Lear*）、〖羅米歐與朱麗葉〗（*Romeo and Juliet*）；第三類是十六個喜劇，它們大都取材於義大利的小說家，其中一部分是屬於寫實的，即〖溫莎的風流娘兒們〗（*The Merry Wives of Windsor*）、〖馴悍記〗（*The Taming of the Shrew*）、〖威尼斯商人〗（*The Merchant of Venice*）、〖第十二夜〗（*The Twelfth Night*）等，再加上一些傳奇的，想像的，甚至是夢幻的，如〖無事煩惱〗（*Much Ado About Nothing*）、〖仲夏夜之夢〗（*Midsummer Night's Dream*）、〖皆大歡喜〗（*As You Like It*），以及〖暴風雨〗（*The Tempest*）等。

　　莎翁作品太多，無法一一介紹，茲舉數種，稍加說明。〖馴悍記〗敘義大利紳士柏楚丘（Petruchio）馴服其美麗而兇悍的太太凱珊琳（Katherine）的故事。〖羅米歐與朱麗葉〗最能博得多情男女的眼淚。故事是說：義大利的凡戎那（Verona）有兩個互有宿仇的家族，但是分別屬於這兩個家族的青年男女卻傾心相愛，海誓山盟，互訂終身，他們找到一位神父，瞞著雙方家長而悄悄地結了婚。神父也因希望雙方家屬能藉此婚姻而化干戈為玉帛，但好事多磨，雙方家人均不諒解，最後因為倆人殉情才促成兩個家族和解。〖威尼斯商人〗敘述一個威尼斯富商向猶太高利貸主錫洛克（Shylock）借貸三千元，訂約三個月還錢，如逾約不還，債權人可在債務人身上任何部位割取一磅肉，後來該商人商船未能歸航而無法歸還欠款，錫洛克素憎其人，乃決定割取其心臟部位以使其致命，並且在訴訟中得勝。此時辯方律師要求嚴格執行約定，但割取之肉不得多過千分之一格蘭姆，亦不得流一滴血（因約上未訂明流血），如果錫洛克無法做到，將被控以殺人罪，錫洛克終於認輸。至今，「錫洛克」（shylock）一詞成為殘酷無情的高利貸主的意思。〖哈孟雷特〗的故事背景發生在丹麥哥本哈根附近的克倫堡（Kronborg），九世紀丹麥王子哈孟雷特自威丁堡（Wittenberg）大學回來後，父王已死，母后正忙著與王叔（新國王）克勞丟

（Claudius）結婚。哈孟雷特半夜看到故王的影子，得知他並不是被毒蛇噬死，而是熟睡在花園凳子上時被在耳朵中傾倒一種致命的毒液而死，他並叫哈孟雷特為他復仇，可是又要他饒恕母親。哈孟雷特為了不引起克勞丟的懷疑，乃假裝瘋癲。同時他也一直為無法判斷父王被毒殺之事是幻覺還是真實？他到底要不要代替父王報仇？均令他飽受痛苦折磨。此時宮中來了一個戲班，哈孟雷特利用故事中類似的情節來測驗，結果克勞丟看到劇中情節後非常震驚並離開現場，王后也跟他離去。此事獲得證實，哈孟雷特也決心仗劍報仇。但他卻發現克勞丟在小禮拜堂內為弒兄事向上帝禱告並懇求赦免，哈孟雷特心想：如此時在他禱告時下手則他的靈魂會得救而未行動。事實上，他一直在找藉口來延遲行動。最後在歷經曲折後，哈孟雷特終於殺死克勞丟，但母親亦誤飲毒藥而死，他自己也被女友哥哥的毒劍所刺死。

莎士比亞非常善於刻劃人性和心理分析，又有豐富的想像力和生花妙筆，因而能夠寫出不朽的作品。他所創造的悲劇人物常有人格上的缺點或瑕疵（personality flaws），如哈孟雷特的猶疑不決，奧塞羅的妒嫉猜忌，李耳王的任性衝動，以及麥克伯斯的狂妄野心等，都是顯例。[13]

(二)人文主義

北區文藝復興，與義大利的情形相比，現世性的程度稍有不逮，此因義大利的城市文化較為發達，即使是在中世紀也未間斷在商業、法律和市政管理方面的工作，而義大利又是羅馬帝國的根據地，古蹟遺風隨時可見，羅馬廢墟也富啟發。凡此種種，使北區人文主義學者比較傾向於著重研究基督教聖經版本和早期聖徒著作的考訂，而較少著重於古典學術的研究。

日耳曼人文主義學者有盧克林（Johann Rechlin, 1455-1522）、胡滕

---

[13]參看Marry Witt, op. cit., 271-329；黎烈文，前揭書，pp.137-45.

（Ulrich von Hutten, 1488-1523）、魯比那斯（Crotus Rubianus, or Rubeanus, 1480-1523）等人。盧克林重視希臘研究，但神聖羅馬當局（皇帝麥西米連一世）不喜其所為，胡滕及魯比那斯較為支持盧克林的反教廷的學術立場。胡滕著有〖蒙昧者書簡〗（*Episculae obscurorum virorum, or, Letters of Obscure Men*），出版於一五一五年，為諷世之作。

在英國，人文學者考萊特（John Colet, 1467?-1519）出身牛津，曾於一四九三年至一四九六年遊歷歐陸，曾任倫敦市長，亦為聖保羅學校（St. Paul's School, 1509）的創辦者，該校雖為貧寒子弟而設，但限定學生須修習希臘文及拉丁文。

英國最有名的人文學者是摩爾（Sir, or, Saint Thomas More, 1478-1535），他出生倫敦，受教牛津，為著名法學家，且在一五二九年至一五三二年間，擔任過英國最高司法首長即大理院長（Lord Chancellor）。他是一位公正、幽默和有著高尚品性和深沉的宗教感的人物。後因健康不佳，也不贊成英王亨利八世的反教廷政策和與王后凱薩琳離婚而辭職。一五三五年又因不肯接受最高統領法（該法規定英王為英國教會的最高統領），一五三四年被亨利八世下獄於倫敦塔（Tower of London），翌年以叛逆罪名斬首。四百年後，即一九三五年為羅馬教廷封為聖人。他的名著〖烏托邦〗（*Utopia*），出版於一五一六年，用拉丁文寫成，一五五一年有英譯本。「烏托邦」一詞為他所創，取材於希臘文「無此地方」（ou-topos, or no place）及「好地方」（eu-topos, or good place）的雙關用語。他筆下的烏托邦是一個建立在理性而充滿公義和沒有內鬥的社會。他另有一些其他著作，包括〖理查三世史〗（*History of Richard III*），後來莎士比亞據以編寫劇本。

文藝復興時期最享盛名的人文學者是尼德蘭（荷蘭）的伊拉斯莫斯（Desiderius Erasmus, c. 1466-1536）。他出生在鹿特丹，為一修士和一個醫生女兒的私生子，此無礙於他的學術地位，但卻被迫在一四九二年受冊立為羅馬教會教士。他曾就學於巴黎大學，沾染上對士林神學的輕蔑，一四

九九年遊歷英格蘭，結識考萊特及摩爾，他屬於羅馬公教人文學家，但主張教會和社會改革，周遊列國且聲響極高，有「人文主義者的親王」（Prince of Humanists）的稱號。他在英國劍橋[14]、牛津、法國巴黎、尼德蘭魯汶（Louvain）、日耳曼佛烈堡（Freiburg）和瑞士巴塞爾（Basel）（最後逝世於此）教學和研究過。他是溫和的宗教改革派，不贊成馬丁·路德的立場，兩人也有筆戰，他的主張和論點使他在宗教改革時立場困難，為兩陣營所不喜。他的著作很多，包括〚諺語集〛（Adagia, or Proverbs, 1500）、〚基督教騎士手冊〛（Enchiridion militis Christiani, or, Handbook of the Christian Knight）（一五〇三）、〚愚昧頌〛（Moriae encomium, or, In Praise of Folly, 1509）、〚基督教王的教育〛（Institutio Princips Christiani, or The Education of a Christian Prince, 1515）、〚對話集〛（Colloquia, or Colloques, 1516）等。他也完成了第一部〚希臘新約聖經〛（Greek New Testament）的考證版。他主張精神上的純樸和攻擊教會腐敗，對於宗教改革有啟導的作用。他也諷刺人性和批判辭章之學。

(三)藝術

1. 繪畫

日耳曼的文藝復興主要的表現在藝術上，特別是繪畫和版畫。畫家中較重要的，有杜勒（Albrecht Durer, 1471-1528）和霍爾本父子（Hans Holbrein the Elder, 1465-1524, Hans Holbrein the Younger, 1497/98-1543）。杜勒生在自由市紐倫堡，為一金匠之子。他曾遊歷義大利和尼德蘭，曾為皇帝麥西米連一世服務，畫風寫實而細膩，作品有人像，也有宗教題材。他在一五一九年為麥西米連一世畫的兩幅畫像，以及一五二六年畫的〔四使徒〕（Four Apostles，約翰、彼得、保羅、馬可），均屬傑作。霍爾本父子

---

[14] 劍橋大學附近至今尚有「伊拉斯莫斯小徑」（Erasmus Walk），據說為其當年漫步之處。

均出生在奧古斯堡，亦均擅人像，但霍爾本作品所表現的自然主義和寫實
主義甚為突出，他曾為英王亨利八世的宮廷畫家，他的作品有〔亨利八世
像〕（Henry VIII）及〔伊拉斯莫斯像〕（Erasmus），均為名作。

　　法蘭德斯的畫家亦頗有名。麥西斯（Quentin Massys, or Metsys, c.
1466-1530），出生在魯汶，後來終生在安特衛普（Antwerp）度過，一四九
一年參加安特衛普的聖路加畫家基爾特（Painters'Guild of St. Luke），作品
表現出寧靜有秩的風格。他的〔錢莊夫婦〕（The Banker and His Wife）
（一五一四）頗能流露時代氣息，用細膩的技法勾勒出錢莊主人正在聚精
會神地用天平來衡量金幣，其妻原來正在讀〖聖經〗，轉目凝視，即為金
幣的光芒所吸引，而〖聖經〗仍在開啟著，桌上有一個圓鏡反射著窗子和
外邊的景色，表示空虛的意涵。

　　另有布魯哲爾父子（Pieter Brueghel, or Brueghel the Elder, c.1525-1569 和
Pieter Brueghel, or Brueghel the Younger, c.1564-1637），同為名畫家。長於風
景畫及生活畫。老布魯哲爾在一五五一年左右遊歷法國和義大利，後終老
在布魯塞爾，他的農民畫甚精緻，有〔瞎領瞎〕（The Blind Leading the
Blind，一五六八年作，現存那不勒斯）、〔農民婚禮〕（Peasant Wedding）
和〔農民舞蹈〕（Peasant Dance）（大約完成於一六六八年，現存維也
納）。他的兒子小布魯哲爾因為喜歡畫魔鬼、巫婆和強盜等題材有「冥
府」布魯哲爾（"Hell"Brueghel）的綽號。老布魯哲爾還有一個幼子叫然・
布魯哲爾（Jan Brueghel, 1568-1625）則愛畫靜物、花卉、風景和宗教題材。

　　法蘭德斯最有名的畫家是魯賓斯（Peter Paul Rubens, 1577-1640）通常
被視為十七世紀的畫家，不屬文藝復興時代了。

　　法國在此時期畫家有克妻埃父子（Jean and François Clouet, c.1485-1530,
c.1510-1572）。父子二人均為宮廷畫家，長於畫像。

　　西班牙此時最有名的畫家是葛瑞柯（El Greco, 1541-1614）[15]。他誕生

15.西班牙文「希臘人」之意，真名為 Domenikos Theotokopoulos.

在克里特島,因而有「希臘人」之稱。他曾在義大利隨替善學畫,大約在一五七七後移居西班牙,先在馬德里,後終老在托雷。他富有想像力,善於運用扭曲光線、空間、色彩形體的技法來強調來突顯其作品的精神品質。他的主要作品為畫在多雷多聖多米教堂(Church of San Tome)的壁畫〔奧加茲伯爵的葬禮〕(Burial of Count Orgaz),完成於一五八六年。

2. 建築

文藝復興時期也有一些著名的建築。法國國王法蘭西斯一世(Francis I, 1494-1547,在位時期 1515-47)大興土木,召精工巧匠予以完全整建楓丹白露行宮(Chateau of Fontainebleau)。楓丹白露是個城鎮,也是位於此處的行宮。楓丹白露位於巴黎東南約六十公里處,在塞納河左岸,其地有森林,也有美景,一直是中世紀時法國國王打獵的行在(royal hunting lodge)。法蘭西斯一世予以徹底改建,其畫廊(Gallery of Francis I)有一馬蹄形的樓梯入口,甚為有名,另外它的大舞廳和會議室亦極精美。後代的法國君主還繼續興築,美侖美奐。法蘭西斯召聘義大利畫家費奧倫提諾(Rosso Fiorentino, 1494-1540)和普里馬提丘(Francesco Primaticcio, 1504-70),以及其他外國和法國的畫家來參與它的裝點工作,這些藝術家被稱為楓丹白露畫派(School of Fontainebleau)。法蘭西斯一世也在洛瓦河谷興建尚保德城堡(Chateau of Chambord),它和楓丹白露是兩個文藝復興名建築。他也請建築家萊斯柯(Pierre Lescot, c.1510-1578)重新設計並改建十二世紀末年腓力普二世所建巴黎的羅浮宮(Louvre)。

最宏偉的建築物當為西班牙國王腓力普二世(Philip II, 1527-1598,在位時期 1556-98)興建的艾斯科瑞爾(El Escorial, or Escurial)。其地理,在馬德里西北約二十六英哩或四十二公里處,是一個複合體,集王宮、修道院、陵墓及圖書館於一爐。興建時間在一五六三年至一五八四年,用以紀念西班牙軍隊一五五七年在聖昆丁(Saint Quentin,位法國北部索穆河)戰勝法軍。此一宏偉建築由建築家托雷多(Juan Bautista de Toledo)設計,是

一個包括三大部份的矩形建築體,中間是有圓頂的教堂;南邊有五個迴廊,其中有宮殿及陵寢等,腓力普二世的宮殿和查理五世(皇帝查理五世但作為西班牙王查理一世)以來的諸帝王的墳墓在此;北部則為修院。托雷多在一五六七年死,由建築家埃里拉(Juan de Herrera)繼之,且對教堂部分較原來設計再加擴大。

<h2 style="text-align:center">第三節 文藝復興時期的社會與科學</h2>

文藝復興締造了一個開放的和批評的社會,它並沒有使科學在當時就有明顯而長足的發展,但卻造成了一個可以使科學萌芽的社會。

一、文藝復興時期的社會

隨著文藝復興而來的人文主義的發揚和批評的精神的興起,使社會趨於開放和自由。人在擺脫了神權和宗教的束縛之後,乃能重新尋覓新的價值。瑞士歷史家蒲卡德以「個人的發展」(the development of the individual)和「世界的發現和人的發現」(the discovery of the world and of man)評述此種精神現象。英國歷史家席蒙思認為文藝復興是「自覺性的自由所成就的歷史」(the history of the attainment of self-conscious freedom)。

人生的理想和典型與前邊的時代完全不同了,人不僅不再自我貶抑(self-debasement),而且在各方面和各層次追求突破,希望能夠做到「通人」或「全人」(universal man or complete man)。義大利外交家卡斯提里昂(Conte Baldassare Castiglione, 1478-1529)先後為米蘭公爵和烏比諾公爵服務,擔任外交使節,出使教廷國及英格蘭等國。他著〖廷臣論〗(*Il Libro del Cortegiano, or, The Book of the Courtier*),在一五一八年出版。他指

出一個文藝復興時代的廷臣與一個中世紀騎士遊俠的不同。中世紀的人生典範原是亞瑟王的「圓桌武士」、羅蘭（七七八年時為查理曼出征西班牙的大軍殿後在比利牛斯山隘英勇戰死的勇士），以及英王獅心王理查（Richard the Lion-Heart, 1157-99,在位時期 1189-99）一類的人物。他認為現在理想的廷臣應該是：

> 我祈望我們的廷臣是紳士與名門望族的出身，因為一個不是紳士出身的人，不能有善行表現，他所受到的責難就要比一位紳士出身的人少得多了。
>
> 我祈望他不僅有才智，美好的身材及面貌，而且還要具備優雅的氣質，與一般可以使他有一見之下就有親切與傾心之感的特質。他也強調「心靈之美不亞於軀體之美」。在決鬥與私人爭執方面，他應該比中世紀武士節制得多。他應該像從前的武士一樣，擅長運動，能狩獵、角力、游泳，打網球。

他強調平衡感。

> 因此，我要我的廷臣把時間用在簡易與愉快的運動上。避免妒嫉並且與朋友們愉悅相處。讓他做到別人所做到的一切。

在教育方面，他的主張是

> …接受我們所謂古典文學的教育，而且…不僅要會拉丁語，同時也要通曉希臘文，因為有許許多多卓越的巨著都是用希臘文寫的。要他勤練詩歌、演說、撰寫歷史；還要寫韻文與散文；此外，特別要用本國語寫作。16

---

16 劉景輝譯，前揭書，pp. 103-05.

他雖為「廷臣」塑像，實為人生典型的指引。

　　另一方面，知識在社會上也加速傳播和普及。這與造紙術和印刷術的發展大有關係。以造紙而言，它發明於中國，後來經由阿拉伯傳入西方。緣因唐玄宗天寶十年，也就是七五一年唐朝軍隊在高仙芝指揮下在怛羅斯河（Talas River，在中央亞細亞）與大食（阿拉伯）有一場戰爭。結果，高仙芝戰敗，有些唐軍被俘。

　　被俘唐軍中有造紙工人（不知是否與唐代實行府兵制有無關係），這使造紙術傳至阿拉伯，然後再輾轉向西方傳播。到一三〇〇年左右，亞麻紙（Linin paper）在歐洲已甚為流行。至於印刷術，亦源自中國，宋代早已有活版印刷。有些西方人認為，並沒有證據可以證明印刷術是由東方傳入，但是縱使是在朝鮮印刷術也較西方為早。在西方，最早的印刷者是谷騰堡（Johannes Gutenberg, c.1397-1468），他出生在日耳曼的梅茲（Mainz），受過金匠的訓練，他的生平有許多事不詳。有人認為，在歐洲有人更早就用類似他使用的方式印刷，如荷蘭的柯斯特爾（Laurens Janszoon Koster）。也有人認為，先前谷騰堡曾住在斯特拉斯堡，他也許是在一四三六年或一四三七年左右在那裏發展出印刷術，後來回梅茲經營印刷廠，他在一四五五年印刷四十二行的聖經，稱「谷騰堡聖經」（Gutenberg Bible），或「馬佐林聖經」（Mazarin Bible）。我們所關切的，是在十五世紀中葉印刷業已在歐洲肇端。大約在一五〇〇年左右，日耳曼已約有五十家印刷廠，義大利約有七十三家，法國有三十九家，西班牙有二十四家。隨著印刷業的普及，知識傳播的速度也就更快了。17

17 參看 Richard Greaves & others, *Civilizations of the World:The Human Adventure* (New York: Harper &Row, 1990), pp.355-56; E.L. Essenstein, *The Printing Press as an Agent of Change: Communications nd Cultural Transformations in Early Modern Europe*, 2 vols. (Cambridge University Press, 1979); J.R. Hale, *Renaissance Europe: Individual and Society* (Berkeley: University of California Press, 1978).

二、文藝復興與科學

科學在文藝復興的時期並不是十分發達。但是，由於社會已逐步開放並趨於多元，考證的和批評的精神也已興起，科學有了可以發展的環境和素件，因此在此時期，科學也不是沒有進展。藝術大師達文奇和米開蘭基羅同時也是精通工程和技術的人。

文藝復興時期的科學成就在於天文學和醫學。在天文學方面，波蘭人哥白尼（Nicolaus Copernicus, 1473-1543），曾在義大利波隆那研究教會法，他在一五三〇年完成〖天體運行論〗（*De Revolutionibus Orbium Coelestium, or, On theRevolutions of the Celestial Spheres*）。他主張太陽中心說，也就是說太陽是宇宙的中心，他的著作在一五四三年他死時才出版。這是一個天文學上的發展，但在計算上和理解上，尚須他以後的天文學家來補益和充實。在醫學方面，尼德蘭布魯塞爾人維賽留斯（Andreas Vasilius, 1514-1564）在解剖學方面的實際工作，西班牙人塞維圖斯（Michael Servetus, 1511-1553）堅信醫學和化學間有密切關係和他對血液循環的看法，以及英國人哈維（William Harvey, 1578-1657）在心臟方面的研究，均在基礎醫學上有一定的貢獻，但也均待進一步的發展。

5

宗教改革和動盪的時代

　　宗教改革（Reformation）包括新教改革（Protestant Reformation），以及舊教改革或舊教對抗改革（Catholic Reformation, or Catholic Counter-Reformation），是塑造近代西方世界的另一個重要的力量。十六世紀直到十七世紀前半是宗教改革的時代，也是一個動盪不安的時代。這個時代儘管有一些其他的事端，但論其規模與影響卻從來沒有到達宗教改革的程度。這個時代有宗教的激情，其程度只有十字軍時代可以比擬，人可以為了信仰的衝突而破家亡國和殺人盈野。但是，這種激情在長期迸發以後，也在本時代得到沉澱，在新、舊教力量互不能下的情況下，只好在「相看兩相厭」的形勢下，不能再忽視對方的存在。在表面看，這是教會大一統局面的崩潰；但進一步看，卻是個人良心與信仰自由的肇端。但是，在另一方面，在政治的大一統已告破滅之後，又加上宗教大一統的一去不返，國際社會及列國制度乃告浮現。

　　宗教改革爆發在十六世紀，有其複雜的因素。除了宗教本身的因素之外，還有政治、經濟和文化等方面的因素。基督教早期在教義的解釋上，有過一些「異端」。它們也是向「正統」的教義和信仰挑戰，但是因為沒有其他力量互為表裏，最後終為「異端」。我們試看如果沒有民族主義、文化發展和經濟因素，新教能矻立無恙嗎？但是，我們也要明白，本來宗教改革者所要改革的，是整個的教會，他們並不是僅僅地想建立一個「新」的教會或教派，來供人選擇，他們認為羅馬公教即使是在它本身的理想或建制上多麼完備，在原則上卻是錯誤的，他們才找到了得救的真正的坦途。羅馬教會則本來視他們為叛逆和異端，是必須消除的。這是「宗教戰爭」發生的原因。在一連串的宗教戰爭中，近代歐洲的地平線浮現出來。歐洲不再能有大一統的理想而建立了列國制度，也是宗教改革和宗教戰爭的結果。

第一節　羅馬教會的衰落和宗教改革的原因

一、羅馬教會的衰落

　　羅馬教會自從中世紀以來，已經發展成一個具有大同色彩的嚴密組織。其最高領袖教宗由樞機主教團（College of Cardinals）選出，統領全體入世教士和出世教士。另有一個間或召開的主教會議或大公會議。它在中世紀晚期一度中衰，教宗格理高里七世（Saint Gregory VII，在位時期 1073-85）採取法國東部克呂尼（Cluny）本篤會克呂尼修會（Cluniac Order）的改革理念和做法，以鐵腕改革，去腐佈新，乃能中興。到十二世紀發展完備的聖禮制度（scamental system），掌握了人從出生到墳墓的歷程。除了聖禮之外，還要求信眾有事功或善行（good works），這就是善事和功德。教會主張，人要靠「聖禮和事功得救」說（Justification by Sacraments and Good Works）。

　　但是，十三世紀後半葉以後，由於領土王國或民族王國的興起，再加上經濟條件和社會條件的轉變，使羅馬教會在伸張權力時，受到抵抗。接著教廷發生了「巴比侖幽居」和「大分裂」的醜聞，使其威望大受影響。

　　所謂「巴比侖幽居」（Babylonian Captivity）事件發生在一三〇九年至一四七八年。在這個事件上，可以看出組織嚴密的民族王國與結構鬆懈的帝國在應付教廷方面的不同。緣因教宗龐尼菲斯八世（Boniface VIII，在位時間 1294-1303）為了教產是否應向世俗政權繳稅的問題與法國和英國的君主都發生了爭執。在一二九六年時，法國國王腓力普四世（Philip IV, the Fair）與英國國王愛德華一世（Edward I）作戰，雙方均令國內教士捐輸以

供政府財用。他們的理由是：教士是國家的臣民自應捐輸以保衛國家安全，但教宗則堅持世俗政府無權向教士或就教產課稅，並發表諭令禁止任何國境內的教士在未經教宗批准的情況下向他們的政府繳稅。法國乃採取對抗措施，禁止財物流出法國國境，此表面上是戰時措施，骨子內的目的是使教廷無法收到法國教士的捐獻。英國國王亦下令凡拒絕捐納的教士不再受法律的保護。教宗因見兩國君主的堅定態度，又得不到兩國教士的全力支持，乃撤消諭令。民族王國贏得初步的勝利。

　　但接著而來的，是司法管轄權方面的爭執。一三〇一年，法國國王以叛國罪名逮捕巴米埃主教（Bernard Saisset, Bishop of Pamiers），教宗要求將此案移送羅馬，並發表兩道諭令，一為重申禁止教士向世俗政府繳稅，另一則嚴譴法國國王失政。腓力普四世深感事態嚴重，乃先整齊國內步伐，他在一三〇二年四月召開第一次的三級會議（Estates-General），取得法國的教士、貴族和平民的支持，鞏固了他的立場。教宗在盛怒之下，同年十一月發表措詞嚴厲的諭令，聲言教宗的權威遠在世俗君主的權威之上，並謂任何人得救與否，全由教宗裁決。在此通諭之外，並另有最後通牒，以破門罪（開除教籍）相脅迫。腓力普四世不為所動，且決定全力反擊。他派出突擊隊去義大利逮捕教宗來法國應訊。當時教宗在山城阿所涅（Anagni）避暑，竟然為其所捕，後為鄰近人民救出，但教宗已深受挫辱，不出一月死去，時在一三〇三年。此後有兩年的光景，情況混沌，因為新選出的教宗本篤九世（Benedict IX）在位數月即死。一三〇五年在法國影響和運作下，選出一個法國人為教宗，他就是克列門五世（Clement V，在位時期1305-1314）。他當選的時候就在法國境內，一三〇九年選定法國隆河下游的亞威農（Avignon）為治事和駐蹕之所。同時，他所任命的二十八位樞機主教中有二十五名為法國人，因此連著有七任教宗皆為他們所選出的法國人來擔任。這一段由一三〇九年克列門五世定居亞威農到一三七七年格理高里十一世（Gregory XI，在位時期1370-1378）的時期，在教會史上稱「巴比侖幽居」。此詞出處在巴比侖滅亡以色列後，曾徙其豪族大戶

於巴比倫之事，時間自西元前五八六年的耶路撒冷失陷至西元前五一六年神殿（Temple）的重建，約有七十年的光景。

接踵而來的「大分裂」（Great Schism, 1378-1417）更使教廷元氣大傷。緣因格理高里十一世在返回羅馬後的第二年，亦即一三七八年逝世，羅馬群眾鼓噪要求選出羅馬人或至少義大利人為新的教宗。佔樞機主教團多數的法籍主教們在倉促間選出義大利人（那不勒斯人）烏爾班六世（Urban VI，在位時期 1378-1389）為教宗。但他們發現烏爾班六世不受控制，乃退出羅馬並聲言選舉是在被脅迫的情況下行之的，應該無效。他們再選出法國人克列門七世（Clement VII，在位時期 1378-1394）為教宗，並回亞威農。在羅馬的烏爾班六世乃將克列門七世和在亞威農的樞機主教們處以破門罪，並另行任命二十八位樞機主教。於是，羅馬教會有了兩位教宗和兩個樞機主教團，是為「大分裂」。當時法國、蘇格蘭、西班牙，以及日耳曼境內與法國友善的王侯均承認亞威農，但義大利（那不勒斯除外）、英格蘭、葡萄牙、神聖羅馬帝國和北歐各國均接受羅馬。

這時所謂「異端」問題又起。在北歐，十四世紀即有神秘主義（mysticism），強調信徒與上帝的合一，其中重要者有日耳曼人艾克德（Meister Eckhart, ca.1260-1328），他們不相信中古教會所制訂的繁文縟節對得救的用處，認為摒除私慾和虔誠歸皈才是登天堂的捷徑。十四世紀末，改革的呼聲從英國和波希米亞發出。英人韋克里夫（John Wyclif, ca.1328-1384）為牛津大學教授，他主張〔聖經〕是最後的信仰依據，他也不贊成聖餐禮中的化體說（transubstantiation，即餅和酒變成耶穌的血和肉），而認為耶穌的血和肉就在餅與酒中，他也主張教士可以結婚。他的學說傳到中歐，波西米亞的宗教改革者胡斯（John Huss, 1369?-1415）起而攻擊教會。胡斯是布拉格大學教授，他不僅受韋克里夫的影響，而且也有民族主義的因素，因為在波西米亞教會中居高位者多為日耳曼人，他得到許多捷克人的服膺，自然對羅馬教會和神聖羅馬帝國不利。

在此情形下，為了應付異端的挑戰和改革教會，而教廷本身又不足擔

當重任，於是興起了大會運動（Conciliar Movement）。這個運動的目的，在建立大公會議（主教會議）的地位，用以制衡教宗的權力，用意在使大公會議發揮類似國會的功能，而希望建立教廷為類似君主立憲的體制。這個運動如果真能成功，也許後來的宗教改革可以防止。當然，此運動沒有成功，「如果」之說，並無意義。

第一次大公會議是一四○九年舉行的比薩會議（Council of Pisa）。這次大會的當務之急，是解決「大分裂」，讓教會恢復統一，於是罷免在羅馬的教宗格理高里十二（Gregory XII，在位時期 1406-1415）和在亞威農的教宗本篤十三（Benedict XIII，在位時期 1394-1417），並選出亞歷山大五世（Alexander V）為教宗，但亞歷山大五世不數月即死，後又選出若望二十三世（John XXIII，在位時期 1410-15）[1]，但兩位分別在羅馬和亞威農的教宗卻拒絕退位，情況更趨嚴峻，兩分演為三分。神聖羅馬皇帝西幾斯蒙（Sigismund, 1368-1437，在位時期 1433-47）在一四一四年出面召開康士坦斯大會（Council of Constance），這個大會由一四一四年持續到一四一七年。這次大會有三個目的：恢復教會的統一、消除異端，以及展開教會的改革。在恢復教會的統一方面，三位終於同時去位，另選馬丁五世（Martin V，在位時期 1417-31）為新的共主。在撲滅異端方面，大會審訊並嚴譴胡斯，並在一四一五年把他處以炮烙死刑。

但是，在改革教會方面，則未竟全功。大會決議將大會建立為永久性的制度，大會的權力高於教宗，並每十年召開一次。不過馬丁五世在當選教宗後便設法抵制大會，他與他的繼任者尤金四世（Eugenius IV，在位時期 1431-47）先後努力，還是重新伸張了教宗的地位。馬丁五世解散康士坦

---

[1] 「大分裂」時期教宗有「羅馬世系」（Roman Line）的教宗，有「亞威農世系」（Avignon Line）的教宗，也有「比薩世系」（Pisan Line）的教宗，教廷未把亞威農系和比薩系列入「正統」，故 1958 年另一若望當選教宗時，他仍稱「若望二十三世」（John XXIII，在位時期 1958-63）。

斯大會並棄絕其決議與宣告，此後便展開了歷任教宗和歷屆大會的鬥爭。
教宗的立場是，他作為聖彼得的繼承者具有真正的使徒性質的權威，而大
會由各地主教組成，而各地主教易受其各該國君主的影響，如果把權力交
付他們，則整個教會的統一和獨立堪慮；大會方面則認為教宗不過是羅馬
主教，與其他地區的主教並無二致，基督的權力是給予整體教會的，教宗
不過是它的象徵性和行政性的首領。大會運動者主張改革。一四三二年舉
行的巴塞爾大會（Council of Basel）決議「從頭到下」。（in head and mem-
bers）徹底地改革教會，但受到教宗尤金四世的牽制。另外，法國的態度
亦為關鍵，法國在自身目標達成後便不再支持大會運動。一四三八年，法
國國王查理七世（Charles VII, 1403-1461，在位時期 1422-61）發布「卜日國
事詔令」（Pragmatic Sanction of Bourges），釐定法國教會的職權，教廷不
得干預法國主教的任命，也不准教士以其首年俸（annates）獻予教宗。這
也就是說，法國自行建立了類似國家教會的體制。一四四九年巴塞爾大會
解散後，大會運動也就告終。雖然，法國國王路易十一（Louis XI,
1423-1483，在位時期 1461-83）和神聖羅馬皇帝麥西米連一世（Maximilian
I, 1459-1519，在位時期 1493-1519）在一五一一年發動比薩大會，但到會主
教不多，且無疾而終，教宗朱理二世（1443-1513，在位時期 1503-13）且於
翌年在羅馬教廷拉特蘭宮（Lateran）另舉行一次大會，即第五屆拉特蘭會
議（5th Lateran Council），以為回敬。

　　不過，羅馬教會已非當年，喪失了精神領導力量。

二、宗教改革發生的原因

(一)教會方面的原因

　　羅馬教會的衰落，喪失在精神主導方面的地位，而教士的腐化尤其在
品質的低落和教規的廢弛，表現出來。中世紀後期以來，有些教士素質低

劣，有人甚至不諳舉行彌撒的拉丁語文。有些教士的私生活不檢點，獨身的戒律形同具文。一些堂區的神父，他的女管家便是他的情婦。教宗亞歷山大六世（在位時期 1492-1503）有八個私生子女，其中有七人是他當選教宗之前所生。大致上，教士所過的生活並不比信眾（平信徒）乾淨，但是一般人期盼教士應有較高的道德水平，而改革也是要使他們有較高的道德水平。他們認為如果不改革，則這個拯救他們靈魂的組織將適得其反地導致他們靈魂的毀滅。[2]

教會腐敗的另一現象是賣聖職（simony）。這個名詞源自男巫西門·馬格斯（Simon Magus）企圖用金錢購買聖靈降身的能力而為彼得所責斥的故事。[3] 此外還有任用親信和特許破戒。賣聖職係指教會的職位可以用錢「捐」得，甚至最高品級的樞機主教亦可買得。一五〇〇年教宗亞歷山大六世一次受款冊封了十二個樞機主教，其私生子鮑爾幾亞從中得到巨款。教宗李奧十世（Leo X，在位時期 1513-21）每年出售二千個聖職。任用親信（nepotism），指教會聖職可以由子姪或親信擔任，亦即不以正途取得。至於特准破戒（dispensations），通常指齋期和婚配而言，如付出一定數額的金錢，可以破齋戒，吃魚吃肉，一切隨意使依據教會法不得婚配的人（如血緣過近或輩份不當）可以結婚，等等。

教會另一不當財源為出售贖罪券（Indulgences），其理論係在十三世紀時由士林神學家發展出來的。它是說，耶穌及諸聖徒在世時曾因其特大善行而積下甚多的功德存貯天上，此為「功德寶庫」（Treasury of Merit），教宗可就其中支出以補普通功德不足的人，使其藉以獲恩寵而得救。用此方式，可以使在煉獄中的靈魂早昇天界。不過，原先不是由信徒購買以為其死後的親人贖罪，而是指作多少次彌撒或禱頌多少次經文，或為教會與

---

2 Lord Acton, *Lectures on Modern History* (London: The Fontana Library Edition, 1961), p.95.

3 參看『聖經·使徒行傳』，八章九至十二節。

異教徒作戰陣亡等用。一三○○年教宗龐尼菲斯八世在羅馬舉行大赦年（Jubilee），給予來羅馬朝拜者贖罪的功德，一時羅馬人潮洶湧，為使交通方便，規定行人經過聖安琪洛橋（Saint Anglo Bridge）時一律靠右行走。這可能是最早見諸記錄的交通規則。此後贖罪券的頒予漸漸變質，成為出錢做某些聖事的人的酬謝。十五世紀後一變而為有厚利可圖的「神聖買賣」（holy trade）。教宗朱理二世（Julius II，在位時期 1503-13）為興建聖彼得大教堂而發行，謂購買者可以得到等同羅馬朝聖的功德。教宗李奧十世在一五一七年發行，並委託富格銀行家族（the Fuggers）經辦，予以三分之一的利潤。這種做法，自然引起爭議。

不過，教會的腐化並不是改革者要反對的唯一原因。改革者不僅要糾正教會的行政濫權和教士的操守偏差，同時也要從根本上修正教會所主張的得救的理論。自來有兩派有關得救的神學理論。一派為聖奧古斯汀（St. Augustine, 354-430）及其門徒所發展出來的，另一派則為義大利神學家朗巴德（Peter Lombard, ca. 1100-1160）和阿奎那（St. Thomas Aquinas, 1225-1274）所發展出來的。聖奧古斯汀派形成於中世紀前期，鼓吹上帝的全知全能，世間一切皆為其旨意；人性是墮落而邪惡的，人無法有善行；人要完全依靠上帝，才能免於罪惡和死後得救。他們主張，只有上帝預定得救的人才能得到永生。阿奎那派則認為，上帝賦予人自由意志，可以分辨善惡，但人在沒有指引的情況下不能作此抉擇，因為如果沒有神恩的支持，人是易陷罪惡的，而神恩可藉聖禮獲得，因而主張聖禮制度的重要。大致言之，聖奧古斯汀派較為適合中世紀前期的混亂時代，到中世紀後期，因為經濟復蘇和城市興起，人比較恢復了信心和自尊，阿奎那派較為流行。但聖奧古斯汀派並未消失，它在日耳曼境內較為有潛力，此因日耳曼的社會及文化較其他地區發展為慢。改革者大致贊成聖奧古斯汀派的神學理論而比較不同意阿奎那派的理論，他們希望返樸歸真，回到十三世紀以前的那種較為單純的教會型態。

㈡政治方面的因素

中世紀後期領土王國漸漸興起，後來成為民族國家。十五、十六世紀，民族國家已甚成熟，於是隨著民族情緒和民族意識的奔騰澎湃，乃有了國權完整的要求。羅馬教會不僅是一個宗教組織，而且也是一個超國家的政治勢力。它有它的君主（教宗）、議會（大公會議或主教會議）、法律（教會法）和法庭。從教宗以至最下邊的司鐸（神父）和修士皆不受國家行政和司法的管轄。它擁有龐大的土地，且可以向信眾（也是國家的人民）徵稅，而不慮世俗政府的干預。它的法庭管轄教士和一切與信仰和道德有關的案件，乃至婚姻和遺囑在內。這是各國的政府和人民所不能永遠接受和繼續的。

因此，在宗教改革的各種原因中，各國政府的利益和民族王國對教廷威權的抗拒，是不容否認的重大因素。有些地區，如法國，教會已相當地民族化，政府已處相對優勢，所以並不特別嚴重；但在另外的地區，如英國、日耳曼和北歐各國，雖然也有若干控制教會和教產的行動（例如在十四世紀英國便不因土地捐贈教會而撤消對它的管轄權，以及國王提名主教人選等），不過因為教會民族化的程度仍不夠，各國君主與政府願意假宗教改革來與教會爭奪土地控制權和司法的管轄權。

㈢文化方面的因素

自十四世紀歐洲的文化與社會發生重大的變遷，再加上文藝復興運動的開展，羅馬教會在這個變動的局面下，有難以自處之勢。不過，文藝復興與宗教改革的關係，尚無定論。自從二十世紀之初，德國史學界便對二者的關係有不同的看法。有謂宗教改革是文藝復興的日耳曼表現，哲學家及思想史戴爾悌（Wilhelm Dilthey, 1833-1911）視二者皆為爭思想自由之奮鬥，皆同源於城市興起、工商發達、資產階級之日趨重要和近代國家之形成，認為日耳曼的「世界的發現和人的發現」便是採取教會改革的形式，

給予人內在的自由,從而突破中世紀世界的藩籬。但是,神學家和宗教社
會學家楚意茨(Ernest Troeltsch)則認為宗教改革產生一種近乎中世紀時
代的專制的宗教文化,其宗教氣氛大於現世精神,認宗教改革與文藝復興
的精神相左。[4] 也有謂二者密切相關,皆為個人主義思潮之產物(一為宗
教自由,一為藝術自由,合為精神自由),二者皆有相同的經濟與社會背
景,二者皆為回歸本源的運動(一指希臘和羅馬,一指聖經和早期聖
徒);但二者仍不完全一致,宗教改革不是文藝復興的宗教表現;宗教改
革視人性為墮落的而其主旨為出世的,文藝復興的精神是現世的而漠視超
自然的;宗教改革強調信仰和尚同(conformity),文藝復興則重理性和寬
容;二者皆直指本源,但人文學者要恢復的是古典文化,宗教改革者要還
原的是聖保羅和聖奧古斯汀的教誨。[5]

　　撇開文藝復興和宗教改革究竟是否有二而一的關係不談,文藝復興對
於宗教改革的產生,有其影響。第一、文藝復興運動所產生的新的和現世
的時代精神使中世紀重守窮、苦修和出世的宗教生活遭到破壞,而經濟的
的發展也使人「在繁榮的時候忘記上帝」(forgetfulness of God in time of
prosperity)。第二、文藝復興時代基督教人文主義的興起,學者們研究希
臘文和希伯來文,分析考證早期的聖經和典籍,他們直指本源,糾正錯
誤,要求另譯聖經和改正教義,他們也譴責教會的腐敗,他們的學說和主
張又因印刷術的發展而廣為流傳。凡此種種,均與宗教改革有關。

(四)經濟方面的因素

　　羅馬教會擁有廣大的土地和財富,不僅不納稅,還要向各國各地人民

---

[4] 參看 Lewis W. Spitz, ed., *The Reformation: Material or Spiritual?* (Bos-
ton: Health, 1959), pp.8-16, 17-27.

[5] 參看 Edward M. Burns & others, *World Civilizations*, 6th ed. (New York:
W.W. Norton & Company, 1982), Vol. I, pp.604-05; Crane Brinton, *The Sha-
ping of the Modern Mind* (New York, 1959), p.22.

每年徵收彼得捐（Peter's pence）和十一稅（tithe）。此外，出售聖職所得及各地主教和教士的首年俸（annates）均歸教廷。再加上羅馬教會的經濟主張，如服務社會只應取合理的酬勞而不得逾分，為牟利而經營是不道德的，放款生息是犯重利盤剝罪（usury）等，與日益茁壯的資本主義精神不能相容。關於此點，儘管馬克斯主義學派與其他學派的論點不盡相同，但各國君主和政府企圖藉宗教改革剝奪教會財產和一般人反對教會的經濟和工商經營的主張，顯示宗教改革有其經濟方面的因素。

(五)首先發生在日耳曼的原因

宗教改革運動何以在日耳曼首先發生？這也是在其各種因素中一個值得討論的問題。第一、日耳曼境內文化及其他社經條件較為落後，中世紀的一些傳統保留也較多，因而宗教情操（religious-mindedness）較其他地區為深，奧古斯汀系統的神學系統也較為有力。第二、日耳曼因羅馬教會腐敗和濫權所受到的損害較其他地區為大，在政治方面，日耳曼沒有強而有力的政府可以跟羅馬教廷對抗，神聖羅馬帝國已經削弱，政治上分崩離析之勢已成，沒有法國或英國式的政府來保護其利益，教廷對日耳曼常予取予求，因而積怨較深。第三、經濟因素方面，教會在日耳曼所擁良田最多，有謂達三分之一者，而此時日耳曼正處於從封建社會走向資本主義社會的過渡期，一般小土地貴族（所謂「騎士」）和農民的苦況潛伏著爆炸性的危機，他們因受土地兼併集中和物價上漲的威脅，而視教會為其壓迫者。在此情形下，宗教改革的火種，易於點燃。

第二節　宗教改革運動

十六世紀初葉，由於前述各種因素的長期醞釀，終於爆發了宗教改

革。星星之火，終成燎原。不過，改革者並非僅著眼於建立「新」教，他們要改革的，原是整個的教會。以後發展成新、舊教對立，是形勢使然。

一、新教改革運動

㈠路德教派

馬丁・路德（Martin Luther, 1483-1546）是宗教改革的首倡者。法國哲學家馬利坦（Jacques Maritain, 1882-1973），他個人雖先為新教徒及後為羅馬教會信徒，仍然肯定馬丁・路德在宗教方面，一如笛卡爾在科學方面和盧梭在政治方面，開啟了個人主義的先河。路德出身日耳曼薩克森尼（Saxony）的一個自耕農家庭，後於一五〇一年入艾福大學（University of Erfurt）修習教會法，一五〇五年完成碩士後，因志趣不在法律，乃入奧古斯汀修院，一五〇七年成為教士。一五〇八年奉派至威登堡大學（University of Wittenberg）研究和任教。一五一〇年他前往羅馬公幹，震憾於教會上層人士的精神廢弛和靡亂。一五一二年後完成神學博士學位並成為教授。路德是一個性情激烈而又精神不穩定的人，他恐懼於上帝的全能而沮喪於自己的渺小，也害怕魔鬼和常為自己能否得救而痛苦。這與他幼年家庭生活常因小過錯而被鞭打，以及當時教會所能提供的減輕精神徬惶的辦法，如聖禮、祈禱和彌撒之類，均不切實際有關。據說，一五〇五年他之所以加入艾福的奧古斯汀修會，係因在風雨中受雷電襲擊倒地，他恐怕上帝要處死他又認為這是神兆有關。

早在一五一二年，法國神學家和人文學者賴費維（Jacques Lefevre d'Etaples, ca.1450-1536）在其新版〖聖保羅書信〗（*St. Paul's Epistles*）中首倡信心得救說。一五一五年路德深然此說。此外，他研究聖奧古斯汀的著作，發現沒有得到神的恩典的德性（事功）只是一種偽裝的罪惡，上帝拯救誰和詛咒誰，並不看其功德（事功）如何。於是他大加發揮羅馬書一章

十七節「義人因信而生」（The just shall be justified by faith）的說法，而發展出「信心得救說」（Justification or Salvation by Faith Alone），用以反對當時教會所主張的「聖禮及事功得救說」（Justification by Sacraments and Good Works）。他主張把靈魂交付給上帝，事功只是內心得到神的恩典的外在表現，而非得到神的恩典的原因，人不是因為有事功才得到神的恩典，而是具有神的恩典才表現於事功。[6]

　　路德並沒有立即採取行動。一直到一五一七年為了贖罪券問題才引爆出來。緣因三年以前，教廷允許勃蘭登堡選侯佐克穆（Joachim）的幼弟亞伯特（Albert pf Hohenzollern）在已兼馬德堡（Magdelburg）和哈伯斯特（Halberstadt）兩個大主教的職位以外，又取得梅茲（Mainz）大主教區，教會法禁止兼領一個以上的主教區，但亞伯特以一筆捐獻和另一筆「孝敬」取得特准破戒而打通了關節。同時，亞伯特急需一筆款項來償還借自富格銀行家族的巨款（約三萬四千威尼斯達克），因而同意在他的轄區內發行為興建羅馬聖彼得的贖罪券，同時他還說服乃兄也在勃蘭登堡發售。亞伯特指派一個多明我修會的修士戴茲爾（John Tetzel）司理其事。當時薩克森尼並不在發售的範圍內，但是威登堡（薩克森尼首府）仍有多人前往購買。路德此時尚不知其事內幕，但已深為痛恨。一五一七年十月三十一日，他把他所撰寫的九十五條論點張貼在威登堡教堂門前。他首先攻擊羅馬教廷不可搜括日耳曼人民的錢財來興建他們並不需要的聖彼得大教堂；接著指出並無功德寶庫的存在和教會對煉獄並無管轄權。他的論點最激烈之處，在於他直接攻擊當時羅馬教會教義的核心部份，也就是聖禮和事功。他特別指出，在懺悔（告解）禮中，告解者之所以能解除心理上的負

6　關於路德的心理狀態和其為信心與得救的心路歷程，參看Erik H. Erikson, *Young Man Luther: A Study in Psychoanalysis and History* (New York, 1958)；Roland H. Bainton, "Luther's Struggle for Faith", *Church History*, XVII, (1948), pp.193-205; *Luther: Here I Stand* (Nashville, 1951).

擔乃是因為信仰和內心中的神恩，而非由於教士的赦免，教士在人與上帝的關係中並無必需的功能，而「每個人都是他自己的教士」。[7] 這九十五條後經印刷傳至各地，並由拉丁文譯為德文。

　　羅馬教廷並未立即採取行動，教宗李奧十世對多明我修派與奧古斯汀修派的糾紛並不想立即排解。後來到翌年八月因為贖罪券的銷售受到影響，才接受多明我修會建議，召路德至羅馬答辯異端指控。路德求助於薩克森尼選侯腓特烈三世（Frederick III, the Wise, 1463-1525，在位時期 1486-1525），他安排他的案子在奧古斯堡由多明我修會會長卡仁坦樞機主教（Cardinal Cajetan）以宗座代表的身份聽訊，雙方各持己見，並無結果。一五一九年夏天，路德與日耳曼神學家艾克（Johannes von Eck）展開激辯。艾克指責路德不服從教宗和大公會議的權威，路德被迫指出教宗和大公會議並非無誤，聖經才是最高的指引，他並且讚揚胡斯。至此，路德與羅馬完全決裂。同時，路德亦在發展新的教義：強調聖經的重要性，否認聖禮可以傳遞神的恩典而僅為基督應允拯救的象徵，縮減聖禮至兩個即洗禮和聖餐禮。至於聖餐禮的意義，路德提出合質說或共在論（Consubstantiation），也就是耶穌的血和肉就在餅和酒之中。此與羅馬教會的化體論（Transubstantiation），也就是餅和酒化成耶穌的血和肉，有所不同。他提倡信心或信仰最為重要，為宗教的個人主義觀。

　　一五二〇年起，路德趨於激烈。在這一年他發表三個小冊子：〔告日爾曼貴族書〕（Address to the Christian Nobility of the German Nation）、〔論教會的巴比侖幽居〕（On the Babylonian Captivity of the Church），以及〔論基督教徒的自由〕（A Treatise on Christian Liberty）。在第一個小冊中，他指出羅馬教會以三重「牆」來維持其特權地位：政府對教士無管轄權、只有教宗可以解釋聖經，以及除教宗外無人可召集大公會議。然後他

7　九十五條全文，見 Bertram L. Wolf, trans. *Reformation Writings of Martin Luther* (London, 1952), Vol. I., pp.32-43.

一一駁斥。第二小冊中，他強調每一基督徒皆為其自己的教士，而執行聖禮和講道的人應由他們自己選出，而非由受冊封者所組成的特別祭團來壟斷，他指出只有洗禮和聖餐禮是正確的。在第三小冊中，路德特別強調信心得救說。教宗李奧十世乃於一五二〇年頒下諭令而嚴加譴責，路德當眾將諭令及教會法付之一炬。一五二一年教宗頒諭開除路德教籍，並將諭令在伏穆斯（Worms）公佈。此年神聖羅馬皇帝查理五世（Charles V, 1500-1558，在位時期 1519-56）在伏穆斯召開帝國會議，教會問題為議程之一，他命路德參加會議並頒安全狀給他，使他與宗座代表阿靈德樞機主教（Cardinal Aleader）面前申說。當他被詢問到是否願意撤回所見時，他堅決地以不能違背良心行事而拒絕，且轉向皇帝用德語說：「這就是我的立場。我無法不遵守。願上帝幫助我。阿門。」（Hier stehe ich. Ich kann nicht anders. Goff heltt mir. Amen）。查理五世仍遵所頒安全狀之承諾，准其離開，但頒布詔令宣布其不再受法律保護。

　　「這就是我的立場」（Hier stehe ich, or Here I Stand），昭示了路德和他的追隨者不妥協的態度。此後路德在薩克森尼選侯腓特烈三世的保護下，在瓦特堡（Wartburg）從事發展教義和翻譯聖經。所謂宣布他不受法律保護的伏穆斯詔令（Edict of Worms）自始即為具文。而且，路德教派也在日耳曼漸漸流行，王侯們也分成兩種信仰，在政治分裂之外，又加上宗教分裂。他們在一五二六年史培爾（Speyer, or Spires）帝國會議時已不可輕侮。故該次會議對路德教派的法定地位僅含混決定：「每一王侯應善自為之，以符上帝及皇帝之意」。一五二九年第二次史培爾帝國會議時，因查理五世對法國戰爭得利，乃擬採較嚴措施，信奉路德教派的薩克森尼等王侯乃發出抗議（protest），這些「抗議者」（Protestants）後來逐漸演為所有新教徒的通稱。

　　此後日耳曼北部大體上是路德教派的地盤。一五二〇年代，亦傳入北歐，瑞典和丹麥均接受之，此時丹麥控有挪威，瑞典掌握芬蘭和波羅的海東區，聖經亦於十六世紀中葉分別譯為丹麥文和瑞典文。後來，它也傳到

歐洲以外的地區。

路德教派強調信心得救，遵行洗禮和聖餐禮，以方言為禮拜用語，以及教士可以結婚。

(二)喀爾文教派

在萊茵河上游、瑞士和荷蘭等地，基督教人文主義一向具有潛在的力量。在這些地區，也有宗教改革運動。在這裏，城市或城邦的勢力比王侯的勢力為大，這是與路德教派流行的地方的不同之處。

在瑞士德語區首倡宗教改革的人是崔文利（Huldddreich or Ulrich Zwingli, 1484-1531）。他與馬丁·路德是同時代的人，也受過嚴格的人文主義學術訓練。他先後在維也納和巴塞爾大學進修，以攻擊瑞士人為外國做雇傭兵而著稱。他的宗教改革有政治和社會的色彩。他像路德一樣，不承認教士握有信眾所沒有的神跡力量，不過他認為在優良牧師的帶領下，更容易喚起社會良心和宗教情操。他也反對教士獨身、齋期、苦修、告解、贖罪券等等。他認為崇拜聖徒，以及使用薰香、燭光、圖像（甚至塑像）都屬迷信，他也不贊成在教堂內使用音樂（儘管他本身精通半打樂），他認為音樂可作為私人休閒活動，而非崇拜上主所需要，他也主張教堂應該簡樸無華和不要裝飾。有一點他與路德顯著不同的，是他比較服膺聖奧古斯汀的預定得救說，即得救或沉淪已經上帝預定。另外，在聖餐禮的解釋方面，他和路德也不相同，路德的解釋是共在論，也就是耶穌的血和肉就在酒和餅之中，但是崔文利認為酒和餅是耶穌的血與肉的象徵，這種解釋後來為大多數的新教所接受。二者也曾有過協調歧異的企圖，一五二九年二派在日耳曼馬堡（Marburg）論道，但崔文利拒絕妥協，二者終成為不同的陣營。崔文利之說在一五二八年已在瑞士德語區相當流行，在蘇黎士（Zurich）更是得勢。但當他向瑞士中部進展時，一五二九年與羅馬教會勢力發生戰爭，一五三一年他敗死在卡培爾（Kappel），雙方在卡培爾簽約，同意瑞士各郡（cantons）可以自行選擇信仰。新教運動受挫。

新教改革到喀爾文（John Calvin, 1509-1564）出現後又起，而且在瑞士法語區的日內瓦建立了鞏固的陣地，在國際也有了相當的空間。他是法國人，較路德和崔文利晚，也受過相當的人文主義學術訓練。一五三三年因「頓悟」（sudden conversion）而放棄羅馬教會信仰，且流亡國外。他的宗教理念，見其所著〖基督教會的組織〗（*Institutes of the Christian Religion*），該書在一五三六年完成於巴塞爾，原用拉丁文撰寫，一五四一年喀爾文出版其自譯的法文版，但屢經修訂，至一五五九年始定型，已較第一版多出五倍。至於他的宗教事業，在一五三六年抵達日內瓦後展開。日內瓦原屬薩伏衣公爵（Duke of Savoy），但為當地主教控制。一五三〇年當地人在北方各郡支持下，驅逐主教並推翻薩伏衣公爵的統治而建立共和。喀爾文在初期並不順利，一五三八年為古老的貴族勢力驅逐至斯特拉斯堡，一五四一年回來，以首牧（chief pastor）的身份控制了日內瓦的宗教、政治和社會，一直到一五六四年死。

喀爾文認為人生的目的在榮耀上帝。他大體上同意馬丁・路德對羅馬教會的批評，也大體上接受馬丁・路德的觀點如信心重要及僅靠聖禮和事功不能得救等。不過，他不認為僅靠信心就可以得救，他強調預定說，認為只有上帝所選定的少數人（elect）始能得救。人沒有辦法靠自己的努力得救，他也無法預知他究竟是否在得救的行列之中，但如果他多行不義和違反誡命，他必遭沉淪；相反的，如果他能抵抗試探及誘惑而過著聖潔的生活，則他可能已經得救（雖然尚不能確定）。因此，相信得救預定論、上帝全能，以及自己有為主作戰的使命，為喀爾文教派的特色。另外，喀爾文教派和路德教派均不同意羅馬教會對聖餐禮的解釋（化體論），但二者又自不相同，路德教派主共在論，而喀爾文教派則認為餅和酒是象徵。總之，在教義方面，喀爾文教派的立場較為富有法戒性，路德重視個人良心的指引，喀爾文則強調上帝戒律之權威，喀爾文教派的上帝觀是一種舊約的上帝概念（Old Testament conception of God）。在安息日遵守（Sabbath observation）方面，喀爾文教派較為嚴格。按：安息日（Sabbath）是

希伯來文「休息」的意思,對猶太人是指星期六,因為據〖聖經‧創世紀〗,在星期日(第一日)起創造宇宙萬物,至第七日(星期六)休息,該日為猶太教禮拜日,但新教多將它移至星期日,該日為主日。路德教派雖主張主日應做禮拜,但並不禁止禮拜之餘的工作或娛樂,喀爾文教派則不然而採取古猶太律法安息日的觀點,禁止作宗教以外的活動。

喀爾文教派和路德教派在對待政府和社會的態度上,亦有很大的差異。路德教派仍承認王侯貴族在教會方面的權力,喀爾文教派則不認為教會應服從政府或政府有為教會立法的權力。喀爾文教派也拒絕接受主教制度(路德教派和聖公會仍保持之)。喀爾文教派主張教會應該自治,他們互相訂立盟書(convenant),選出由牧師和信徒組成的長老會(presbyteries)來主持教會。他們的禮拜方式相當嚴肅,有長篇的證道,不要色彩、燭光、薰香等,一切以聖經為準。喀爾文和他的信眾所控制下的日內瓦實為神權統治,禁止跳舞、玩牌、看戲和在安息日工作或娛樂。旅館主人奉令不准任何人未經謝飯而飲食,奸淫、巫術、異端與瀆神皆屬大罪。同時,沒有宗教自由,西班牙人賽維圖(Miguel Serveto, or Michael Servetus, 1511-1553)因主張唯一神論(Unitarianism),認為上帝是單一的,因而否認三位一體說。他流亡到日內瓦,卻被處以異端而受炮烙致死。[8]

喀爾文教派發展甚速。崔文利派在布林格(Heinrich Bulinger, 1504-1575)率領下在一五四九年與之合流。各國改革派至日內瓦學習。諾克斯(John Knox, 1513-72)將之介紹至蘇格蘭而稱為長老會(Presbyterianism)。它也傳入荷蘭、法國和英格蘭,傳入荷蘭者後來與抵抗西班牙統治的民族主義力量相結合。傳入法國者被稱為休京拉教派(Huguenots)[9],主要分配在法國西南部。傳入英格蘭者被稱為清教徒(Puritans),多屬中

---

8 參看 R.R. Palmer & Joel Colton, *A History of the Modern World*, 6th ed. (New York: Knopf, 1983), pp.80-81.

9 據說此名詞可能由德文 Eidgenosse(結盟者)轉來。

產階級。此外，在匈牙利、波西米亞、波蘭、日耳曼均有此種信徒。後來也傳播到世界其他地區。

(三)英國國教派

英國國教派或英國國教教會（the Anglicans, or the Anglican Church）是英國宗教改革的型態。它與其他地區的宗改革不同的，是它不是由教會人士發動，而是由君主（國家領導人）肇始的。英國國王亨利八世（Henry VIII, 1491-1547，在位時期 1509-47）原是支持羅馬教會的神學體系和教義的，他且於一五二一年親撰〖七聖禮辯〗（*The Defence of the Seven Sacraments*），用以駁斥馬丁·路德的〖論巴比侖幽居〗，教宗李奧十世且因此頒他「信仰保衛者」（Fidei Defensor）的頭銜。亨利八世因為沒有男嗣，而在他之前，英國沒有成功的女王統治，而王位繼承者又必須是他與王后的嫡出，因而想結束與王后西班牙公主凱薩琳（Katherine of Aragon, 1485-1536）婚姻。這本非難事，羅馬教會雖不准離婚，但可用原婚姻無效的方式來達成撤消婚姻（Marriage Annulment）。歐洲王室常締結政治性的婚姻，其結結離離，教宗也多予批准。亨利與凱薩琳的婚姻原屬高度政治性的安排。凱薩琳真可謂「紅顏薄命」，她是當時西方第一超級強國的公主。英國國王亨利七世（Henry VII, 1457-1509，在位時期 1485-1509）為爭取西班牙的友誼而安排了她和他的長子亞瑟（Arthur）的婚姻。她於一五〇一年嫁到英格蘭，但一五〇二年亞瑟就死了。但英國仍需要西班牙的友誼，所以儘管她長他六歲，亨利在一五〇九年即位後經教宗朱理二世特准倆人成婚。這個婚姻育有六個子女，但均夭折，僅一女瑪琍存活。所以，儘管此一婚姻已維持了十八年，亨利認為婚姻有問題，因為教會法禁娶寡嫂，而〖聖經〗也有同樣的禁令。[10]

另一方面，當時亨利愛戀宮女安妮·鮑麟（Anne Boleyn）而欲娶之。

---

[10] 見〔利未書〕（Levicticus）第十八章十六節。

樞機主教武爾賽（Thomas Cardinal Wolsey, 1473?-1530）訴請教宗克萊門七世註銷婚姻。但教宗出於政治性的考量，殊覺左右為難，因為一方是英國國王，而另一方凱薩琳又是神聖羅馬皇帝查理五世之姑母，而查理軍隊且曾不久前在一五二七年占領過羅馬。他拖而不決，自一五三一年起亨利杯葛教廷。此年英國教會同意亨利為英國教會最高領袖，翌年命國會通過禁止教士向羅馬繳納首年俸和英國法院判決之案件不再上訴羅馬。一五三三年亨利任命有路德信仰傾向的劍橋大學神學家克蘭穆（Thomas Cranmer, 1489-1556）為坎登伯里大主教。此時教廷仍圖安撫，頒發諭令，承認此一任命。但克蘭穆旋即宣布亨利與凱薩琳的婚姻無效，接著安排亨利和安妮・鮑麟的婚禮。教宗乃開除亨利教籍。一五三四年，亨利使英國國會通過最高統領法（Act of Supremacy），宣佈亨利為「英國教會與教士的保護者及最高統領」（Protector and only Supreme Head of the Church and Clergy of England），臣民要宣誓效忠他和反對教宗，湯姆士・摩爾（Thomas More）因拒絕接受，而以叛逆罪遭斬首處死。在一五三六至一五三九年間，解散修院和沒收其財產，又把這些土地分封給支持他的土地貴族，這些土地鄉紳成為英國國會及都鐸王室的擁護者。

不過，至此亨利仍無意變更英國教會的教義和組織，他的立場是政府支配教會主義（Erastianism）[11]，他的用意是保住羅馬公教但不受羅馬干預（Catholic but no Roman），因此這是「分裂」而非「異端」。他在一五三九年仍頒六條款（Six Articles），仍主張聖餐的變體論、教士獨身和告解等。但勢已不能。亨利八世於一五四七年死。因為他與第二后安妮・鮑麟婚後數月即感情破裂且被亨利下獄倫敦塔不久斬首處死。他與第三后珍妮・西摩爾（Jane Seymour）所生兒子年僅十歲的愛德華繼位，是為愛德華六世（Edward VI, 1537-1553，在位時期 1547-53），因為攝政的乃舅索謨賽特

---

[11] Erastianism 一詞源自 Erastus，按：Thomas Erastus（1524-1583）為瑞士神學家，主張政府決定教會的型態。

公爵（Edward Seymour, Duke of Somerset）和坎登伯里大主教克穆蘭皆為新教同路人，因而新教漸起。一五四七年取消六條款，教士可以結婚，英語取代拉丁為禮拜用語，教堂內不掛圖像，聖禮僅餘洗禮和聖餐禮，以及著重信仰。一五四九年英國國會通過劃一禮拜條例（Act of Uniformity），統一崇拜方式，並頒克蘭穆所編之第一共同祈禱書（First Book of Common Prayer）。一五五一年克蘭穆頒四十二款信條（Forty-two Articles of Religion），翌年再頒第二共同祈禱書（Second Book of Common Prayer），簡化禮拜方式，並對聖餐採取象徵的解釋。

　　一五五三年愛德華六世死，王位由同父異母的姐姐瑪琍繼承。她是凱薩琳的女兒，繼位後為瑪琍一世（Mary I, 1516-58，在位時期 1553-58）。她是虔誠的羅馬教徒，一五五四年與西班牙國王腓力二世結婚，這是一場政治婚姻，她年三十八而他僅二十七，婚姻不幸福，英國人民更視西班牙為敵國。瑪琍決心使英國再回羅馬教會陣營，她以異端罪名處死（焚死）了近三百人，其中包括克蘭穆大主教，因而有「血腥的瑪琍」（Bloody Mary）的稱號，但把「時鐘倒撥」又是談何容易。一五五八年她死，同父異母的妹妹伊莉莎白（安妮・鮑麟的女兒）繼位，她便是有名的伊莉莎白一世（Elizabeth I, 1533-1603，在位時期 1588-1603）。在宗教立場上，如果說愛德華六世是新教徒（Edward the Protestant），瑪琍是公教（天主教）徒（Mary the Catholic），則伊莉莎白是曖昧者（Elizabeth the Ambiguous）。不過，伊莉莎白不可能信奉天主教，因為依照羅馬教會法她是私生的。事實上，在她的時期，英國逐漸地變成獨樹一格的另類新教國家，也就是說，英國國教派。

　　在這方面，她在一五五九年任命為坎登伯里大主教的柏克（Matthew Burke, 1504-1575）的貢獻很大。此年國會再通過最高統領法和劃一禮拜條例，女王被稱為英國教會唯一的「最高監理者」（supreme governor），國會以第二祈禱書為基礎，另於一五六三年修訂原四十二款而通過三十九款信條（Thirty-nine Articles），其主要內容為擯斥教士獨身、秘密告解、教

廷至尊和使用拉丁文。因此，英國國教成為以英語代替拉丁，教士可以結
婚和不再崇拜聖徒的新教。它在聖餐禮中用餅和酒，而不像羅馬教會僅用
餅，但認為餅和酒是上主的血和肉。它也規避路德所倡的信心得救和信徒
皆為自己教士的說法。此種籠統含混的用意，在於兼容並蓄以使各教派均
能接納。簡言之，它是一種妥協，用以配合多數人的宗教需要，從而避免
宗教內戰。它由政府（君主透過國會）來決定其教義。在組織上，它保留
了中古教會的結構與建築，主教制度仍存而大主教及主教仍出席上議院，
教會法庭仍管轄婚姻與遺囑，教會仍收十一捐，堂區結構如舊，不過不再
有修道院。同樣的宗教政策亦推行到愛爾蘭，建立了一個和英國教會分歧
的愛爾蘭教會。英國國教派傳到美國，稱新教監督教會（Protestant Episco-
pal Church），傳到加拿大稱聖公會（Anglican Church of Canada），等等。
後來亦傳到世界各地。12

㈣新教各派共同點

前述三派是新教的大派。在十六世紀還有一些其他與此三大派並起的
各派，甚至在十六世紀以後，還有許多的新興的派別，多到無法一一列
舉。

但是，新教各派雖各有領導人物和主張，但仍有其共同的特點。第
一、他們都拒絕承認羅馬教廷的權威，均自信它自己才是真正的基督的繼
承者。第二、各派均不認為教士具有特別的，神聖的，超自然的性質，反
對教士在中世紀所占有的地位，他們一般稱教士為牧師，教士亦可結婚，
他們沒有修士、修女或托缽僧。第三、他們都以方言（或國語）代替拉丁
為禮拜用語，均縮減聖禮，多是由七減為二，留下洗禮和聖餐禮，對聖餐

12參看 R.R. Palmer, op.cit., pp.81-83; Richard L. Greaves & others, *Civi-
lizations of the World: The Human Adventure* (New York: Harper & Row,
1990), pp. 387-90.

禮均不接受變體論，亦多視為象徵而非傳遞神的恩典的必要途徑，他們在一些慣例方面，也不崇拜聖母、聖徒，唸玫瑰經文和朝拜聖地等。第四、他們均以聖經為基督信仰的唯一真源，均持天堂和地獄之間並無煉獄存在的認知，也均不承認贖罪券的價值。第五、各派均有個人主義的色彩，主張信心信仰的重要，以及讀經解經的自由。[13]

二、羅馬教會的改革運動

在十六世紀，羅馬教會或羅馬公教也有改革的運動。這個改革或稱公教改革（Catholic Reformation），或稱對抗改革（Counter Reformation）。稱其為對抗改革，是新教人士的習慣，蓋他們認為羅馬教會的改革，是針對他們所造成的局勢而不得不然的舉措。稱其為公教改革，則因羅馬教會有自我改革的傳統。十一世紀間的克呂尼改革運動（Cluniac Reform Movement），曾有中興教會之功，而十五世紀的大會運動雖未成功，終屬改革的企圖。即使是在馬丁·路德號召改革之前數年，法國國王路易十一和神聖羅馬皇帝麥西米連一世也於一五一一年在比薩召開主教會議，他們的目的是想對教宗朱理二世施以改革的壓力，或在必要時予以罷黜。但參加的主教甚少，僅有五名樞機主教和少數主教出席，且無其他國家的主教前來，以致缺乏道義上的權威而一事無成。教宗展開反擊，於一五一二年在羅馬召開第五屆拉特蘭大會，希望能有各國的主教共襄盛舉，昭示「精神的統一」（spiritual unity），但參加者多係義大利籍主教，也未起什麼作用。

不久，路德要求改造教會（1459-1523）的星星之火，頓成燎原之勢。教宗阿德恩六世（Adrian VI，在位時期 1522-23）是個虔誠而又想淨化教會的人，他也是少數非義大利籍的教宗（尼德蘭人），他有意改革，但在位

---

13 R.R. Palmer, op.cit., pp.84-85.

僅二十個月，未能有所布展。他以後的克萊門七世（Clement VII），出佛羅倫斯麥地西家族，在位十一年，改革之事未再有行動。同時，教廷本身也陷於義大利和國際的政治，此因法國的伏洛瓦王室（Valois）與控有奧地利和西班牙的哈布斯堡王室（Hapsburgs）爭雄，西班牙欲控制義大利，神聖羅馬皇帝查理五世的軍隊且於一五二七年一度攻陷過羅馬，教廷自顧不暇，而法國為打擊哈布斯堡勢力支持日耳曼境內的新教運動。

教宗保祿三世（Paul III, 1468-1549，在位期間 1534-49）決志改革，他和他以後朱理三世（Julius III，在位時期 1550-55）、保祿四世（Paul IV，在位時期 1555-59）、庇護四世（Pius IV，在位時期 1559-66）、庇護五世（Pius V, 1566-72）、格理高里十三世（Gregory XIII，在位時期 1572-85）和昔克圖斯五世（Sixtus V，在位時期 1585-90），均能從事改革。至此，文藝復興教宗（renaissance popes）終於為改革的教宗（reformig popes）所取代。

保祿三世在一五三七年即召集大會，但法國與神聖羅馬帝國間的戰爭卻無法集會，1542 年再頒召集令但僅有一些義大利籍主教可出席而被迫停止。最後在一五四五年終於在特凌特（Trent）集會，其地在日耳曼和義大利交界區的阿爾卑斯山區。這個大會自一五四五年至一五六三年歷經近二十年，間歇分三個會期召開，即一五四五年至一五四七年，一五五一年至一五五二年和一五六二年至一五六三年。這個大會塑造了近代羅馬公教，也就是天主教的型態，一直到一九六〇年代的第二次梵蒂岡大會（Second Vatican Council）才對其決議有些修改。

這個大會有雙重使命，即重訂教義和改革教會。大會的出席率不高，無法與一二一五年的第四屆拉特蘭大會和一四一五年的康士坦斯大會各有五百名主教蒞會不可同日而語。它有的時候僅有二、三十名主教出席開會，而極重要的有關得救的議題，此為路德提出來的挑戰並造成教會分裂的大問題，許多良善的教徒仍渴盼能有妥協性的解決，但通過時僅有六十名左右的主教在場。最經常出席的主教，多為義大利籍和西班牙籍，來自

法國、日耳曼的主教則出席率不高。儘管如此,仍有主教提出大會運動時的主張,即由全體主教所構成的大會,其權威應高於教廷。教廷運用教宗指派的樞機主教們主持會議,用各種議事技巧擊敗了這類建議,乃決發一切大會的行動應經教廷的同意。這也許有助於維持了天主教的統一,使之未像新教那樣分崩離析。另外,各國主教在會議上表現了國族主義的色彩,而就各該國的利益來看問題。不過,最後仍是教廷集權的主張得直。這個大會後有三百年未再舉行大會。它為三百年後一八七〇年的梵蒂岡大會宣布的教宗無誤論(Papal Infallibility),即教宗就其職權(ex cathedra)所作的有關所有信仰和道德問題所作的裁決是無誤的,推進了一大步。

　　大會有很多成就,在制訂教義和改革教會方面均有收獲。此時因為新教羽翼已豐,恢復統一已不可能,也就不多作妥協。在教義方面:宣布得救須賴事功和信心(justification by works and faith combined);重新列舉並界定七聖禮並視之為蒙受神的恩典的途徑;教士整體(priesthood)係經聖職禮後經基督及使徒授予超自然力量的集團,它與平信徒(the laity)有所區隔;告解與赦免的程序,再予澄清;重申聖餐禮的變體論之正確性;信仰的依據,是聖經與傳統並重;聖經的版本以四世紀聖哲羅米(St. Jerome)的普及本(the Vulgate)為準;平信徒個人無聖經解釋權,此權屬於教會;教士維持獨身;修道院制度繼續存在;地獄和天堂之外,另有煉獄;拉丁為崇拜用語及教會官方語言;崇拜聖母、聖徒,使用圖像、法器及朝拜聖地等例照舊;等等。

　　在教會改革方面:大會決嚴禁買賣聖職;主教應經常駐守教區並擴大其職權及於修會及托缽僧等;不准濫發贖罪券但仍承認其理論與原則。大會亦編訂頒發禁書目錄(Index),舉凡有礙信仰的作品,如馬基維里、薄伽丘,以及各新教改革者的論著均列入其中,一五五九年由保祿四世頒布。整個大會的決議,在一五六四年由教宗庇護四世頒布諭令(Benedicus Deus)予以肯定。大會也制訂了正式的要理問答(Catechism),採取問與答的方式,一五六六年由庇護五世公布。

公教改革運動的一大助力是新修會的成立。其中最著者,是西班牙人羅耀拉(Ignatius Loyola, or St. Ignatius of Loyola, 1491-1556)所建立的耶穌會(S.J., or Societas Jesu, or Society of Jesus)。羅耀拉原為西班牙軍官,後因受傷停止軍職。他後來在西班牙各大學和巴黎大學研讀神學,矢志為上主的精兵。一五三四年他與六個夥伴在巴黎聖瑪琍教堂宣誓守貞、守貧和服從教會權威。他們原計劃前往中東向回教徒傳教,後以土耳其戰爭而無法去聖地。他們遂決定以「耶穌會」的名義在歐洲行道,一五四○年為教宗保祿三世所批准,而羅耀拉在一五四一年為它的總監(General)。修會要其成員作「基督的精兵」(soldier of Christ)的理想,係來自『聖經・聖保羅以弗所書』六章十至十七節。此行會為最大的單一修會,致力三事:傳教異域(foreign missions)、教育(schools)和研究科學及人文(studies in the sciences and humanities)。

耶穌會士(Jesuits)純由男性組成,穿著普通入世教士的服色。他們均經過很嚴格的養成教育,歷經羅耀拉手著『精神練習』(*Spiritual Exercise*)的訓練程序,有堅毅的意志和鐵的紀律。這個修會發展至一六二四年已超過一萬六千人。他們構成了一股強有力的國際傳教組織,不僅在歐洲與新教奮戰,而且傳教海外,把公教(天主教)傳到西班牙、葡萄牙和法國的美洲屬地。他們也傳教到東方,如羅耀拉巴黎舊侶之一的聖方濟爾(Saint Francis Xavier, 1506-52)就到東印度群島、麻六甲、錫蘭、印度傳教大有成就,一五四九年至日本並擬向中國進發,在一五五二年在抵達中國前死去。他以後的利馬竇(Matteo Ricci, 1552-1610)終將天主教傳入中國。還有,艾儒略(Giulio Alenio)、湯若望(Johann Adam Schall von Bell),皆為明代來到中國。清初有南懷仁(Ferdinand Verbiest)等,皆為耶穌會士。

為了對付反對天主教的力量,教會亦再採用異端裁判(Inquisition)的方式。異端裁判原為中世紀取締異端的宗教法庭,用拷打、刑求,以及炮烙焚死的酷刑來取締異端。一五四二年教宗保祿三世下令組成異端裁判會

（Congregation of the Inquisition, or Holy Office），用以取締新教活動。

最後，羅馬公教之所以能站穩腳步與政治支持亦有關係。哈布斯堡王室統治下的奧地利和西班牙，以及法國（雖有時因政治利益而不盡力支持）和某些日耳曼王侯（主要在南部），以及義大利和東歐的王室公侯均支持羅馬教會，而其時統治者可以決定人民的信仰。

羅馬教會的再征服運動雖未竟全功，仍保全了義大利、西班牙、葡萄牙、法國、尼德蘭南部（比利時）、日耳曼南部、奧地利、瑞士一部、愛爾蘭、波蘭、立陶宛、波希米亞和匈牙利大部的信仰，並傳播到歐洲以外的地區。14

二、宗教改革的影響

宗教改革是十六世紀和十七世紀的大的歷史事件，有其複雜的原因，也產生了多方面的重大影響。不過，對於宗教改革以後，西方在宗教、政治、經濟和文化上的發展，也有以更廣的視野，用整個十六世紀的思想與行動的綜合（the whole synthesis of the 16th cenrury thought and action）和它們之間的交互影響來解釋的。

第一、大體言之，宗教改革的影響，可作以下的討論，統一局面的分裂，新教各派的興起，以及羅馬教會的改革。十六世紀後期，歐洲的宗教分界線已大致上是現在的狀態。英國、蘇格蘭、荷蘭、北日耳曼及東日耳曼（德國北部及東部），以及瑞士一部和北歐為新教地區。愛爾蘭、尼德蘭南部（比利時）、南日耳曼（德國南部）、萊茵地區、奧地利、西班

---

14 參看William H. McNeill, *A History of the Human Community :1500 to the Present*, Vol. II (New Jersey: Prentice Hall, 1990), pp.383-85; R.R. Palmer & others, *A History of the Modern World*, 6th ed. (New York: Knopf, 1983), pp. 89-91.

牙、葡萄牙、波蘭、義大利為天主教（舊教）的地區。在舊教區域內有少
數的新教徒，以及在新教區域內有少數的舊教徒。這種對立，導致了宗教
迫害和宗教戰爭。這要到後來因為雙方互不能下，才使激情趨於沉澱，不
再能忽視對方存在的事實。

　　第二、政治方面，它助長了民族主義的茁壯和君主專制的強化。民族
意識的興起和國權完整的要求，原為宗教改革的動力之一。宗教改革的結
果自然也更為加強了民族主義。各地的新教改革，原來就含有反對「外國
控制」（羅馬公教勢力）和超國家大同色彩的力量，它因為訴諸各地的民
族情緒乃呈現不同的民族型態和組織。於是，路德教會乃變成北日耳曼各
邦和斯堪底那維亞半島各國的國教，喀爾文教派成為荷蘭及蘇格蘭的國
教，英國也有了自己的國教教會。即使是在羅馬教會的國家，其教會也各
自表現了不同程度和不同型態的民族色彩。這使宗教情緒和民族情緒互相
爭強，而特別有助於民族爭取獨立的奮鬥，如喀爾文教派有助於荷蘭人抵
抗西班牙，羅馬教會有助於愛爾蘭人抵抗英國，即使是在已經獨立的國
家，宗教也增強了人民的愛國心，如伊莉莎白一世以後的英國以新教自
豪，西班牙以天主教。至於君主的權力，民族王國本已強大，藉宗教改革
又加強了對教會更進一步的控制，新教國家固不必說，在天主教國家也在
各國加速民族化。教會成為君主專制的輔助力量，於是教會力量走下坡，
而君權神授（divine rights of kings）的理論繼之而起，十七和十八世紀成了
君主專制的時代。

　　第三、在社會與經濟方面：宗教改革促進了資本主義精神的發揚，從
而導致資本主義制度的成長和資產階級的興起。新教的道德觀和價值觀，
以及其對金融經營的看法，頗為符合工商階級的需要。馬丁‧路德倡導職
業神聖（dignity of vocation）的論調，認為每個人對上帝均有其天職，而盡
力履行此天職便是恪遵上帝的旨意。喀爾文教派（包括喀爾文教派、長老
會、清教徒、休京拉派）特別著重勤勞和節儉；認為怠惰是萬惡之源；工
作才能使人免於誘惑而不會做出上帝所不悅的事情；商業上的成功是上帝

眷顧的表徵；利潤是合理的酬報；支出應小於收入。在喀爾文教派的國家，其工業革命的資金皆為前幾個世紀所累積下來的。許多新教神學家均反對羅馬教會所持利益即盤剝的觀點，也不贊同「公正價格」的規範，而持近乎近代市場自由競爭的論點。凡此種種，均為明顯的例證。德國社會學巨擘韋伯（Max Weber, 1864-1520）在一九〇四年和一九〇五年間發表〔新教倫理與資本主義精神〕（Die Protestantische Ethik und der Geist des Kapitalismus, or, The Protestant Ethics and the Spirit of Capitalism）的論文，一九〇六年又發表另一論文〔新教各派與資本主義精神〕（Die Protestantische Sekten und der Geist des Kapitalismus, or, The Protestant Sects and the Spirit of Capitalism）。這些論文後來收在他的〔宗教社會學論集〕（*Gesammelte Aufsatze zur Religionssoziologie, 3 vols., Tubingen, 1920-21*）之中。韋伯主要的論點是，資本主義精神為新教（尤其是喀爾文教派）運動的副產品。此說造成很大的影響。

不過，也有人認為，儘管蘇格蘭人、荷蘭人、瑞士人和新英格蘭的「美國佬」（New England Yankees）的經濟發展可以用此類觀點來解釋，但是仍有一些例子不盡合此說。譬如說，銀行業便是在宗教改革之前先在天主教國家的義大利、日耳曼南部、尼德蘭南部（比利時）興起的，而後來新教也並未在這些地區得勢；沒有充分證據可以斷言天主教地區的經濟發展較慢和新教倫理與經濟發展完全相合；萊茵地區是天主教地區但其經濟發展和工業化程度高而普魯士東部是新教地區卻是農業發達。此外，資源亦為重要問題，義大利縱使變成新教國家仍不能解決煤和鐵的問題，英國即使保留在羅馬教會區域內仍然有煤與鐵。因此，這個問題仍有可以討論之處。不過，大致言之，新教所持的若干價值觀，確實對西方經濟和工業的發展有所助益。[15]

---

15 關於資本主義與新教運動的因果關係問題，可參看 Robert W. Green, ed., *Protestantism and Capitalism: The Weber Thesis and Its Critics* (Boston: D. C. Heath and Company, 1959)。

第四、在教育和現世化方面：以教育言，新教領袖如路德、喀爾文等均力倡興學和教育群眾，日內瓦與萊頓（Leyden）大學係著名的新教學府，新教亦重視初級和中學教育。羅馬教會自保祿三世以降的改革派教宗，以及耶穌會士均以普及教育為務。雙方均深信以教育爭取信徒的重要性。不過，在宗教改革的擾攘期間，因為輕視事功而使教育受到影響。但是，大致言之，宗教改革以後，教育比較發達。在現世化方面，宗教改革的結果，更強化了個人主義和現世精神的色彩。使世俗政府接管了許多原來屬於教會的業務，於是教會逐漸是私人信仰的所在。這對加強政府的職能和現世化，也有正面意義。

第三節　戰爭動亂與國際社會的浮現

一、一般觀察

十六和十七世紀是歐洲「自我轉型」（Self-Transformation）[16] 的時期，自我轉型會有陣痛，因此宗教改革的精神騷亂和戰爭頻仍。這些戰爭有其複雜的因素，諸如朝廷王室的仇恨，國家民族的競爭，宗教信仰的衝突等等。在此期內，一切戰爭脫不了宗教的背景，政治和宗教是分不開的，宗教在這時不是扮演癒合裂痕的角色，它在同中求異，而不是異中求同。政教分離是西方文化的特色之一，但不是這個時期，而是在十九世紀末年，乃至二十世紀初葉才達成的。

羅馬帝國時期的政治大一統，以及基督教成為羅馬帝國國教以後的教

---

[16] William H. McNeill, Vol. II. Chapter 16 373 用語, cf. p.373.

會大一統，也就是「一統帝國」（universal empire）和「一統教會」（universal church），為歐洲人難以忘懷的兩大理想。一統帝國在羅馬帝國滅亡後，在君士坦丁堡的東羅馬帝國一直以「歐洲共主」自居，至少從未放棄對西歐在法理上的主權，西歐本身法蘭克人的查理曼帝國和日耳曼人的神聖羅馬帝國，便是一統帝國理想的借屍還魂。至於一統教會，雖然十一世紀時基督教二分為東邊的希臘正教和西邊的羅馬公教（Roman Catholic Church），但是在西歐仍維持著一統教會的局面，而 Catholic 這個字的本義就是 Universal 的意思。但是，馬丁‧路德在一五一七年倡導改革教會以後，造成新教各派的興起和新教與舊教（羅馬公教或天主教）的對立，西歐在宗教方面也呈現分崩離析，也就是在政治分裂之外，又加上了宗教的分裂。而且，政治的分裂又與宗教的分裂互相補強，於是這兩種理想均無法持續。

在十六世紀之初，以奧地利為發祥地的哈布斯堡王室（Hapsburgs, or Habsburgs）本來力圖振興一統帝國的理想。這個王室慣用婚姻繼承的方法拓展政治勢力和土地，乃有「別人都忙於征戰，只有你，幸運的奧地利在娶親」（Bella gerunt alii: tu, felix Austria, nubes! or, where others have to fight wars, you, fortunate Austria, marry!）[17]。這個做法也曾相當奏效，到神聖羅馬帝國皇帝查理五世（Charles V,1500-58, 在位時期 1519-56）（作為西班牙國王為查理一世，在位時期 1516-56）時，從其祖父母和外祖父母手中繼承了廣大的土地：奧地利、尼德蘭、法蘭‧康特（Francis-Comte）、西班牙、那不勒斯、西西里、西班牙美洲及其他海外屬地，他在一五一九年成為神聖羅馬皇帝又成為全日耳曼的元首。其聲勢之大，為空前所未有。

查理五世和哈布斯堡王室想恢復宗教的統一，是可以理解的，因為這不僅涉及信仰的虔誠，另外只有在統一的教會中，神聖羅馬帝國始有其意

17參看 R.R. Palmer, *A History of the Modern World*, 6th ed.（New York Knopf, 1984），p.73.

義。但是,他的勢力對其他國家造成威脅,尤其是對法國。此時民族國家已告興起,而且漸漸成為西方重要的政治力量。法國是民族國家中的佼佼者之一,且其力量也已不可輕侮。法國在一五〇〇年時有一千五百萬左右的人口,此為西班牙的兩倍或英國的四倍。查理五世的帝國包括了西班牙、尼德蘭、日耳曼及意大利的大部,對法國形成包圍的態勢。法國矢志要突破「哈布斯堡包圍圈」(Habsburg ring),因而不能無爭。法國的伏洛瓦王室(House of Valois)在法蘭西斯一世(Francis I, 1494-1547,在位時期 1515-47)和其繼承者的主導下,與哈布斯堡王室自從一五二二年便有了兵連禍結的戰事,義大利常是主要的戰場。法國雖為最大的天主教國家,且有「天主教的長女」的稱號,但行事卻以國家利益為重,不但不顧全娘家,且有時欺負老母。法國有時支持新教力量,甚至有時與土耳其國教勢力相勾連,使哈布斯堡王室欲恢復教會一統的努力,受到牽制。

二、戰爭動亂

前已言及,這個時期政治與宗教不分,所有的戰爭都有宗教的動機。

事實上,自從一五三一年,北日耳曼境內因為路德教派的北日耳曼王侯和若干自由城市便因堅持改革權(ius reformandi)而結盟與神聖羅馬帝國對抗,又得法國國王法蘭西斯一世的支持。他們自從一五四六年起便與查理五世作戰。這個內戰因有國際背景,法國削弱哈布斯堡王室而支持新教勢力,甚至有時與土耳其相聯合了而不易解決。戰爭持續到一五五五年結束,訂立奧古斯堡和約(Peace of Augsburg)代表路德派的勝利,承認各王侯有權決定其統治區域的臣民信仰羅馬公教或路德教派,此為「誰的地盤,就是誰的宗教」(cuis regio eius religio, or, whose the region, his the religion)條款。查派五世深感心餘力絀,而於翌年即一五五六年倦勤退位,而隱於西班牙約斯達(Yuste)修道院,一五五八年死。他退隱時將西班牙、西西里、那不勒斯及美洲和其他屬地賜予其子腓力普二世(Philip II,

1527-98，在位時期 1556-98），其弟裴迪南一世（Ferdinand I, 1503-64, 在位時期 1556-64）則取得哈布斯堡領土及帝號（一五五八年查理五世死後始正式稱帝）。自此以後，哈布斯堡王室分為奧地利系（Austrian Habsburgs）及西班牙系（Spanish Habsburgs）兩支。西班牙哈布斯堡王室勢力較大，如果查理五世是十六世紀前半期的中心人物，則腓力普二世則為十六世紀後半期的中心人物。

西班牙與法國繼續作戰。除此而外，荷蘭的獨立戰爭、西班牙與英國的海權爭霸戰、法國內戰和三十年戰爭均為政治與宗教的混合戰爭。

荷蘭係尼德蘭北部的地區，它與其南部（後來的比利時）在語言方面（荷蘭人講日耳曼方言，比利時人用法文）和宗教方面（荷蘭人在宗教改革後接受喀爾文教派，比利時人仍奉天主教），均有所不同。荷蘭人自一五六六年即反抗西班牙的統治，抗戰期長，也斷斷續續，戰爭因宗教因素而強化，始能奮鬥不已。但是，正式取得獨立，要到一六四八年的威西發堡里亞和約。獨立後的荷蘭，其正式國名為尼德蘭（The Netherlands）。

西班牙與英國的戰爭，固有其他的因素，但宗教也是一個重要的因素。西班牙與教廷一直想恢復羅馬教會在英國的地位。西班牙國王腓力普二世在英國女王瑪琍一世死後，曾企圖續娶伊莉莎白一世，未成。一五五八年後兩國交惡，西班牙與教廷欲以當時在英國的蘇格蘭人的女王瑪琍（Mary, Queen of Scots, 1542-1587）來取代伊莉莎白，瑪琍為亨利七世外曾孫女，因為伊莉莎白一世未婚而無子嗣，她位列第二繼承人而常為野心者利用的對象，一五八七年伊莉莎白一世以叛逆罪把她處死。英國全力支持荷蘭的獨立戰爭，亦為西班牙所憎。再加上英人杜累克（Sir Francis Drake, 1540-1596）等人於一五八七年以英船攻擊卡地茲（Cadiz）和侵擾墨西哥及南美。腓力普二世乃於一五八八年派出無敵艦隊或天主艦隊（Invisible Armada, or armada catholica）進攻英國。這支艦隊包括一三○艘戰艦，總噸位五八、○○○噸，外加三○、○○○士兵和二、四○○巨炮，此一實力在當時是空前的。但是，它也不無弱點：統帥麥地納西頓尼亞公爵（Duke of

Medina Sidonnia）並非海軍出身，戰艦中有些過於笨重，又有些不夠堅實，份子龐雜以致命令要用六種語言下達水手。行軍路線原定先至尼德蘭接運軍隊以攻英國陸上，但在抵達尼德蘭以前，在英國南岸樸立茅斯（Plymouth）遭遇到英國統帥霍華德（Charles Howard，後封 Duke of Nottingham, 1536-1624）指揮下的英國艦隊約二〇〇艘，杜累克亦參與此役。主要戰鬥發生在七月二十九日，英艦較小巧而富活動力，且火力配備良好，西班牙大艦被個個擊破。西班牙艦隊企圖撤退至加萊（Clais），但被攔回。繼之，忽然風暴大作，此被稱為「英吉利風」或「新教風」（English Wind, or Protestant Wind），此使西班牙艦隊蒙受極大損失，有的戰艦被吹入怒濤洶湧的北海而沉沒，殘艦沿著愛爾蘭西岸回航。此戰使英國取代西班牙的海上霸權。

十六世紀下半期，法國爆發了嚴重的內戰。這個內戰有宗教的和政治的兩個層面。宗教改革以後，新教喀爾文教派傳入法國，他們就是休京拉教派（the Huguenots）。他們在法國傳播很快，此時沒有精確的統計數字，但至少有十分之一的人口接受了此種信仰，他們之中有三分之一到二分之一的法國貴族，以及很多中產階級，他們主要地區分佈在西南部，但也散居各地。他們主張宗教寬容，也主張召開三級會議來改革國家財政。法蘭西斯一世和後來的君主對他們展開制裁。十六世紀末期，一五七〇年代後，法國有三個政治勢力：王室、吉斯家族（the Guise）領導下的天主教集團，以及波旁家族（the Bourbons）領導下的新教休京拉派力量。自從一五六二年起，天主教派與休京拉派互戰不休，王室乃忽助此和忽助彼以求取平衡。一五八五年爆發三亨利戰爭（War of Three Henrys），此為法國國王亨利三世（Henri III）、天主教派領袖吉斯公爵亨利（Henri, duc de Guise）和休京拉派首領那瓦爾的亨利（Henri de Navarre）之間的混戰。至一五八八年吉斯公爵亨利為法國國王亨利三世所暗殺，而翌年亨利三世又為吉斯家族所暗殺。於是，納瓦爾的亨利成為碩果僅存者，他成為法國國王亨利四世（Henri IV, or Henry IV, 1553-1610，在位時期 1589-1610）。但

是，巴黎卻拒絕接納一個新教的國王，直到一五九三年亨利四世改變信仰，放棄休京拉派而改就天主教，巴黎才接納他。據說他在作此抉擇時曾說，巴黎蠻值得一場彌撒。事實上，我們從亨利屢次被迫改變信仰和最後結局，便知道法國在此時期宗教問題之嚴重和它與政治的糾纏不清：他本是新教徒，一五七二年由新教徒變為天主教徒；一五七六年由天主教徒變回新教徒；一五九三年再由新教徒變為天主教徒；一六一〇年為極端的天主教徒刺死。亨利四世為波旁王室（House of Bourbon）的開創者。他懂得癒合分裂和與民意。一五九四年他頒下南特詔令（Edict of Nantes），寬容休京拉派信徒。同時，在內戰期間即已興起的政治務實派（Politiques or Politicals）當道，他們由穩健的天主教派和中庸的休京拉派構成，認為國家與政府為重，教會屬次要。法國漸趨安定和繁榮。

　　最後一個宗教戰爭是大規模的三十年戰爭（Thirty Years' War, 1618-1648）。這個戰爭到一六四八年締和時法國和西班牙的矛盾仍未解決，兩國又繼續打了十一年至一六五九年方休。但法、西自一六四八年至一六五九年的戰爭便沒有太多宗教的成份。其原因甚為複雜：有宗教的糾紛，國際利益的衝突（如法國欲突破哈布斯堡王室勢力的包圍和西班牙想控有義大利和尼德蘭），領土的野心，經濟的貪婪，也有政治的仇恨。戰爭爆發於波西米亞，此因奧地利哈布斯堡王室欲箝制波希米亞的喀爾文教派，一六一八年發生布拉格拋窗事件（Defenestration of Prague），此為捷克貴族用傳統的把人拋出窗外以示決裂的方式，把裴迪南二世（Ferdinand II, 1578-1637, King of Bohemia, 1617-37, Holy Roman Emperor, 1619-37）派來的兩位欽差拋出窗外。於是引發神聖羅馬帝國聯同西班牙、巴伐利亞等舊教各邦征討波希米亞，繼之新教國丹麥及瑞典參戰，到後期政治色彩趨濃，法國以舊教國參加新教集團和勃蘭登堡以新教國參與舊教陣營作戰。戰爭的主戰場在日耳曼，騎士錄四騎士即戰爭、飢饉、災疫和死亡，馳奔全日耳曼，使之元氣大損。戰爭初期，哈布斯堡方面占優勢，但後期西班牙漸不支，其曾經不可一世的步兵在一六四三年洛克洛亞（Rocroy）一役

為法國所敗。一六四一年開始和談,至一六四八年才締和。

三、國際社會的出現

結束三十年戰爭的威西發利亞和約(Peace of Westphalia)簽訂於一六四八年十月二十四日。這是一個對近代西方有極大影響的和約。它的決定,主要內容為:在政治部份,瑞典、法國、勃蘭登堡等均獲得一些土地;神聖羅馬帝國的三百多邦皆成為獨立自主國家,對外享有宣戰、媾和之權,帝國形同解體。在宗教方面,羅馬教會(天主教)、路德教派和喀爾文教派均享有平等的權利。

更重要的,是這個和約正式結束了歐洲一統帝國和一統教會的兩大理想,此後各國並立和宗教紛歧成為普遍的常態。於是,列國制度(Staaten-system, or State System)形成,而國際社會(Family of Nations, or International Community)乃得浮現。這有一些特徵:一是主權平等的原則獲得承認,也就是國家與國家之間,儘管可能有所差異,但彼此的主權(sovereignty)卻是平等的。但是,此一主張的理論與實際有其差距,有人用「對天帝合法的事,對一頭牛不一定合法(只許州官放火,不許百姓點燈)」(Quad licet Jovi, non licet bovi)來說明這種狀態。二是外交制度的建立,外交關係(diplomatic relations)是在主權平等的基礎上發展出來的政府與政府之間的官方關係,它與一般的「對外關係」(foreign relations)不同。歐洲各國從前在一統帝國和一統教會的籠罩下,沒有主權平等的觀念,甚至各國間沒有彼此互為獨立主權國家的意識,各國政府組織中也就沒有「外交部」(foreign office)這種機關。各國在一六四八年威西發利亞和約以後才次第建立外交部[18]。三是各國依照自身的利益,透過交涉談判,甚

---

18 參看 L. Oppenheim, *International Law: A Treatise*, edited by H. Lauterpacht, 8th ed. (London, 1955), p.763.

至有時採取戰爭手段來調整彼此的關係，但均勢（balance of power）原則為指導原則。四是國際法（international law）得到發展，由於各國的國內法不適用於國際行為的處理，於是乃有國際法的需要，國際法萌芽於荷蘭法學家格勞秀士（Hugo Grotius or Huig de Groot, 1583-1645）在一六二五年歐洲正處於三十年戰爭時出版〖論戰和之法〗（*De Jure Belli et Pacis, or, On the Law of War and Peace*），此後有持續的發展而成為體系。

國際社會不斷地擴張，後來包括獨立後的美國，一八五六年結束克里米亞戰爭的巴黎和會使之納入土耳其，一八六〇年結束英法聯軍之役的北京條約牽引中國入內。後來凡是獨立國家均為其成員。

6

科學發展與啟蒙時代

- 自然科學的發展
- 人文社會及藝術和文學
- 啟蒙時代

　　十七和十八世紀是西方文化發展上的最重要階段之一。十七世紀是科學史上一個輝煌的時代，在此期內自然科學，雖然通稱為「自然哲學」（Natural Philosophy），卻已走出了「古代科學」（Ancient Science）的軀殼，有了新的基礎和新的內涵。十七世紀被懷海德（Alfred Whitehead）稱為「天才的世紀」（century of genius），科學大師輩出，他們的成果使科學成為可以驗證的有系統的知識，其操作情況已屬近代模式：第一、把理論與實際相結合；第二、以實驗的方法證實新說；第三、用數學語言表現定律；第四、互相切磋以交換心得。其成就堪稱「科學革命」（Scientific Revolution）。到十八世紀，由於科學方法和科學知識的發展與傳播，許多近代人所共同具有的思想和觀念開始萌芽與成長，乃被稱為「啟蒙時代」（Age of Enghtenment）。在這個時代，理性、自然律和進步，成為人的共同信念，人對理性的堅信不移，對自然律的重視，以及對進步的執著，均無以復加。此情況蔚為法國革命爆發前的時代特色。

　　十七世紀和十八世紀的文化發展，常被稱為「思想革命」（Intellectual Revolution），一種新的世界觀（Weltanschauungen）便告確立，人用批評的態度來理解他們所處的環境，日後改變世界的法國革命和工業革命便肇因於此。

第一節　自然科學的發展

一、方法論的突破

　　帶動十七世紀科學進步的一大因素，就是方法論的突破，此所謂：「工欲善其事，必先利其器」。這個時期，兩位方法論的大師尤為科學時代的先驅。一位是英國人培根（Francis Bacon, 1561-1626），另一位是法國人笛卡爾（Rene Descartes，拉丁文作 Renatus Cartesius, 1596-1650）。培根出生於倫敦，受教育於劍橋的三一學院（Trinity College）。他於一五八四年進入國會，但女王伊莉莎白一世並不十分欣賞他的才具。詹姆士一世（James I, 1566-1625, King of Scotland from 1567 and of England from 1603）後情況好轉，一六○三年封爵士，一六一八年任大理院院長（Lord Chancellor），並晉封男爵又晉子爵。一六二一年被控受賄而被罰鍰四○、○○○鎊且判入獄倫敦塔。後來雖經免罰免獄，但不再適任公職，乃從事研究和著述的工作。他計劃撰述一個有六帙大部頭的著作，題目為〖大更新〗（*Instauratio Magna, or, Great Renewal*）。不過，他僅完成了兩部：一六○五年完成〖進學論〗（*The Advancement of Learning*），後來用拉丁文擴大為〖科學的拓展〗（*De Augumentis Scientiarum*），於一六二三年出版。

　　不過，影響最大的，是一六二○年出版的〖新工具論〗（*Novum Organum*）。在此書中，他發展出一種新的治學方法，那就是歸納法（Inductive Method），此法的特點在於由特殊案例而發展出通則，這與由通例而推知通則的演繹法（Deductive Method）大不相同。原已存在的演繹法源自亞里士多德的三段論法（Syllogism），後為符號邏輯（Symbolic Logic）所

延伸，其法為由已知為正確的通則著手，而推及特殊案例，如人皆有兩條腿，某甲是人，所以某甲有兩條腿。此法雖有其價值，但在獲取新知方面，有其極限。歸納法則不同，它有四個步驟：第一為考察在所有已知事例中某一特定現象發生的情形；第二為考察在已知事例中此一特定現象不曾發生的情形；第三為考察在各種事例中此一特定現象出現程度的差異；最後在通盤檢查以上三種情況後，會發現某一因素存在，此種特定現象即會發生；某一因素不存在，此一特定現象即不會發生；此一因素存在的程度與該一特定現象發生的程度成正比。那麼，就可確定此一因素即為彼一特定現象的原因。培根在此書中亦主張理論和實踐應合而為一，用觀察、實驗和歸納的方法來研究問題。這種歸納法的治學展現可以發掘無窮的新知。不過，培根認為研究學問要有清明的心智，必須剷除四種心內的偶像或偏見。第一種洞穴的偶像（Idol of Cave），此為由每人的個性、癖好或特殊的境遇塑造而成的，一如自閉者的觀念世界，是狹隘的「坐井觀天」式的意識型態；第二種是戲場的偶像（Idol of Theatre），一般人總是接納某種傳統的思想或觀點，為一種接近「人云亦云」的情況；第三種是市場的偶像（Idol of Market），此為語言之蔽，指藉由語言溝通而形成的社會性的意見，但語言與實在是有距離的；第四種是種族的偶像（Idol of Tribe），此為習俗之蔽，來自社會環境和文化背景的影響而形成頑固的意識型態，易以一己的愛憎影響正確的思考判斷。

他在〖科學的拓展〗中，闡揚科學知識的重要性，並指出真正的知識乃是有用的知識。他死後在一六二七年尚有〖新阿特蘭提斯〗（*New Atlantis*）一書出版，描繪科學的烏托邦，認為人藉著對知識和自然的控制而創造出完美的社會。他預見工業革命的發生，並聲言科學可變成人類的臣僕，以及工廠可為良田。培根重視科學知識的功用，不認為理論科學和應用科學之間有真正的分野，他的徒眾更持知識即力量之說。

笛卡爾為哲學家和數學家，曾受教育於耶穌會學院和波瓦底埃大學（University of Poitiers）。一六二八年退居荷蘭，從事科學研究和哲學思

考。一六四九年受瑞典女王克麗斯娜（Christina）之邀，前往瑞典，後因不耐酷寒而死於此。他綜合代數和幾何而發展出解析幾何。他提供了科學的數學研究法，也給科學研究一個哲學的基礎。一六三七年他出版〖方法論〗（*Discours de Methode, or, Discourse on Method*），為用法文所寫的早期名著之一。笛卡爾主張有系統的懷疑，試圖懷疑一切可疑的事物，以求去舊布新。但他認為到最後他不能懷疑自己的存在，以及他自己是一個會思考而懷疑實體，因而有「我思故我在」（cogito, ergo sum, or, I think and therefore I am）的名句。然後，他以有系統的推理而得到上帝的存在。但是，他所說的上帝是指遙遠的和不具人格的上帝。他曾說，可以用「宇宙的數理秩序」來代替他所說的上帝。他創出二元論的哲學，即「笛卡爾二元論」（Cartesian Dualism）。他認為世界是兩元的，造物者在宇宙間創造了兩個實體或實在：一是思維的實體（thinking substance），此指心（mind）、精神、意識、主觀經驗；另一個是延伸的實體（extended substance），此指「心」以外的所有各個事物，而是客觀的。除了「心」以外的各個事物皆占有空間。他的哲學因為把心和物（matter）劃分開，可以使「心」以外的物理性的研究可以從時間、空間、運動來著手，不受其他干擾，此可使科學家對物理世界的研究當做一個自我發動的機械入手。此外，與培根不同的，是他較為重視數學。[1]

二、自然科學的進步

早在培根和笛卡爾提出方法論上的突破以前，波蘭天文學家哥白尼（Nicolaus Copernicus, 1473-1543）就提出與中世紀不同的天文學觀念。哥白尼的父母為波蘭日耳曼人，他先後在格拉科（Gracow）和義大利波隆那

---

[1] 參看 Edward McNall Burns & others, *World Civilizations*, 6th ed. (New York: Norton, 1982), Vol. II, pp.696-97.

和法拉拉（Ferara）等大學研習數學和醫學。他在法拉拉取得教會法博士學位後，在普魯士擔任教會職務。他的研究使他相信太陽中心說，即太陽而不是地球是宇宙的中心。他認為行星（包括地球）以圓形的軌道環繞著太陽旋轉。他認為這是因為較輕的物體朝向較重的物體運動，而太陽是最重的，故成為宇宙中心。但他的學說與基督教義不合，茲事體大。所以他的〖天體運行論〗（*De revolutionibus orbium coeletium or, On the Revolution of Heavenly Spheres*），在一五四三年他臨死前付印，並將之呈獻教宗保祿三世。路德教派學者歐欣德（Andreas Osiander）為之作序時，為保護哥白尼，尚稱哥白尼之說為一種基於數學的好奇的假說。事實上，在當初哥白尼的理論並未引起太大的注意。

而且，終十六世紀哥白尼之說未為天文學界所接受。哥白尼之後最有名的天文學家丹麥人布拉（Tycho Brahe, 1546-1601）仍遵守托勒密學說。不過，他勤觀天星，累積下許多有關星體位置的資料。他的學生，也是天文大師日耳曼人凱卜勒（Johannes Kepler, 1571-1630），雖然視力不佳，但長於數學計算，並善用布拉的資料，在一六○九年至一六一九年間，發展出三個定律。這就是凱卜勒三律（Kepler's laws）：第一、認為行星循橢圓形軌道（直至哥白尼仍認為是圓形的軌道）環繞著太陽運轉，每一個運轉的軌道均以太陽為焦點；第二、每一行星的內徑（radius vector，指連結此行星中心與太陽中心的線）在同等時間之內移動的空間相同，因此愈靠近太陽的行星因其軌道距太陽愈近而運轉愈快；第三、行星環繞太陽一周所需時間之平方與其距離太陽平均距離之立方成正比。

義大利科學家伽琍略（Galileo Galilei, 1564-1642）為集天文學家、數學家和物理學家於一身的人物。他出生在比薩，先後任教於比薩和巴都亞大學。他把速率和距離與時間的變數連在一起，而發展出加速度運動的原理。他在一五八九年至一五九二年間在比薩擔任教授時，開始其有關物體和運動的實驗，發現物體降落的速度與其重量並不成比例，差不多二十年後才得到物體降落的速率與時間成正比，而無關其重量和密度的結論。一

六〇九年他製成望遠鏡，使觀察天象不再靠肉眼，發現銀河為不可數計的星群，月球和金星有類似的盈虧，土星有環和木星有衛星等，一六一一年發現太陽黑子，這些都強化了哥白尼的學說。一六一〇年他出版〖星球的信使〗（*Nuntius Sidereus, or, Messenger of Stars*），把他的發現記錄其中。

此後太陽中心說逐漸推廣，此使羅馬教會深具戒心。特凌特會議召開以後尤然。先是義大利泛神論哲學家布魯諾（Giordano Bruno, 1548-1600）引用哥白尼理論攻擊正統教義，認為地球不過為億萬星球之一，人類在浩瀚無限的宇宙中是何等的渺小和微不足道，而基督教義卻以地球為中心和以人類為主角，上帝偏偏又派其獨生子耶穌降臨為人類贖罪，此為何其荒謬的想法！他認為在其他星球上，也許也存在類似地球上人類自以為是的想法。他相信上帝存在於萬物之中。

一六〇〇年，布魯諾被異端裁判，且處炮烙死刑。一六一六年起，哥白尼的〖天體運行論〗被羅馬教會列為禁書，至一八三五年方解禁。至於伽俐略也在一六一六年受異端裁判的警告，說他在傳播「假的畢達哥拉斯學說」（false Pythagorician doctrine），此年他被召至羅馬，受到不得再宣揚哥白尼學說的警告。一六三二年他出版〖兩大世界體系對話錄〗（*Dialogo sppra I due massimi sistemi del mondo, or, Dialogue on the Two Great World Systems*），此書在表面上是為托勒密體系辯護，所以教會准予出版。但是，書中所描述的，為托勒密體系辯護的辛浦里西烏斯（Simplicius）為一愚不可及的人物。有人進讒言說此為諷刺當時教宗烏爾班八世（Urban VIII，在位時期 1623-44）。於是，伽俐略被召至羅馬審判，一六三三年被判終身監禁，並撤回「異端與謬見」。據說，他在表示撤消自己的意見之後，仍喃喃自語：「它（地球）是在動嘛！」（Eppur si muove）。此固為傳說，後來發現寫在一個大約在一六四〇年完成的伽俐略畫像上。他最後被允許幽居在佛羅倫斯附近的阿賽特里（Arcetri），仍在不斷研究物理。

伽俐略的事例，說明科學家在此時仍可能受到迫害。他的案子，在羅馬教會內，一直到一九九二年十一月一日因為教宗認錯並讚揚伽俐略在天

文學的貢獻，才得到平反。這位教宗是若望·保祿二世（John Paul II, 1920-2005, 在位時期 1978-2005，為一波蘭人，也是四五五年來第一位非義大利籍的教宗）。到牛頓（Sir Isaac Newton, 1642-1727）的時代，科學家已甚受尊崇。但是，科學研究與學術自由仍未能完全免於威脅，還會受到非科學原因的打壓。納粹德國時期，迫害猶太人，僅一九三三年至一九三五年間，就有近二千名猶太裔科學家被迫離開德國。一九二〇年代，蘇聯在遺傳學界有領先地位。小麥育種專家瓦維洛夫（Nikolai I. Vavilov, 1887-1943?）在基因遺傳研究，有突破性的發展。但一九三〇年代，史達林搞集體農場，發生危機，里森科（Trifim D. Lysenko, 1898-1976）以一個非研究遺傳的農藝學者，提出可藉改變作物的生長環境和生命週期階段以創造新的品種作物的說法，指有機體可經由「訓練」而改變，拒絕基因決定遺傳之說。

他的理論得到史達林的支持，他與瓦維洛夫之爭演為社會主義生物學與資本主義生物學之爭，最後瓦維洛夫死在集中營中。即使是在美國，這類悲劇也未能倖免。物理學家歐本海默（Julius Robert Oppenheimer, 1904-1967）曾為發展原子彈的曼哈坦計劃（Manhattan Project）的重要主持人，當時曾有他在一九二〇年代留學德國時與左翼份子有所關連的疑慮，但因發展原子彈的迫切性而無暇顧及。後來他反對發展氫彈，一九五三年發生安全上的疑慮，後雖通過安全過濾，仍不准再接觸機密，後為普林斯頓高級研究所所長。他的案子，曾引起很大的爭議。[2]

數學方面，自從中世紀後期採用阿拉伯數字以後，計算已趨方便。歐幾理德幾何（Euclidian geometry）亦因一五〇五年拉丁譯本的出版而廣為流傳。義大利數學家嘉戴諾（Girolamo Cardano）於一五四五年出版『大藝』（*The Great Art*），成為代數學上的劃時代著作。十七世紀以後有些

---

2 參看 Loren Graham, *Science in Russia and the Soviet Union : A Short History* (Cambridge : Cambridge University Press, 1993)；P.M. Stern and H.P. Green, *The Oppehheimer Case* (1971).

發展:第一是小數(decimals)的介紹,一六一六年開始有小數點而使小數演算節省很多時間;第二是蘇格蘭人納皮爾(John Napier)在一六四○年發明對數(logarithms),使演算更為省力;第三是笛卡爾在一六三七年在其解析幾何中指出幾何和代數可以互相換算;第四是一六八○年後,牛頓和萊布尼茲(Gottfried Wilhelm von Leibniz, 1646-1716)分別發明了微積分學,使變動中的量可以方便地計算。

物理學的發展甚為顯著。伽俐略在一五九一年左右發現物體降落的速率與重量無涉。他在動力學方面的探討,發現動者恒動和靜者恒靜的慣性原理。凱卜勒和笛卡爾發現光的折射。十七世紀初英國人吉伯特(William Gilbert)發現天然磁石的特性並指出地球為一大磁場,他也把「電」(electricity)介紹進一般字彙。

此時代最偉大的科學巨人是英國人牛頓(Sir Isaac Newton, 1642-1726)。他於一六六一入劍橋三一學院(Trinity College)就讀,一六六二年至六六年間,劍橋因瘟疫關閉,他回到沃斯佐普(Woolsthorpe)老家,此時他發現萬有引力,開始發展微積分和瞭解白顏色的光是由不同顏色的光譜組成。一六六七年當選三一學院院士,一六七二當選皇家學院(Royal Society)院士。牛頓是多方面的天才,他是數學家、天文學家和物理學家,也有高度的綜合能力。他綜合凱卜勒的天體以橢形軌道環繞太陽又偏向太陽運轉的天體引力說,以及伽俐略及吉伯特的落體和磁力的地心引力說,認為是同一定律的一體之兩面,這個定律就是萬有引力定律(law of universal gravitation)。據說牛頓在一六六五年他二十三歲時便在沃斯佐普家鄉悟出是理,不過直至一六八七年他出版劃時代的科學史上的鉅著,即『自然哲學的數學原理』(*Philosophiae naturalis principia mathematica, or, Mathematical Principles of Natural Philosophy*)才公佈於世。在此書的第一部份,討論力學,其中包括他的運動三定律:第一個定律是,物體非受外力干預則靜者恒靜和動者恒動(以慣常速率運行);第二定律是,物體運動速率之變化與所受外力干預之大小成正比;第三定律是,物體之運動

會產生一個大小相等而方向相反的運動。第二部處理流體動力和其他課題。第三部為萬有引力，討論地面上的落體和太空中行星、慧星等等運動的情形。牛頓用微積分計算出結果，卻用較舊的幾何方法來解釋。他在光學方面的研究成果，見於他在一七〇四年出版的〖光學〗（*Opticks*），提出光（light）係由微粒（corpuscles）或分子（particles）構成的，此種微粒論（corpuscular theory）支配光學研究直迄十九世紀之初，始為光波論（wave theory of light）所取代。牛頓晚年比較對冶金術、神學、歷史，特別是編年史有興趣。當時牛津、劍橋在國會有代表權一六八七年至一六九〇年和一七〇一年至一七〇二年，他曾兩度為代表劍橋大學的國會議員。他從一七〇三年擔任皇家學院院長，直至逝世為止。他也曾任鑄幣局長，一七〇五年晉封騎士。他是一個心胸開闊而大方的人，但有時也捲入爭議，最為大家所熟知的，是他與萊布尼茲在誰發明微積分的爭執，後來雖為世人承認兩人都有功勞，但當時兩人爭執甚烈。

其他科學也有發展。愛爾蘭化學家波義耳（Robert Boyle, 1627-1691）奠下近代化學的基礎，他擯斥煉丹之說，分辨化合物與混合物，提出波義耳定律（在常溫中氣體的減少與壓力成正比）；英國化學家卡文地斯（Henry Cavendish, 1731-1810）在一七六六年發現氫；法國化學家拉瓦謝（Antoine Lavoisier, 1743-94）有「化學界的牛頓」之稱，他發現燃燒及呼吸均與氧化有關，鑽石為一種碳，以及物質不滅定律。生物學方面，瑞典人林內（Carl Lenne, 1707-78）已將生物分為門（class）、屬（genus or genera）和種（species），並稱人類為「智人」（homo sapiens）。解剖學有相當發展，英國人哈維（William Harvey, 1578-1657）已對人的血液循環和心臟功能有所瞭解。醫學方面，一七九六年英人珍納（Edward Jenner, 1749-1823）發展出預防牛痘接種法，人類對消除傳染病漸具信心。地質學方面，開山大師蘇格蘭人赫頓（James Hutton, 1726-1797）在一七八五年提出其「一致假說」（uniformitarian hypotheses），認為過去的地質變化與現在的地質變化並無二致，正如現在地球受風蝕、河流及內部變化的影響而漸生變化一

樣,在遠古即因類似的原因而經常改變,此說與聖經所述地球由上帝創造成現狀的說法大相逕庭。

值得注意的,是技術亦在萌芽。後來推動工業革命的蒸汽引擎亦告萌芽。一六八一年法國人巴平(Denis Papin)設計出蒸汽活塞,因其產生的動力不大,僅可用於烹飪。此後英國人亦注意及此。紐昆門(Thomas New-comen, 1663-1729)在一七一二年頃發展出動能較大的蒸汽引擎,但因體積大且耗燃料多,多在煤田供抽水等用途。此種蒸汽引擎後經蘇格蘭人瓦特(James Watt, 1736-1819)的改良,成為工業革命早期的重要動力來源。

此一時代最耀眼的天才人物,還是牛頓。他的偉大在於把宇宙萬物均納入一般人可以理解的「牛頓世界機械」(Newtonian World-Machine)之中。他的成就之大、聲譽之高,以及影響之深遠,可從英國詩人波普(Alexander Pope, 1688-1744)為他預擬的墓誌銘看出:

> 自然和自然的法則晦暗如長夜;
> 上帝說,「牛頓出」,一切乃光燦輝煌。[3]

順便在此談談,所謂牛頓在故鄉沃斯佐普的蘋果樹下因為被落地的蘋果擊中而悟出萬有引力的道理,以及瓦特因見母親燒開水壺蓋為沸騰後的水蒸氣衝開壺蓋而發明蒸汽引擎,完全不是這麼一回事。這些故事可作為「科學傳奇」或「科學神話」而可能有啟發性,但卻不合事實,因為我們知道牛頓學說和瓦特蒸汽引擎,有其發展的脈絡。不過,有時仍然很有意思。一九五四年劍橋三一學院忽發奇想,從牛頓舊居的沃斯佐普邸第(Wools-thorpe Manor)移來一顆蘋果樹,但到二〇〇二年其生長情況仍然不佳。[4]

---

3 原句作:Nature and nature's laws lay hid in night; God said, "Let Newton be," and all was light 轉引自 R.R. Palmer, *A History of the Modern World*, 6th ed. (New York: Knopf, 1984), p.288.

4 參看 "Isaac Newton and Apple Tree", *Trinity College Cambrdidge, Annual Record 2001-2002*, pp.17-20.

是否牛頓地下有知，不接受此一盛意？

另一發展，是自十七世紀，學術組織亦次第出現，顯示學術研究走上建構化。其中較早的，有一六○一年在羅馬成立的山貓學會（Academia dei Lincei, or Academy of the Lynxes）（此因山貓善於透視秘密而命名），一六二五年在日耳曼成立的自然探奇學院（Collegium naturae curiosorum, or College of Natural Curiosities），一六五七年在佛羅倫斯成立的實驗學院（Academy for Experiments）。最負盛名的，有一六六二年成立於倫敦的皇家學院（Royal Society），以及一六六六年成立於巴黎的法蘭西科學院（Academie des Sciences）。一七四三年建立在美國費城的費城哲學會（Philosophical Society of Philadelphia），是新大陸的第一個類似的組織，為佛蘭克林（Benjamin Franklin, 1706-90）所發起。這些學術團體發行期刊和出版書籍，也舉辦學術會議，用以傳播知識和交流意見。

第二節　人文社會及藝術和文學

一、人文及社會學科

(一)哲學

此時人文和社會學科有了長足的發展。以哲學而言，近代西方哲學肇基於此時。西方哲學的兩大派，即理性論（Rationalism）和經驗論（Empiricism），以及其他的哲學理論均告形成。

理性論主張僅靠理性（reason），而不必借助於經驗，即可獲得有關宇宙的基本真理。他們認為知識源自先天的觀念（innate ideas），從先驗

的（a priori）或自明的（self-evident）原則出發，經由邏輯的演繹的方法來取得。此派大師有笛卡爾、萊布尼茲和斯賓諾沙（Baruch or Benedict de Spinoza, 1632-71）。後來的唯心派哲學家屬於此類，其中最著者為黑格爾（Georg W. F. Hegel, 1770-1831）。

笛卡爾雖然有時承認經驗在物理世界的重要性，仍認為先驗的頓悟或直覺及演繹推理是求取真理的途徑。萊布尼茲是一位社會生活也很成功的哲學家和數學家。他在一六六六年至一六七三年間曾為神聖羅馬帝國選侯梅茲（Mainz）大主教國的外交官，且曾出使路易十四的法國。一七〇〇年他出任普魯士科學院第一任院長。他也曾為神聖羅馬帝國樞密大臣，封為男爵。在哲學思想上，他認為宇宙為神聖設計的結果，一切井然有序，彼此相關。他相信宇宙由無數個精神單位所構成，他稱這種單位為單子（monad），這種單子是實體，是萬物根源，是不可分割的和不生不滅的；宇宙萬物中雖一塵之微，單子亦充滿著；單子有其統階，最大和最超越的單子即為上帝；上帝允許意志的自由，但他所締造的世界仍為「許多可能的世界中的最完美者」（the best of all possible worlds）。他的理論，主要見諸他在一七一四年出版的〖單子論〗（*Monadology*）。

斯賓諾沙出生在荷蘭阿姆斯特丹，出身猶太家族，受猶太教育。一六五六年因其獨立思想為猶太社會驅除，他自此不再使用猶太式的巴魯克（Baruch）名子而改採拉丁文式的名子本篤（Benedict）。一六七三他拒絕海德堡（Heidelberg）大學的教授聘約而寧願保持他在阿姆斯特丹磨透鏡的工作以求能可以安靜思考。他的主要著作有一六七〇年出版的〖神學·政治學論〗（*Tractus theologicus-politicus, or Theologico-Political Treatise*）和一六七七他死後出版的〖倫理學〗（*Ethics*）。他接受笛卡爾的心物二元論，但他認為心與物為同一本質的不同的特性，此一本質即為上帝，也就是自然；上帝是無限的，具有很多的特性，不過心與物是人類心靈所能知曉的兩種。他認為任何事物皆為上帝的一面。他這種泛神論的觀點，使他為當世（猶太人和基督徒）所不容。事實上，他有很深的宗教感，認為人

生的最高快樂在體認到自己為無所不包和無所不在的上帝的微細部分。他不相信聖經是神的啟示，亦不相信神跡。在倫理典範方面，他主張純潔而嚴正的生活，財產、權勢、名利、歡樂都是空的，永恆的快樂在於敬愛上帝，也就是崇拜自然的秩序與和諧。

經驗論主張感官經驗才是知識的可信的來源，也重視歸納法。知識來自後天的（a posteriori）經驗，唯有用觀察和實驗的方法始能判定其真確與否。英國哲學家洛克（John Locke, 1632-1704）為此派的巨擘。他認為，知識的對象是觀念，而觀念的唯一來源則為經驗。他認為，一切觀念都是來自經驗的和後天的，沒有什麼先天的觀念。他的力作為一六九○年出版的〖人類悟性論〗（*An Essay Concerning Human Understanding*）。他指出：所存的知識均來自經驗，而經驗有兩種，即外在的經驗（outer experience）和內在的經驗（inner experience）。外在的經驗來自五種感官，此為遇到外界刺激時所獲得的經驗，也就是感覺；內在的經驗則來自思考，由心內的各種作用而生，也就是反省（reflection），這包括想像、記憶等等。一切觀念皆由此兩種經驗的各種結合而產生。觀念大致有兩種：簡單觀念（simple ideas）和複合觀念（complex ideas）。洛克把初生嬰兒的心靈比作白紙（tabula rasa）。他認為心靈既在最初為沒有特性和缺乏觀念的白紙，唯賴經驗加以充實。因此，他認為人的知識和信念都是訓練和環境的產物，也就是經驗的果實，經驗為一切觀念之始，亦為一切知識之本。經驗論學派後來又有愛爾蘭的柏克萊（George Berkeley, 1685-1753）和英國的休謨（David Hume, 1711-76）。

(二)政治思想

自從文藝復興時期，馬基維里已經奠定了政治學的基礎，使之從神學和道德哲學中獨立出來。十七世紀政治理論亦大有發展。此時期政治和社會思想進展在兩個問題上：自由與權威的關係和「美好社會」（good society）的性質究應如何。十七世紀的政治理論家或政治哲學家一方面受自

然科學的激勵，企圖用科學的分析方法來研究人類社會，以估量和改進現
存的政治和社會制度；另一方面，由於自然律哲學思想的興盛，使他們對
於自然律和自然權利有很大的期盼。這個時期的政治理論屬於「自然律學
派」（School of Natural Law）。所謂「自然律」是，有鑒於宇宙所表現出
來的秩序與和諧，使人認為世間亦有判別是非對錯的準則，而此種準則是
超越任何威權之上和放諸四海而皆準的。沒有人能將此種自然律曲為己
用，所謂「明」君和「賢」人，是因為他們的行為符合尺度和標準。再
者，此種自然律可以為人的理性所發現，而人既是理性動物，所有各民族
和各色人等均具有或潛賦有同樣的理性和理解力。此種看法雖在十九世紀
末年以後動搖，而人不再被認為是理性的動物，其行為受本能或慾望的驅
使，而人與人之間也存有很大的基本差異，不過在當時自然律的觀念卻是
流行的。在這個基礎上有的思想家欲建立國際法，荷蘭人格勞秀士在一六
二五年出版〖論戰爭與和平的法律〗。日耳曼人普芬道夫（Baron von Sa-
muel Pufendorf, 1632-1694）認為各國之間的自然關係，一如人與人之間的
關係是和平的，戰爭是對違反國際法國家的懲罰，而且是在各種和平的矯
正的方法均告無效之後方可使用的。他在一六六一年出版〖普遍管轄的要
素〗（*Elementa jurisprudence universalis*），在一六七二年出版〖自然法與
國際法〗（*De jure naturae et gentium, or, On the Law of Nature and of
Nations*），闡明其思想。

　　在國內政治方面，亦有各種不同的主張，有人主張專制，也有人鼓吹
立憲。不同的主張均可從自然律哲學中找到依據，不過政府型態，只是一
種手段，他們認為政府體制的本身並無絕對的價值。主張專制的代表人物
為英國哲學家霍布士（Thomas Hobbes, 1588-1679）。他曾在牛津瑪達琳學
院（Magdalen College）就讀。他的思想受到兩個因素的影響，一為自伽俐
略以來自然科學的發展，使他認為只有物質的存在，因而他的思想富唯物
色彩；另一為受英國革命和內戰的影響，使他相信人性是自私的。他的政
治理論見諸他在一六五一年出版的〖利維坦〗（*Leviathan*）。他一如亞里

士多德認為人是社會動物,但亞里士多德認為這出於人的本性,他卻認為這出自人的需要。他認為人一如別的動物,其思想、感受和慾求均受外在刺激而產生,只是程度有異而已。人沒有自治的能力,人性是低下的。人的各種活動,包括政治活動在內,係源於對安全或自保(self-preservation)的需求,國家和社會的起源並非由於人的社會本性,而係起源於相互的恐懼。他指出,在沒政府組織以前的狀態是「自然狀態」(State of Nature),這是一個紛爭而混亂的狀態,到處充滿著奪取和鬥爭,除了強者以外,無人是安全的。人生在這種情況下是「孤單的,可憐的,污穢的和短促的」(solitary, poor, nasty, brutish, and short),於是為了免除恐懼,獲得秩序和保障權益,以及為了避免發生「全部對抗全部的鬥爭」(bellum omnium contra omnes, or, war of all against all),人乃互相同意將他們所有的個人權力交付給一個人或一個團體,以作為主權者(sovereign)來治理他們。此一主權者必須有絕對的或不受限制的權力,也唯有如此,始能維持秩序,給大家帶來安全。主權者或政府必須像「利維坦」,也就是龐大而有力量。至於政府型態並不重要,但霍布士認為君主政體中主權者和政府最能合而為一。他給予主權觀念以最廣泛的解釋,主張主權者握有君臨一切的權柄,是正義的泉源和法律的創造者。他指出,任何人不得干預主權者或政府的行動,因為這樣做是危險的,可能使混亂時代再度來臨。[5]

此時期也有人鼓吹憲政,其中最重要的是英國哲學家洛克。洛克是英國光榮革命的辯護者,他把發生在英國一隅的事件予以世界性的意義。在政治態度上,他一直與英國的惠格黨人(the Whigs)接近,一六八三年至一六八九年間且一度流亡荷蘭。他的政治理念見諸他在一六九〇年出版的『政府論兩篇』(*Two Treatises on Government*),尤其是第二篇說得更為透徹。他也認為在政府組織出現以前有「自然狀態」(State of Nature)的

♪ 參看 The New Cambridge Modern History, Vol. V, *The Ascendancy of France* (Cambridge University Press, 1964), pp.103-04.

存在，但人在這種狀態中是安全而平等的，人人也都是獨立的，在此環境中，唯一的法律是自然律。他認為，儘管在「自然狀態」下缺乏公共威權，一切卻是合理的，因為人都有「正確的理性」（right reason）和「寫在人心內的」（written in the hearts of men）自然律，而且二者皆有其「自然法權利（natural law rights），如生命、自由和財產等等。但是，另一方面，如果人人都是他「自己案件的法官」（a judge in his own case），就會趨向於用自己認為適當的方式來保障自己的權益，那就會導致混亂和不安。

所以，他也和霍布士一樣，認為人民既在個別的情況下，在「自然狀態」中對自己的權益不易贏得適當的保障，乃互相同意進入「契約」（contract），以建立政府來保障人的權益。政府係由契約組成的，但此種契約並非如霍布士所說得那麼無條件的和無限制的，人民交付給政府的權力只是自然法的執行權，而其他的權力和權利並未讓渡，因之人民與政府之間有相互的義務，政府不可越出和濫用人民交付的權力。他承認人民的一切行為必須合乎理性，因為只有理性的人才配享有政治自由。他指出，自由（liberty）不是任意胡為，而是不受他人脅迫的自由行動。只有理性而負責的人，始得行使「真正的自由」（true freedom），而人是可以經由教育變為理性的和負責任的，因此能夠而且應該是自由的。他認為政府有它的義務，如果政府破壞契約，不但不能保障人民的權益，而且威脅到人民的權益時，人民可以反抗。他也承認反抗政府是危險的事，可能導致混亂，但總比被奴役（enslavement）要好。他反對任何形態的專制。另外他雖主張維護立法部門的地位，但也不主張給予人民代表無限的權力。[6]洛克的學說有很大的影響，後來的美國獨立宣言便是根據他的理論寫成。

---

6 參看 Ibid, pp.119-21.

(三)史學和考證之學

這個時期的史學有些發展。義大利人維哥（Giovanni Vico, 1668-1744）提出文化循環論，認為社會發展有三個階段，即神權政治、貴族政治和民主政治，而每一階段均含有自己毀滅的種子。日耳曼哲學家赫德（Johann Gottfried von Herder, 1744-1803）在其一七八四年至一七九一年出版的〖歷史哲學的理念〗（*Ideas on the Philosophy of History*）（四卷）中認為人類的文化演進為自然演進的一部份，而非人類理性和自由意志的顯現。十八世紀理性主義當道而呈現輕蔑信仰和迷信的態度，英國歷史學家吉朋（Edward Gibbon, 1737-1794）在一七七六年至一七八八年間出版的〖羅馬帝國衰亡史〗（*The Decline and Fall of the Roman Empire*）（六卷）[7]，認為羅馬帝國的衰亡導因於野蠻人的入侵和基督教的勝利。

考證之學亦萌芽於此時。最主要的有法國本篤會修士馬必揚（Jean Mabillion, 1632-1707）精於考證，在一六八一年出版〖古文獻研究〗（*De re Diplomatica, or On Diplomatics*），一七〇四年又出版補篇。他建立了古文書學（Paleography）或文獻學（Science of Diplomatics）的研究方法。此外，年代學（Chronology）亦於此時出現，愛爾蘭阿瑪（Armagh）大主教吳式（James Ussher, 1581-1656），為其大師之一，但他考訂上帝創造宇宙萬物的時間為西元前四〇〇四年十月二十三日，則不具說服力。

二、藝術和文學

(一)藝術

十七世紀最重要的藝術風格是巴洛克款式（Baroque style）。巴洛克一

---

7 現行標準本為拜瑞（J.B. Bury）所編的七卷本，在一八九六年至一九〇〇年版。

詞原指一種新風格的建築,後來泛指其他的藝術形態如繪畫、雕刻和音樂等。它的特色為氣象宏偉和富麗絢燦。這種風格在十六世紀源起於義大利,後來傳入法國和歐洲其他國家,而大行於十七世紀。它興起的原因有:第一是藝術家對文藝復興時期藝術重視勻稱、節制和秩序的一種反動,而嘗試用其他的方式從事創造;第二是處於君主專制的時代,需要莊嚴而富麗的風格以表示君王的威權;第三是羅馬教會的對抗改革激起宗教的熱情,此種風格能夠彰顯宗教運動的特質。[8]

　　巴洛克建築表現著雄偉、雕琢精細和裝飾華美的特色。它大量而廣泛地使用「古典的」因素,如柱、圓頂、拱門和神話故事的雕景,其內部亦富麗堂皇,配以鍍金、銀飾和明鏡。最著名的有義大利建築家貝爾尼尼(Giovanni Lorenzo Bernini, 1598-1680)為羅馬聖彼得教堂所設計的柱廊和廣場,還有歐陸上法國的凡爾賽宮(Palace of Versailles),它是由列伏(Louis Le Vau, 1612-1670)、馬沙(Jules Hardouin Mansart, 1646-1708)等大師設計,庭院設計者主要是列諾特(Andre Le Notre, 1613-1700),而宮殿裝飾則主要出諸列布勞(Charles Le Brun, 1619-1690)之手,工程自一六六〇年開始,至一六八二年朝廷遷來時尚未完全竣工。在英國此種建築並不多見,但倫恩(Sir Christopher Wren, 1632-1723)所設計的聖保羅大教堂(St Paul's Cathedral)屬於此類。另外,英人為感念約翰・邱吉爾(John Churchill, 1stDuke of Marlborough, 1650-1722)在牛津郡興建布列納穆宮(Blenheim Palace)亦甚堂皇。不過,英國此時期建築屬喬治式(Georgian style),此指一七一四至一八三〇年間四個喬治王時期的建築,此種風格仍有古典味,重視勻稱,廣泛地採用磚和石,在房頂四周有較大的飛簷,兩邊排列著相對稱的煙囪,其中以倫敦的英格蘭銀行為著。此時期在北美興建的同樣風格的建築物稱為殖民式(Colonial style),美國維吉尼亞州首

---

8 參看 *The New Cambridge Modern History*, Vol.V, pp149-56; Eugene Weber, *A Modern History of Europe* (New York, 1971), 349-50.

府里契芒（Richmond）的威西托弗邸第（Westover Mansion）（完工於一七三五年）即屬之，該建築現為博物館。十八世紀另一種藝術風格，即洛可可式（Rococo style），這是一種更典雅也更精緻的風格，講究室內布置，喜用花木和傢俱裝點，又因此時對中國風格熱烈的愛好，而有中國物品（chinoiserie）。此由法傳至他處，特別是奧地利和日耳曼，較著者有凡爾賽宮的小特亞農宮（Petit Trianon），以及普魯士腓特烈二世在奧地利王位繼承戰爭（War of Austrian Succession, 1740-48）以後在波茨坦（Potsdam）所建的無憂宮（Sans Souci）。十八世紀末年又回到古典（希臘和羅馬）的風格，此稱新古典主義，至十九世紀盛行。

其他的藝術活動也是先為巴洛克，繼為洛可可，然後回到新古典主義。在繪畫方面，巴洛克繪畫重視突出的構圖方法，畫家喜歡捕捉空間和運動的感覺，用易於瞭解和喚起熱情的手法，同時畫作的尺碼很大。主要畫家有義大利人喀拉西（Annibale Caracci, 1560-1609），作品有一六〇一年的〔十字路口的赫克力斯〕（Hercules at the Crossroads）；法蘭德斯（今比利時）的魯賓斯（Peter Paul Rubens, 1577-1640），作品甚多，其中有一六一一年所作的〔高舉十字架〕（Elevation of the Cross）；荷蘭的龍伯冉（Rembrandt van Rijin, 1606-69）為偉大畫家，其名作有〔浪子回家〕（Return of the Prodigal）。法國的普賽（Nicolas Poussin, 1594-1669），長於風景和戰爭場面，他在一六五〇年左右所作的〔聖約翰在巴特摩斯島〕（Saint John on Patmos），為聖約翰坐在一個古典寺廟的廢墟上，此島在愛琴海中，傳說為約翰撰寫〔啟示錄〕（Revelations）之處，象徵基督教的戰勝異教。十七世紀末年，洛可可風格興起，其特色為輕柔、小巧、詩意和想像。有兩位法國畫家較著，一為瓦圖（Antoine Watteau, 1684-1721），其作品有一七一七年所作的〔首途西賽拉島〕（TheEmbarkation for Cythera）（希臘神話說該島為愛神第一故鄉，畫中是一群法國貴族啟程前往煙霧濛濛的西賽拉島，輕快而富詩意）。另一法國人弗拉哥納（JeanHonore Fragonard, 1732-1806）在一七六八年所作的〔鞦韆〕（The Swing），畫中一位

少婦由年老夫君扶著盪鞦韆，鞦韆上昇時忽見一年青英俊男子正在籬笆的另端，乃拋鞋示意，頗為引人遐思。此種情景似較「牆內鞦韆牆外道，牆外行人牆內佳人笑」尤進一步。一般公認此畫與魯賓斯的〔高舉十字架〕為巴洛克和洛可可不同風格的對比。

在雕刻方面，巴洛克風格顯示在貝爾尼尼所設計的一些噴泉和祭壇上，有的取材希臘神話。

音樂有長足發展。為了配合宮廷和教會的需要，音樂展現了巴洛克色彩。日耳曼風琴作曲家和演奏家巴哈（Johann Sebastion Bach, 1685-1750）和歌劇作曲家韓德爾（George Frederic Handel, 1685-1759, 1712 後終老英國）為著名人物。新的音樂形式也大有發展，如奏鳴曲（Sonta）、交響樂（Symphony）等。這多歸功於奧地利音樂家海登（franz Joseph Hayden, 1732-1809）和莫札特（Wolfgang Amadeus Mozart, 1714-1787）。十八世紀洛可可的音樂風格，也就是比較柔美和較為不重形式和氣派的樂風，如法國的庫派林（Francois Couperin, 1688-1733）和日耳曼的馬提森（Johann Mattheson, 1681-1764）等。

(二)文學

文學也有發展，這多歸功於散文趨於成熟。在一八〇〇年以前，小說已頗發達，此在英國較為顯著。英國人狄福（Daniel Defoe, 1660-1731）在一七一九年出版〖魯賓遜飄流記〗（*Robinson Crusoe*），有相當的寫實效果，以致被認為「撒謊一如真實」（lied like truth）。不過，狄福的作品仍多為連續冒險故事而沒有持續性的情節（plot）。斯威夫特（Jonathan Swift, 1667-1745）在一七二六年出版〖蓋烈佛遊記〗（*Gulliver's Travels*）為諷世之作，亦非真正小說。李嘉生（Samuel Richardson, 1689-1761）的小說開始有計劃的情節，他在一七四〇至四一年間出版四冊的〖潘咪拉〗（*Pamela: Virtue Rewarded*），寫一女僕保護其榮譽的種種努力，終獲成功。菲爾定（Henry Fielding, 1707-1754）在一七四九年出版的〖湯姆·瓊斯〗（*Tom*

Jones）已認為有完美的情節，此作寫一年青人冒險的故事，情節曲折，最後終於弄清身世。高德斯密士（Oliver Goldsmith, 1728-1774）在一七六六年出版〔威克菲爾牧師傳〕（*the Vicar of Wakefield*），手法已甚成熟。

詩歌在這個散文時代有些薄弱。由於理性主義的發展和此期注重語意明晰的寫作習慣，使詩也有了散文的味道。主要的詩人在英國有德萊頓（John Dryden, 1631-1700）和波普（Alexander Pope, 1688-1744）。史詩方面以英國詩人彌爾頓（John Milton, 1608-1674）為主要，他在政治立場上是英國清教徒革命的辯護者，曾任克倫威爾（Oliver Cromwell, 1599-1658）政府的拉丁秘書，因工作過勞而導致全盲，且有痛心之作十四行詩〔論其盲〕（On His Blindness）。他的名作有一六六七年問世的〔失樂園〕（*Paradise Lost*）和一六七一年出版的〔重獲樂園〕（*Paradise Regained*）。前者敘述撒旦、亞當、夏娃背叛上帝的故事，其目的為說明「上帝對人的態度為正當」（to justify the ways of God to men），為其時代宗教信仰的綜合；後者描寫基督克服魔鬼的試探的故事。到十八世紀後期，詩的創作才又漸漸發達。

散文方面，此一時期甚為發達。事實上，英國的洛克、吉朋、休謨、約翰生（Samuel Johnson）、亞當‧斯密（Adam Smith）和柴斯特菲（Lord Chesterfield），以及法國的伏祿泰爾、孟德思鳩、狄德洛和盧梭皆為散文家。此外，在十七世紀中葉至十八世紀初的法國路易十四時代，法國也有一些散文家。其中有：盧契弗科（François, duc de La Rochefoucauld, 1613-1680）文思清新，而發人深省，他在一六六五年出版的〔箴言集〕（*Maxiimes*）內有，「德性常是罪惡的偽裝」和「多數人維護正義是常因恐怕遭受不義」等警句；拉芳丹（Jean de La Fontaine, 1621-1695）在其〔寓言集〕（*Fables*）（1668-1694 出版十二冊，包括 230 個寓言）中有雋永語，如「最強者常是最好的意見」；科學家巴斯加（Blaise Pascal, 1632-1662）亦為散文大家，他死後八年在一六七〇年出版的〔冥思錄〕（*Pensees*），提出基督啟示的知識是最完美的知識及信仰較諸理性為更健全的嚮導，因為

理性有其限度而信仰無限。[9]

　　戲劇也甚盛行。十七世紀在法國劇作家有康迺伊（Pierre Corneille, 1609-1684）、拉辛（Jean Racine, 1639-1699）和莫里哀（Jean Baptiste Poquelin Moliere, 1622-1673）。康迺伊常被稱為法國古典悲劇之父，事實上他喜歡悲喜劇的創作。他的名著有〖賽德〗（*Le Cid*），取材於西班牙民族英雄故事。這個劇本曾被法蘭西學院（Academie Francaise）指責破壞了古典的三一律，即每戲應包括一個單一的情節，單一的地點，以及一天之內，同時也有違禁止暴力在舞台出現的規則。但它甚享盛名，且對人物的心理刻畫入微。他也喜歡自羅馬歷史造取題材，另外他也有喜劇〖謊言者〗（*Le Menteur*）。拉辛長於詩劇，韻文優美，比較遵守古典規律，他的作品多屬悲劇。他劇中的人物多有不能自拔的激烈的情感，但多忽略現實而亟欲伸張自己的意志，在劇情發展中他們多造成自己所愛的人的死亡或不可恢復的創傷，最後在絕望中覺醒和接受痛苦的現實。他的風格接近古希臘的索福克利斯（Sophocles）。他的作品有〖安多瑪克〗（*Andromaque*），寫特類英雄赫克多（Hector）之妻安多瑪克（Andromache or Andromaque）被騙和再嫁的故事；另一為〖菲黛兒〗（*Phedre*），寫一個無法控制自己情慾的女人，雖然知道這些將會導致自己的毀滅但卻無能為力；他的〖阿泰莉亞〗（*Athalie*）以取自聖經故事為題材，描述猶太唯一的女王阿泰莉亞貪圖權力所造成的悲劇故事。他也有一個喜劇〖喜訟者〗（*Les Plaindeurs*），為一諷刺法庭的作品。莫里哀（Moliere）是鮑魁林（Jean Baptiste Poquelin）的筆名，為一富有的裝璜商人之子，曾獲法律學位，但從未從事過有關法律的事務。他是喜劇大師，善於運用劇中人物的自視和別人對他們的看法的對照來達到喜劇的效果，他也善於選取富有爭議和引起公眾興趣的題材。他長於諷刺時代的矯揉、虛偽和庸俗。他的名作包括〖太太學校〗（*L' Ecole des femmes*），諷刺

---

[9] 參看 *The New Cambridge Modern History*, Vol. V., pp.260-61, 269-71.

中產階級女兒所受的偏狹的教育。還有〖偽善者〗（*Le Tartuffe*），嘲弄宗教的虛偽，曾引發教會的不滿。他也有挖苦人的通性的作品，如〖厭世者〗（*Le Misanthrope*）、〖吝嗇者〗（*L'Avare*）、〖炫學的女人〗（*Les Femmes savantes*），以及〖暴發戶〗（*Le Bourgeois gentilhomme*）等等。

　　戲劇在英國也很興盛。一六六〇到一六八八年司徒亞特王朝（the Stuarts）復辟時期，劇作家有艾塞里芝（Sir George Etherege, 166633? -1693?）、魏采力（William Wycherley, 1640-1716）和康格萊弗（William Congreve, 1670-1729）等人。他們描寫貴族和上流社會的享樂和腐敗，而發展出所謂「風俗喜劇」（Commedy of Manners）。艾塞里芝的風格是機智的和諷刺的，較為人知的劇本有：〖不能非不為〗（*She Would If She Could*）（一六六八）、〖時尚人物或輕浮爵士〗（*The Man of Mode or Sir Fopling Flutter*）（一六七六）。魏采力的作品有〖舞蹈大師〗（*The Gentleman Dancing Master*）（一六七二），為輕快型惡作喜劇。他的另一作品〖鄉下太太〗（*The Country Wife*）（一六七五），劇內人物多為愚人和惡棍，表露出他對人生的看法。康格萊弗的作品有〖為愛而愛〗（*Love for Love*）（一六九五）和〖世路〗（*The Way of the World*）（一七〇〇），劇中有生動的人物，現實的人生，也有雋永的語句，〖世路〗尤為諷世之作，嘲弄偽君子、村夫、愚人和老不修等。他也寫過一個悲劇，那就是〖悲悼中的新嫁娘〗（*The Mourning Bride*）（一六九七）。十八世紀劇作家有愛爾蘭人施來登（Richard Brinsley Sheridan, 1751-1816）和高德斯密士（Oliver Goldsmith, 1728-74），前者作品有〖醜聞學校〗（*The School for Scandal*）（一七七七），寫人喜歡作惡意中傷的閒談；後者作品有〖忍敗求勝〗（*She Stoops to Conquer*）（一七七三），寫一個年青人錯把邸第當旅館和主人千金當女僕的故事，中間穿插女子幼弟所造成的各種趣事，令人發噱。

第三節　啟蒙時代

一、一般發展

　　十八世紀通稱為啟蒙時代（Age of Enlightenment）或理性時代（Age of Reason）。事實上，這個稱為「啟蒙」的思想運動在十七世紀之末或一六八〇年左右在英國便已肇端。啟蒙大師之一的法國人狄德洛（Denis Diderot, 1713-1784）曾說與他們「同時代的人物」（contemporaries）已經生活在路易十四的時代。[10] 所謂「啟蒙」便是在十八世紀將上一個世紀的知識發展，如牛頓的科學成就，洛克的經驗哲學，以及笛卡爾的理性主義，以及自然律的原則等等，予以普及化到一般受過教育的社會大眾。啟蒙時代的思想主流是現世的和理性的，它不再像中世紀以來的思想運動與宗教有密切的關係，同時因為它是經濟和社會變遷的產物，主導者也多具有資產階級的背景，受到中產階級的支持，他們重視自由和寬容，懷抱的是普世價值的關切，以及透過自由貿易和自由企業的角度，展望環球經濟的願景。[11]

　　另一因素，是散文成熟了，這種流暢、清晰和精準的文體是說理和傳播知識的利器。另外，此時公眾的求知慾大為增強，使出版事業趨於發達。這種情形可以使作家不再像從前要靠自身富有或依靠豪門或王室政府

---

[10]參看 *The New Cambridge Modern History*, Vol. V, *The Old Regime* （Cambridge University Press, 1966）, p.85.

[11]參看 Richard L. Greaves & others, *Civilizations of the World*: *The Human Adventure* (Philadelphia: Harper &Row, 1990), pp. 593-96.

或宗教團體的津貼，而透過公眾支持藉售書或版稅所得，使可自由生活。此時歐洲各國仍有檢查制度，其用意聲稱是為了保護人民使其免於心靈的污染。檢查尺度的寬嚴，各國不同。大致上，在英國最鬆，在西班牙最嚴。在法國，雖然教會、巴黎高等法院、政府和出版同業公會均有檢查權，不過在執行上並不徹底，尤其是在一七五〇年以後甚少造成困擾。但是，檢查制度的存在對出版自由仍有其不良的負面影響，它使作者不敢暢所欲言地直接攻擊或批評具體而特殊的問題，以致有時無法直接評論公眾關注的課題，因而只好作抽象的和理論的討論一般事物，有時甚至要用影射或比喻的方法，於是作品中有乍看起來覺得有不切題的地方。

法國是啟蒙運動的大本營，法國學者的聲名和影響力彌漫全歐。十七世紀法文取代拉丁成為各國學術用語，自一六七八年的尼維根條約（Treaty of Nimwegen）以後亦為外交用語。別國的君主如普魯士的腓特烈二世（Frederick II the Great, 1712-1786，在位時期 1740-86）也是用法文寫作，歐洲上流及學術社會為法國文化所薰陶。雖然英國亦很重要，像牛頓、洛克均為英國人，英國上昇的國勢和財富也證明這些思想的效應。不過，巴黎是十八世紀歐洲的文化中心，則沒有疑問。在巴黎，有一些名媛淑女主持的沙龍（salons），學人、作者及名人可以在其中集會，討論各種問題。參與者可因其博學、機智或談吐動人或出語雋永而聲名大噪。這種沙龍常是名士閒人宅第中的客廳，由艷光四射而又博學多才的女主人來主持，如杜德芳侯爵夫人（Madame or Marquise du Deffand, 1697-1780）、財經專家奈克（Jacques Necker）的太太蘇珊·奈克（Suzanne Necker, 1739-94）等，常是名流駐足和群賢畢至。在這種場合的對談或辯論中，常能撞擊出智慧的火花。

二、百科全書派

在十八世紀的法國主導思想潮流的人是「哲士」（philosophes）。這

個法文字的本意是「哲學家」。但是，他們並不是嚴格意義下的哲學家，而比較接近文人（men of letters）的人物，是為公眾寫作的名作家。啟蒙時代是他們的時代。許多哲士屬於百科全書派（Encyclopedistes, or Encyclopedists），其中包括伏祿泰爾、孟德思鳩、盧梭、杜哥（Turgot）、奎內（Quesnay）、浦風（Buffon）等等。緣因狄德洛（Denis Diderot, 1713-1784）主導編修百科全書，集合了許多哲士參與其事。

狄德洛受過耶穌會教育，拒絕法律生涯，後自由研究及寫作，後來名揚全歐。他的最大工作便是編纂百科全書，對知識作有系統的整理。百科全書不同於字典或辭彙，是依字母順序就每一專題來處理知識。此類工作西方世界在他之前就有人做過，從前中國大部頭的類書亦屬此類。他原先計劃翻譯英國在稍早一七二八年出版的詹伯百科全書（Chamber's Cyclopedia），後來決定另起爐灶，編輯一部更大的百科全書。第一集在一七五一年問世，其中包括無神論及人類靈魂等項目，被法國官方查禁，教廷更宣布會把購買者和閱讀者開除教籍。當共同編纂人戴拉波（Jean le Rond d'Alembert, 1717-1783）在一七五八年退出後，狄德洛獨任艱鉅，至一七六五年出版了十七集，一七七二年另外十一集插圖亦告問世。此套大書銷售甚佳，至一七八九年已有二〇、〇〇〇套售出，此外還有節本及盜版書等。此套百科全書把科學、技術和歷史知識集於一體，並且反映出獨立的（指獨立於政府及教會之外的）、批評的和理性的精神態度，因而發生很大的影響。

三、三哲士

哲士中最負盛名和對後世影響最大的有三人：孟德思鳩（Charles de Secondat, Baron de la et de Montestiquieu, 1689-1755）、伏祿泰爾（François Marie Arouet de Voltaire, 1694-1778），以及盧梭（Jean Jacques Rousseau, 1712-1778）。

　　孟德思鳩是傑出的政治哲學家，他曾任波孚高等法院（Parlement de Bordeaux）院長及法蘭西學院院士。一七二一年出版〖波斯書簡〗（*Persian Letters*），藉兩位波斯旅遊者與其朋友們通訊的方式，以波斯和回教制度為比喻，諷嘲法國和歐洲的社會及制度而名噪一時。一七三四年出版〖論羅馬人偉大及衰落之原因〗（*Considerations sur les causes de la grandeur des Romains et de leur decadence, or, On the Causes of the Grandeur and Decay of the Romans*），指出歷史為變遷錄，法律、制度和政治權力皆隨經濟和社會的環境而變遷。不過，他最有名的著作是一七四八年出版的〖論法律的精神〗（舊譯〖法意〗）（De L'esprit des lois, or, The Spirit of Laws），他對三種政府型態，即共和政體、君主政體和專制政體作了比較研究，在此也顯示出洛克對他的影響。他主要的論點是氣候與環境決定政府的型態，如共和政體適宜於小國家，君主立憲適宜於中級國家，君主專制適宜於熱氣候和大疆域的國家，自由政制適合於北方高緯度的寒冷地帶，此因人民較富活力而個性坦誠。不過，更重要的，是他試圖為人類的政治制度尋求最佳的解決方案，主張是政府的權力應該分開和制衡。他認為人有濫用權力的自然傾向，因此任何型態的政府或任何樣的人當政都終必流於暴虐。為防止此種情況發生，他主張政府的三種主要權力，即行政、立法、司法，應該分立並且要互相制衡，如行政權應有抵制立法權的辦法，立法權可以限制並彈劾行政權，而司法權的獨立才足以保障人民的權利。在當時各國的政治制度中，他最為稱羨英國政制，一七二九年至一七三一年他曾旅居英國，有實地觀察的機會，他認為英國政制混合了君主、貴族和民主的成分（君主、代表貴族的上議院和代表平民的下議院）於一爐，又三權分立和互相制衡。他對英國政治制度的觀察並不一定正確，因為英國作為一個典型的內閣制的國家，其內閣（行政）與國會（立法）雖呈現互相對立的表相，而二者實為一體。但是，他的三權分立和互相制衡的理論確實有很重大的影響，一七八七年的美國憲法和一七九一年以後的法國憲法，均依此法制訂。

伏祿泰爾（Voltaire）是阿魯艾的筆名。他出生巴黎，乃父為一公證人。他自己因為繼承先人財產，又善經營，因而在三十多歲時即擁有巨資。一七一七年他因為文諷刺政府，而為攝政王 12 關入巴斯提爾（Bastille）監獄十一個月。一七二六年又因開罪權貴人物盧昂（Chevalier de Rohan）而二度繫獄，後以離開法國為條件獲釋。一七二六年至二九年間居住英國，在此期間他欣羨英國自由制度而益憎專制，對牛頓與洛克的學說甚為傾服。一七二七年他親睹牛頓的葬禮，對其備極哀榮而印象深刻。一七二九年返回法國。一七三三年他的〖英國書簡〗（*Letters Concerning the English Nation*）在英國出版，翌年在法國被翻印而被稱為〖哲學書簡〗（*Philosophical Letters*），因讚揚英國的風俗、制度和思想，間接批評法國，而為法國政府所不滿。他再離開巴黎，一七三四年至一七三九年間居住在洛林的西瑞（Cirey）。一七四九年至一七五一年接受普魯士國王腓特烈二世之邀請，前往普魯士王廷的座上客，但不到三年又因與主人不能相處而離開。他後來在瑞士靠近法國邊界的費奈（Ferney）購一莊園，與他的外甥女及情婦丹妮夫人（Madame Denis）同居。他將它命名為怡園（Les Delices, or, The Delights）。他在這裡悠然自得，每日寫信達三十封之多，同時接待川流不息的訪客，有「歐洲的居停主人」（hotel keeper of Europe）的稱號。一七七八年，他八十三歲時再回巴黎，不久逝世。

伏祿泰爾的著作甚多，寫作的範圍亦廣，包括詩、戲劇、歷史、小說、政論等等。其全集依一八八三年的訂正版有五十三冊之多。除了上述各書外，有〖瑞典查理十二史〗（*Histoire de Charles XII*）（一七三〇）、〖路易十四史〗（*Siecle de Louis XIV*）（一七五一），以及〖各國禮俗及民族精神〗（*Essai sur l' histoire generale et sur les moevrs et l'esprit des na-*

---

12 路易十五（Louis XV, 1710-1774，在位時期 1715-74）為路易十四曾孫，一七一五年即位時僅五歲，在他一七四三年親政前，曾歷經不短的攝政時期，一七一五至二三年間由王叔（乃父堂兄弟）奧爾良公爵（duc d'Orleans）攝政。

tions, or, Essay on Manners and Spirits of Nations）（一七五六，七冊），最後一書側重文化及經濟發展，顯示歷史研究的新方向。此外，他所寫的〖英國書簡〗和〖牛頓哲學要素〗（*Elements of the Philosophy of Newton*）（一七三八）把培根的歸納法，牛頓的物理學和洛克的政治理論，予以普及化。他的哲學小說亦受歡迎，較著的有〖憨迪德〗（*Candide*）（一七五九），為諷刺樂觀主義的作品。伏祿泰爾的思想，以理性主義和懷疑主義為基礎，他珍視個人自由，認為對思想和言論限制是野蠻之事。他很強調寬容的重要，曾說可以不同意對方所說的，但要誓死維護對方表達意見的權利。他反對宗教迫害、迷信和教士的暴虐，他常說：「摧毀邪惡的東西」！（Ecraazez l infame！, or Crush the infamous thing！）另外，他堅信沒有正義的社會是不能存在的。他在宗教上相信自然神論，在政治上接受開明專制。

　　盧梭在一七一二年出生在日內瓦，與其他的哲士相比，他出身寒微且未受良好教育。他終生遭受一些情感上的痛苦，且有深度的自卑感和罪惡感，對社會適應困難。他的童年極不快樂，母親因生他難產而死，父親不喜歡他，十歲即遭遺棄。他十六歲時即離開日內瓦到處流浪，一度以抄樂譜維生。十七歲時由新教改信舊教，後為此深感罪惡，一七五四年再回到新教。他自一七四一年即在巴黎謀生，但始終不能在社會上安身立命，使他覺得活在現存社會中無法得到快樂。他需要愛，但缺乏良好的婚姻和家庭，所生五個孩子皆送育嬰堂收養。他需要朋友，但因個性猜忌且過敏而與人疏離。他早期的著作有〖論人類不平等的根源〗（*Discours sur l 'origine de l'inegalite des hommes, or, Discourse on Inequality Among Men*）（一七五四），其論點為人性是善的，但為文明所腐化因而文明是許多罪惡之源。他也認為人原來生活在「自然狀態」下，但此一「自然狀態」為一樂園，人在其中原來不會為了維護自己的權益而與他人衝突，因為私有財產並不存在而人人皆互相平等。這種美妙的原始的共產主義卻被占有的罪惡（sin of possession）所破壞，後來終有人用椿標出地界而聲言：這是他的

土地。於是，禍害由此產生，因此私有財產是禍源，自此之後各種不同程度的不平等逐漸產生，野心家亦隨之而起，法律也為了保障壓迫者和被壓迫者之間的不平等關係而制訂。[13]

　　盧梭影響後世最大的著作是一七六二年出版的〖民約論〗（ *Le Contrt Social, or, The Social Contrct* ）。在此書中，他又認為「自然狀態」是類似霍布士所描述那種沒有法律和道德的狀態，以及社會係由強制所造的，但他認為像洛克所說應建立在人民的同意之上，以及適度地建構下的社會秩序是轉變自然的自由（natural freedom）為公民的自由（civil freedom）的工具。他指出：「人生而自由，而處處在枷鎖之中」（Man is born free, and everywhere he is in chains），他一方面認為人的自由是被剝奪去的，一方面又說那個自認是別人的主宰的人，是一個更大的奴隸，又說社會秩序（social order）是神聖的權利（sacred right），是建立在協約（conventions）之上的。他認為，社會既出現不平等，糾紛乃告不免，為解決此一困難，便是締造一個把私人利益包容在共同福祉內的社會。盧梭認為如此不但不會喪失自由，而且獲得自由，因為每個人在放棄個人權利的同時，也取得別人放棄他們的個人權利，而且既然每一個人均做了同樣的交換，則所有的人均彼此平等，這是民約或社會契約的真意。霍布士是要每一個人均屈從於絕對的統治者，平等而不自由；洛克是要所有的人均自由地追求私人利益而終將導致人趨於彼此不平。盧梭認為唯有自由和平等均得確保，始有公正的社會。盧梭這種自由和平等為不可分的理論也在美國獨立宣言中得到回應：人人生而自由和平等，但美國建國者採取孟德思鳩的分權制衡來保障自由。盧梭對於包容所有個人權利（individual rights）的共同體為普遍意志（general will），此一普遍意志即為主權者，是絕對的和神聖不可侵犯的，而且是整體不可分的，並不是像洛克所說人僅將自然法權利的一部分

---

[13]參看 J. Rousseau, *Discourse on the Origin of Inequality* (Everyman Library edition), p.207.

交付社會。但是,普遍意志不是任何一個部分的意志,甚至也不是多數人的意志,而整個社會的一致同意在不是每個人均能超出私人利益的情況下,是不可能的。因此,盧梭認為,有迫使不同意者遵循普遍意志的必要,而這並非破壞個人自由,事實上只是個人把在自然狀態下的動物自由(animal liberty)改變為遵守法律下的理性動物的真正自由(true liberty),因此迫使個人遵從普遍意志,是為了他們自身的利益和社會的共同福祉,是「強迫他們獲得自由」(be forced to be free)。[14] 但是,普遍意志究竟為何物?盧梭並未明確的予以界定,他也少談政府結構,他對代議政治亦無好感,對許多關鍵問題的交代也嫌含混。因此,盧梭的學說可為兩種極端不同的政治型態,即民主政治和獨裁極權所引為依據,民主政治固可說普遍意志便是主權在民,獨裁或極權者亦可聲言其為普遍意志的代言人或詮釋者。不過,大致言之,盧梭是民主政治所尊奉者。另外,他質疑理性和進步,亦開日後浪漫主義的先河。

盧梭在教育理論上亦有其貢獻。他在一七六二年出版〖愛彌兒〗(Emile),倡導自然主義的教育理論。「愛彌兒」是他虛構的一個兒童的名子,認為他應該在自然環境中,自由自在地學習,而不應在限制兒童自然本性發展的學校場合中學習。他不讚成語言文字的教育,主張兒童自由發揮情感和實踐自由意志,直接的經驗比語言文字的教導更為重要。如果愛彌兒要讀書,那該是〖魯濱遜飄流記〗。

四、開明專制

上述哲士們的政治理論後來有重大影響,但是十八世紀的政治實務是

---

14 參看 J. Rousseau, *The Social Contract* (Everyman Library Edition), p.88; Richard Greaves, *Civilizations of the World* (Philadelphia : Harper & Row, 1990), pp.598-600.

開明專制（Enlightended or Benevolent Despotism）。此因各國君主在啟蒙時代主流思潮，如崇尚理性及自然律，以及相信進步和倡導人道主義等的影響下，願意脫下君權神授的外衣，站在開明無私和造福人民的立場上來治國理政。這一方面是因為哲士們的著述立說不無作用，另一方面也因為十八世紀的一些戰爭加強了政府的權力而使法令易於貫徹。由於當時一些君主所表現的禮賢下士和求治心切，使狄德洛認為當時歐洲君主多為哲人。每一個君主也希望自己是「王座上的哲人」（a philosopher on a throne）。有些君主也真心以改革為務，希望清除積弊。假如他們成功了，也許開明專制不失為一種良好的政體，容或可以防止或拖延法國革命的爆發。但這些號稱開明專制的君王，實不出古希臘僭主（Greek tyrants）或文藝復興型專制君主（Renaissance despots）的格局。他們雖讚賞孟德思鳩，並無分權制衡的心意；雖同意伏祿泰爾的宗教寬容，其目的在削弱教會；雖主張改革，卻認為改革必須由上而下而不是由下而上。這種基本態度再加上阻力，很難有什麼永久的效果。不過，他們接受時代思潮而做出改革，亦不無可取之處。

　　普魯士的腓特烈二世可以說是開明專制的典範，他在一七四〇至一七八六年間統治普魯士，幾無私生活可言。他的文治武功均足稱道，而且是伏祿泰爾所稱許的「哲王」（philosopher-king）。他自己指出：君主並非最重要的，他的地位和權力來自他能貫徹其天職，他不過是「國家的第一公僕」，他的行為應以公正、智慧和無私為準繩。這表示君權觀念的改變。普魯士因為以小國圖強並以擴張為務，素有軍國主義的傳統。他為太子時，不喜兵事而雅好文學、哲學和音樂，法國詩和笛子是他的最愛。乃父腓特烈·威廉一世（*Frederick William I, 1688-1740,* 在位時期 *1713-40*）深以為憂，常謂「腓特烈是個柔弱頹廢的東西。」（Der Fritz ist ein effeminerter kerl）。他常以鞭打和囚禁的方式逼迫他放棄所好，腓特烈也企圖逃亡過，但捉回後被囚一年，且要他親見幫助他逃亡的人被處死。很少人能熬過這樣嚴酷的訓練。但是後來腓特烈卻成為一流的將才，也是傑出的知

識分子。他用法文寫作,他的〖腓特烈大王全集〗(*Evres de Frederic le Grand*)(一八四六至五七年出版),有三十三卷之多,據說其散文頗佳而詩則平平,另包括一些與哲士們的函牘。

另一位號稱開明專制的君主是俄國的女皇凱薩琳二世(Catherine II, the Great, 1729-1796, 在位時期 1762-96)。她出身日耳曼小邦安哈·齊必斯特(Anhalt-Zerbst)的公主,嫁到俄國,但後來成為女皇。從彼得大帝死到她中間隔三十七年,有六主,但她才是彼得志業的真正繼承者,她使俄國成為歐洲國家而且使之成為強國。她雖自嘲她自己每一吋都是男人(every inch a gentleman),卻是一位風流自賞的女主。她真心贊助啟蒙,也推動改革,與伏祿泰爾、狄德洛、孟德思鳩等相友善。奧皇約瑟夫二世(Joseph II, 1741-1790,在位時期 1765-90)直迄一七八〇年其母瑪琍·德麗薩(Marie Thesesa)死後始自己執政,他也推動改革如廢除農奴和限制貴族權益等,但受到阻力甚大,他死時年僅四十八歲,而且不久農奴恢復而貴族跋扈如舊。法國的路易十五(Louis XV, 1710-1774,在位時期 1715-74)亦不足有為,法國積弊更深。據說他臨終時曾說,「我死後,洪水將氾濫」(apresmopi, le deluge),他究竟有沒有說過此話,並不能確定,但有寫實的效果。此外,還有別的同時代的君主。

五、經濟思想

這個時期出現有系統的經濟思想。第一個經濟學派是,十八世紀法國的重農學派(the physiocrats)。它的創始人是奎內(François Quesnay, 1694-1774),他本是路易十五的御醫。此派主要人物有一七七四年至一七七六年曾擔任路易十六財相的杜哥(Jacques R. Turgot, 1727-1781),還有比爾·杜邦(Pierre Samuel du Pont de Nemourss, 1739-1817)等人。比爾·杜邦後移民美國,其子易留泰·杜邦(Eleuthere du Pont, 1771-1834)在一八〇二年創辦美國最大的化學公司杜邦公司(E. I. Du Pont de Nemours & Company）。此派主張所有的財富來自土地而農業為最重要，他們並未主張忽視工業和商業，但認為輕忽農業的經濟是不健全的，農業生產方法要科學化，但農業產品必須維持公平的價格。奎內認為，豐收和高價才能確保繁榮。此派主張自由貿易，認為唯有如此始能維持公平的價格，也主張政府應放任經濟活動。與此派關係密切但非其正式一員的另一法國經濟學者古乃（Vincent de Gournay, 1712-1759）認為工業和商業與農業同樣重要，他反對政府干預經濟活動，主張自由貿易，他提出自由放任及聽其自然（laissez-faire et laissez- passer, le monde va de lui-meme）的理論。

此期最重要的經濟學家是蘇格蘭人亞當・斯密（Adam Smith, 1723-1790），他受教育於格拉斯哥及牛津大學，曾為格拉斯哥大學教授，後移居倫敦，一七七六年出版〖國富論〗（〖原富〗）（*An Inquiry into the Nature and Causes of the Wealth of Nations*），一七七八年因擔任海關監督而回愛丁堡，最後在愛丁堡逝世。他的〖國富論〗，後來公認為是最重要的經濟學著作，因為它開創了日後資本主義制度的先河。他指出，在自由放任的經濟活動中，每個人基於自利的激勵（self-interest impulse）來尋覓個人利益，最後會使社會蒙其利而導致公眾福祉的增長，「宛如有一隻看不見的手」（as if by an invisible hand）在那裏調節。他倡導分工的理論，鼓吹自由貿易，政府應盡量不干預經濟事務。

六、宗教活動

在宗教方面，十八世紀為自然神論（Deism）的時代。這是因為在十七世紀以後，由於自然科學的發展，懷疑主義的興起，以合理性主義和自律哲學的流行，再加上非基督教文化的影響，使人對上帝和世界的觀念發生變化。人不再恐懼魔鬼，但也不再像從前那麼敬畏上帝。於是，自然神教流行。它的精義是：第一、相信上帝的存在和祂創造了宇宙萬物及自然律，但上帝是宇宙萬物的始原造因（First Cause），在創造以後便讓世界自

然運作，一如一個鐘錶匠在完成製品以後便不再追蹤的情形；第二、上帝與世界並無現存的關係，祂不干預世事，因之祈禱、聖禮等均屬無用；第三、不相信奇蹟；第四、人有趨善避惡秉賦，無人預定得救或沉淪，來生的賞罰由今生的行為而定。這是一種調和了科學知識、自由意志和上帝觀念的宗教觀，為當時知識分子所接受的看法。舉凡伏祿泰爾、狄德洛、盧梭、波普、佛蘭克林和傑弗遜等皆屬之。

此時期亦有新的宗教活動，美以美教派（the Methodists）的興起，便是一例。緣在一七二九年，英國人衛斯理兄弟即約翰‧衛斯理（John Wesley, 1703-91）和查理‧衛斯理（Charles Wesley, 1707-88），以及懷菲德（George Whitefield, 1714-70）等在英國牛津開始集會，並以「規律和方法」（rule and method）研究神的道理，一七三八年開始積極傳教，後來形成在英國和美國等地的新教美以美教會（Methodist Church）。這個教派注重傳播福音、強調信仰、相信贖罪，也重視事功。

另一宗教教派是虔信派（Pietism），此為日耳曼神學家斯賓奈（Philipp Jacob Spener, 1635-1705）所創。他原為法蘭克福的路德會牧師，但倡導事功、聖經研究和聖潔生活，可視為對新教教條主義的反動。他的弟子法蘭克（August Hermann Francke, 1663-1727）尤為此派健者。他們發展成以霍爾（Halle）為中心的教派，亦傳至其他地區，但為路德教派所反對。

七、時代精神

啟蒙時代的十八世紀有其不同於其他世紀的時代精神（Zaitgeist）。此一時期大師輩出，為時亦長，自難有完全一致的地方。茲僅就其犖犖大者，加以論列。

第一是崇尚理性，十八世紀被稱為「理性時代」（Age of Reason），此時期的人認為藉著理性的推理可以瞭解自然與人生的奧秘，也可以經由理性而達到完美的制度和社會。總之，理性是人類行為的最佳嚮導。

　　第二是相信自然和自然律，由於大自然中的天體和萬物表現出來的秩序及和諧，其運轉又遵依人的理性可以瞭解的一些單純的、數學的和機械的規律，如牛頓的運動三定律和萬有引力定律等所支配。此種情況令人稱羨，也使人相信世間有放諸四海而皆準的規律，即自然律的存在。哲學家和思想家乃欲師法之，以建立理想的人類社會，認為也可以找出規範社會制度的法則。孟德思鳩等人便代表此種努力。

　　第三是進步的信念，從十八世紀一般西方人認為人類社會和生活會與時俱進，一代比一代更趨完美。本來希臘和羅馬人認為歷史過程是循環的，黃金時代、白銀時代和鐵的時代相繼，周而復始。基督教認為每下愈況，一直到耶穌再臨。另一方面，歐洲在中世紀以來，一直有根深蒂固的崇古思想，這可以從文藝復興的熱衷古典看出。十七世紀之末，情況有變，此可從「古今之爭」（Quarrel of the Ancients and the Moderns）看出。這場爭論是因法國作家比樂（Charles Perrault, 1628-1703）於一六八七年在法蘭西學院宣讀其〔路易十四的世紀〕一詩引起，法國古典主義大家布瓦婁（Nicolas Boileau, 1636-1711）以其貶低希臘和羅馬而著文攻擊所肇端。崇古論者以古典文化的成就最大，現代論者則舉出科學、藝術、文學和發明方面的成就以為反駁。此一爭論不久傳到英國，而成為斯威夫特所描繪的「典籍之戰」（Battle of the Books）（一七〇四）。不過，經此爭論以後，今勝於古的論點漸為人所接受。再加上理性、自然律、進步等觀念的流行，於是樂觀主義也大行其道。一般人相信歷史是向上發展的，科學技術的發展和工業革命在十八世紀肇端也支持此種觀點。法國哲士及革命者康道賽（Antoine Nicolas, Marquis de Condorcet, 17743-1794）在一七九四年撰寫〖人類精神進步史〗（*Progres de l'esprit humain, or, Progress of Human Spirit*），指陳人類歷史有過九大時期，法國革命為第十期的開始，此後無知、苦難和殘酷將會一掃而空，「自然得救」（Natural salvation）終將來臨，他和許多人均認為今後不必再有記載痛苦和奮鬥的歷史，因為天國無史。值得注意的，是康道賽撰寫此書時為其生命最暗淡之時，因他當時被

關在巴黎附近的監獄中，完稿數月後即死，或因死於自殺，或因死於哀竭。

　　第四是人道主義與寬容精神，此兩種精神為各開明專制君主的施政準則。義大利法學家見克里亞（Cesare Beccaria, 1738-1794）在一七六四年出版『論罪與罰』（*Essay on Crimes and Punishments*），提出知識自由和教育完備較諸嚴刑峻法更能防制犯罪。在宗教寬容方面亦大有進步，各開明專制君主大體採行宗教寬容政策，在法國的新教徒和在英國的舊教徒，其境況均因取締法律在執行上的寬鬆而獲改善。教宗克列門十四（Clement XIV, 1705-1774，在位時期 1769-74）曾在一七七三年下令取締耶穌會，尤為里程碑（耶穌會在一八一四年恢復）。同時，猶太人的境遇亦獲改善，特別是在普魯士和奧地利為然。

7

權力與財富的追尋

- 政治革命
- 工業革命

西方文化的民主與科技（特別表現在工業生產方面），在近代有了長足的發展。民主是政治革命的結果，工業發展和財富創造則為工業革命的收穫。

爭取民主的政治革命主要有英國革命、美國革命和法國革命。英國革命早在十七世紀便首先發生，這表現在議會與王室的爭權上。十七世紀的英國歷史發展與歐陸大異其趣，此世紀歐洲大陸在君權神授理論下的君主專制政體到達了巔峰狀態，而且代議機構與王室爭權的結果，不是被壓制，便是造成政治秩序上的解體，如日耳曼境內和波蘭的情形，而成功的政府只有在君主專制盛行的地區才可以看到，例如法國、西班牙、奧地利、普魯士、丹麥、葡萄牙、雙西西里等國。但是，在英國，國會與王室爭權的結果，卻造成了議會政府的興起，使國會有權和政府有能，創造出來典型的內閣制。

美國革命固然也是爭民主的政治革命，但也包含了民族的和社會的因素，又因它標榜啟蒙時代的「自然」和「人」，使其意義和影響不限於新大陸，而為世界人類提供解決問題的另一途徑，成就了標準的總統制。法國革命推翻舊秩序和建立新制度。它與英國革命和美國革命不同的，除了造成的騷亂和衝突在規模上更大以外，便是在確立主權在民的原則之外，沒有建立恆久的和舉國共同維護到底的政府體制，以致屢次變更國體，一直從事體制外的革命。

有人認為美國革命、法國革命和一七六〇年代以來英國具有革命性質的國會改革，以迄一八四八年發展，為「大西洋地區革命」（Atlantic Revolutionn），亦稱「民主革命」的時代（Age of 'Democratic Revolution'）[1]。

---

[1] R. R. Palmer, *A History of the Modern World*, 6th ed.（New York: Knopf 1984），pp. 331-32; Peter Aman, ed., *The French Revolution: French or Western?*（Boston Jeath, 1963. 在此之前，Palmer 在 Political Science Quarterly, LXIX（1954）等處，亦有專文討論。

不過，我們早已習慣於用世界的角度來審視這些革命，早已超出大西洋地區的範圍了。

民族主義的興起，亦強化了國家權力。

十八世紀中葉開始在英國展開，後來擴及全世界的工業革命，其所造成的經濟的，社會的，思想的，以及政治的影響，更是無遠弗屆。

第一節　政治革命

一、英國革命

(一)從革命到光榮革命

十七世紀的英國陷於極端困難的自我轉型的過程之中。她是唯一不曾直接參加三十年戰爭的歐洲主要國家，也是波蘭以西唯一不曾出席威西發利亞和會的國家。英國正處於革命和內戰之中，英國內部的衝突也有宗教的色彩，但與歐陸的情況相較，則略較溫和。在歐陸宗教戰爭常是新、舊教徒之間的衝突。在英國則是較為激進的新教徒（喀爾文教派的清教徒）與較為溫和的新教徒（英國國教派）之間的衝突。一如在歐陸，此時期的宗教衝突常因政治的因素所導致。在法國，休京拉派的抗爭，代表著封建勢力向王權挑戰；日耳曼境內的新教徒為爭取邦權和抵抗神聖羅馬帝國的集權；荷蘭的喀爾文教派的起事，係反對西班牙的統治。在英國，清教徒是為了伸張國會的權力而與王室衝突。

英國在都鐸王朝（Tudoe Monarchy）時期，也就是一四八五年至一六〇三年間，雖有君主專制的架勢，但始終未發展出法國式的君主專制的理論和實際。此因英國為島國，所受國家安全的威脅遠較法國為小，不那麼需要強而有力的王室，以為全民團結的中心。更重要的，是英國素有議會政治的傳統，其國會自中世紀以來，在組織上已甚完備。而且，早已控制了國家的財稅權。再者，英國的國會一直較為強大，不像在法國、荷蘭、西班牙等國，有一些獨立性甚高的地方性議會，因而意志和力量容易

集中。英國國會分上、下兩院，分別代表貴族和平民。在上議院中，世俗貴族占絕大多數。下議院中，則主要為鄉紳（gentry）的勢力。所謂鄉紳，指一個社會階層，它包括不出席上議院的農業貴族，不繼承封號的貴族幼子，而他們又與工商人士藉利益結合或通婚等方式而打成一片。因此，這時的英國國會並沒有嚴重的階級利益衝突，國會自身的組織又甚完善，它所代表的社會利益又如此堅強，因此沒有一個君主能夠與之長期抗衡。即使是在都鐸時期，也是假國會之名，行專制之實，用統馭的方法，而不是明目彰膽地標榜君權神授。他們用國王崇拜（king-worship）的方式，而非專制統治，且君主的權力透過國會的立法來表達。尤其是在戰敗西班牙無敵艦隊（一五八八）以後，英國的國防安全與宗教生活皆趨穩定，對王室的依賴也相對地減少，因此王室必須妥善地面對。

　　一六〇三年伊莉莎白一世無嗣而死，蘇格蘭國王詹姆士六世入統英國。他是一五八七年被伊莉莎白一世處死的蘇格蘭人的女王瑪琍（Mary Stuart, Queen of the Scots）之子，而瑪琍又是英王亨利七世的外曾孫女。詹姆士六世繼位為英王後，稱詹姆士一世（James I, 1566-1625，在位時期1603-25，不過自 1567 即為蘇格蘭王 James VI），這是司徒亞特王朝（the Stuarts）的開始。他的繼位使英格蘭和蘇格蘭共戴君主，未始不是好事。但是，兩國的議會、教會和法律系統並未合一。詹姆士一世迷信君權神授，且自認為哲王，他的立場是：「君主源自上帝，法律出諸君主」（a deo rex, a rege lex）。他與國會的關係不好，國會也成為反對他的大本營。其子查理一世（Charles I, 1600-49，在位時期 1625-49）時期，同樣迷信君權神授，王室與國會的情況更糟。他們父子有時用解散國會和不召集國會的方式，查理一世更曾有十一年（一六二九年至一六四〇）不召集國會的紀錄。但是，國會掌握財稅權，最後常因需款孔亟而不得不再召開，此時國會便會提出更大的要求，而使對抗更形激烈。

　　除了英格蘭以外，蘇格蘭及愛爾蘭亦有問題。此因宗教改革在英、蘇兩地皆為平信徒對中古教士制度的反對，但所採取的途徑不同。在英格

蘭，教會保持了舊組織的輪廓，平信徒對教會的控制是外在的，即透過王室與國會。在蘇格蘭，因為沒有真正的國會，人民對王室亦不信任，平信徒對長老教會採取積極主動的方式，經由牧師與平信徒的民主改革和互動，而形成對教會的管理。也就是說，英格蘭的教會可由政府主控，蘇格蘭的教會則有自主的力量。詹姆士一世生長在蘇格蘭，誤認為英格蘭的國會一如蘇格蘭的國會，是可以控制的；其子查理一世生長在英格蘭，又犯了類似的錯誤，認為蘇格蘭的教會一如英格蘭的教會，是可以由王室主導的。他要用英格蘭教會的方式來改造蘇格蘭教會，終引發蘇格蘭人的武力反抗。愛爾蘭人仍保有天主教信仰，亦反對干預，這且含有民族主義的因素。

查理一世也企圖不經國會同意而徵收船捐（ship-money）以建設海軍，此舉引起有產者的反對。所謂「船捐」，為英國中世紀的古老習慣，即沿岸城鎮在戰時要提供政府船隻，後改為代金，此即船捐。一六三四年查理一世恢復船捐，並推廣至內地各城鎮。此一做法，代表一種新觀念，即海軍不僅與沿岸地區有關，實為全民之事。一六三七年漢普敦（John Hampden, 1594-1643）認為未經國會立法向他徵收二十先令的船捐為違法而拒繳。此案後經財務法庭（Exchequer Court）審訊，法官以七比五的票數判決漢普頓敗訴。這是在王室影響下，法官根據羅馬法的精神，即君主的意志即為法律而判決的。不過，在英國基於習慣法的觀點，認為法律是獨立存在的，是超越君主與臣民之上和公正於君主和臣民之間的，而且未經人民的同意（國會的同意）而徵稅是非法的虐政。漢普敦後選入國會，他與其他四名議員是國王所憎惡的「五議員」（Five Members）。一六四一年為討平愛爾蘭天主教徒的起事，國會在撥款以前先要求軍事控制權，又通過大諫章（Grand Remonstrance），要求國王任命的大臣應是國會所信任的人。國王拒絕接受。翌年，國王企圖拘拿五議員，導致了內戰。這個國王與國會之間的內戰，這個內戰從一六四二年打到一六四六年，支持王室者稱騎士黨（the Cavaliers），支持國會者稱圓顱黨（the Roundheads）。最後

是國會方面的克倫威爾（Oliver Cromwell, 1599-1658）的「鐵軍」（Iron-sides）或新軍（New Model Army）控制了全局。發展至一六四九年查理一世以叛國罪被斬首處死，革命和內戰終導致「弒君」的悲劇。此後，克倫威爾成為真正的主宰。但是，直迄一六五八年他死，英國未能建立法理上的政權。克倫威爾未曾嘗試稱王，他以鐵腕奪得天下，只有鐵腕治之。此一如詩人馬維爾（Andrew Marvell, 1621-1678）所吟詠的：

> 馬上得天下
> 必須馬上治 [2]

　　一六六〇年，司徒亞特王朝復辟（一六六〇至一六八八）。但是，問題沒有解決。先是查理一世之子查理二世（Charles II, 1630-85，在位時期 1660-85）因飽經憂患且個性陰柔，尚勉強沒有出事。但其弟詹姆士二世（James II, 1633-1701，在位時期 1685-88），公然皈依羅馬教會且志在專制，與國會關係惡化。但因其無子，有二女。一為瑪琍，嫁荷蘭大統領威廉（William III of Orange），另一為安妮，嫁丹麥，皆為新教徒。英國人原希望時間能解決一切，俟詹姆士二世逝世後，情況便會改變。不意一六八八年六月十日，詹姆士又得一子，且立即受洗為天主教徒。於是國會內托利（Tories）和惠格（Whigs）兩黨領袖七人乃簽署邀請函，請瑪琍和威廉蒞英統治，掌握軍權的約翰‧邱吉爾（John Churdchill, 1650-1722, 1st Duke of Marlborough）又倒戈響應。詹姆士二世在眾叛親離下，十二月二十二日逃往法國，路易十四在聖日曼王庭（Court of St. Germain），為之安排了一個流亡朝廷。

2　原句作：The same art that did gainA power must it maintain 此處轉引自G. M. Trevelyan, *History of England*, New Impression (London: Longmans, 1960), p.429; 參考同上, pp.380, 396-97; Sir George Clark, *English History: A Survey* (Oxford University Press, 1971), pp.259-60.

這個事件雖有乖倫常，但未經流血而又解決了長期糾纏的王室與國會爭權的問題，確定國會的勝利，因而被稱為「光榮革命」（Glorious Revolution）。一六八九年國會又完成立法，使光榮革命的成果法制化。此一革命象徵人民反抗暴政的權利，以及確立議會政治及法治，而為政治理論家洛克所頌揚。但事實上，它是土地貴族及地主奪得政權之運動，人民並未得參政，國會議員的搖棄不高，投票權有財產限制，中世紀議員原有報酬，十七世紀取消而使只有握有獨立的經濟基礎者始得參政。

(二)內閣制度的形成

英國革命建立了民主制度中典型的內閣制。它是經由演變而形成的一個政治傳統，並非法律所制訂。就某種意義說，內閣可以說是由樞密院（Privy Council）分出來的，內閣所作的決定亦由「樞密院令」（Order in Council）的名義公布。原來在查理二世時，國王因有感於樞密大臣（Privy Councillors）人數太多，乃選親信五人左右在宮庭內一個密室（cabinet）共商政事，這個密室後來習稱「內閣」。

光榮革命以後，威廉三世（1650-1702, 英王 1689-1702, 荷蘭大統領 1672-1702）接受史賓塞（Robert Spencer, 1641-1702, 2d Earl of Sunderland）的建議，任用在國會中占多數的黨派領袖為主政大臣，當時是惠格黨占多數。不過，國王此時並無義務如此做，他採取此議是為了方便。漢諾威王朝（House of Hanover）在一七一四年入主英國。緣因詹姆士二世之二女及伊等後嗣皆絕，詹姆士一世之外孫女蘇菲亞（嫁漢諾威選侯）之子喬治繼為英王，此為喬治一世（George I, 1660-1727, Elector of Hanover, from 1698，King, 1714-1727），這是漢諾威王朝的開始。喬治一世蒞英時已五十有四，他通曉拉丁及法文，但不諳英語，對英國政治也無大興趣，因而常委政於大臣。此時托利黨人有擁護司徒亞特王室色彩而被稱為詹姆士黨人（Jacobites），而惠格黨又占國會多數，因而惠格領袖華波爾（後封牛津伯爵）（Sir Robert Walpole, 1st Earl of Oxford, 1676-1745）在一七二一年至一七四

二年間受到喬治一世和喬治二世（George II, 1683-1760, 在位時期 1727-60）的寵信和重用。他也常代替國王主持內閣會議，因而權位漸重。他的本職是財相（First Lord of Treasury），但是因為他本人的行情日漲，這個職位也超出了它原來的重要性，成為內閣同僚中的第一位。他可以說是第一位有近代政治學意義的首揆或首相（Prime Minister），他集內閣首長和國會多數黨領袖於一身而是實際上的「政府首腦」（head of government），而非僅為國王和國會的臣僕。他在倫敦唐寧街十號（No. 10, Downing Street）建立起總部，用恩賞、特惠與賄賂等方法來控制內閣及國會。唐寧街十號原是財相的官邸，而首相的官稱仍是財相，首相實無法再兼顧財相的事務，乃另設財相（Chancellor of Exchequer）。

華波爾並非民主鬥士，他那個時代的政治操守也不高。他與喬治二世王后加洛琳（Caroline of Anspach）有很好的關係。他領導下的惠格黨政權代表縉紳、土地貴族和商人集團的利益。此時為保障私人財產而有極嚴酷的刑律，偷竊小罪即可判死問吊。華爾波本人可以說是土地貴族和富商利益（所謂 landed and funded elements of the party）的混合：他本人為鄉紳之子而娶富有的木材商人之女，後來又封貴族。當時政治賄賂公行，僅貴族、鄉紳和富商有投票權，據估計在全英國四十個郡中，有投票資格的人不出一萬六千人。他們更可藉對「腐朽市鎮」和「私人市鎮」（rotten and pocket boroughs）的控制而掌握票源。華波爾所任用的國務大臣（secretary of state）牛卡索公爵（Thomas Pelham, Duke of Newcastle, 1693-1768）即以操縱選舉和以職位、榮銜和金錢籠絡各界人士為務。

不過，華波爾也能掌握分際，一七四二年儘管他仍獲君主的信任，而且君主任用多數黨領袖仍係基於習慣而非義務，但因喪失在國會中的多數，他仍然決定去職。此後任用國會多數黨領袖掌政，成為傳統。

內閣制度終於逐漸形成，而且日趨健全。喬治三世（Georger III, 1738-1820，在位時期 1760-1820）曾欲加改變，但已積重難返。在此情形下，原屬王室的一些權力，如組閣、解散國會、召集國會，儘管仍用君主

名義行之，實已轉入內閣之手。內閣也逐漸發展出集體負責（collective responsibility）的原則，此指閣員在相互負責（mutually responsible）的精神下，以一致的政策，集體地對議院和全民負責，以「英王陛下政府」（His or Her Majesty's Government）的名義施政。當內閣在國會因重大政策失去支持時，也只有在辭職和解散國會之間，選擇其一，而通常是選擇解散國會，以「訴諸全民」（go to the country）來探求新民意。一旦在大選中失利，便由反對黨另組新的「英王陛下政府」。因之，內閣是聯繫王室或政府與國會要素，其重要性一如白芝奧（Walter Bagehot, 1826-1877）在其一八六七年出版的〖英國憲法〗（*The English Constitution*）中所說的，其作用一如「聯字符之聯字」（a hyphen that joins）和「扣衣鈕之扣衣」（a buckle that fastens）。至於國會與內閣之間的關係，在國會至上和內閣向下院負責的精神下，內閣有如「國會中的委員會」（a committee of Parliament）。[3] 不過，在政黨政治的運作和黨紀的要求下，在內閣制國家，執政黨是多數黨而首相或總理是黨魁，多數黨籍的國會議員要支持黨的決策，否則以黨紀處理，因而內閣也主導國會。尤其是晚近以來，首相的地位日趨重要，大選幾乎可以說是選舉首相，因而使英國大選也有了美國大選的味道。總之，英國作為典型的內閣制國家，其行政與立法的關係，並非完全是「分」立的。

二、美國革命

(一)美國的獨立

美國或美利堅合眾國（USA: United States of America）是由原屬英國的

---

3 轉引自 A.H. Birch, *The British System of Government*, 2nd ed.（London, 1970）, p.46.170.

北美十三個殖民地獨立而成的。這十三個殖民地,第一個是一六〇七年至
一六二四年建立的維吉尼亞,第十三個是一七三三年建立的喬治亞。這些
新社會的形成,主要地靠兩大結合力:環境的壓力,如印地安人和法國人
(當時與英國人有殖民競爭),以及肇基於宗教自由的理想主義,此因他
們多屬非國教徒,係為追求信仰自由和試圖建立新的社會秩序而來。這些
殖民者在基本上仍採英國的生活方式,而英國文化為歐洲文化的一環,此
時期的歐洲文化為文藝復興、宗教改革和啟蒙時代的文化。但是,他們的
生活也有美利堅化(Americanized)的地方,他們多靠土地與森林維生,他
們固然從歐洲帶來種籽、植物與家畜,但也從印地安人學習種玉米、馬鈴
薯和煙草等。後來逐漸發展商業、造船業與水運,波士頓、費城與南方的
查理斯頓(Charleston),皆為商業中心,十八世紀時工業亦興起。

　　導致美國革命最主要的原因,是英國採取商略主義(Mercantilism)的
經濟政策。這是歐洲各國所共有的現象。商略主義的經濟政策主要內容
是:殖民地要供應母國所不生產的貨物;殖民地僅能與母國貿易,不可發
展工業與母國競爭,亦不可資助母國的商業競爭者;殖民地要協助母國達
成「優惠的貿易平衡」,要以貴重金屬供應母國。這種體制的目的,在使
擁有殖民地的國家可以戰時強和平時富。英國在十七世紀中葉屢次頒布貿
易及航海法(Acts of Trade and Navigation)規定:英國與殖民地間的貿易
僅准以英船載運;某些貨品如煙草、糖、棉、米、靛青及皮草等不得輸往
英屬港口以外的地區;所有輸往殖民地的貨物必須經過英國並在英國繳納
關稅。這些規定雖違反殖民地的利益,但是英國在七年戰爭(一七五六至
六三年)之前執行不嚴,此即所謂「有益的疏漏」(salutary neglect),再
加上殖民地在法國勢力的威脅下需要保護,故不致成為嚴重問題。

　　但是,七年戰爭決定了英國在殖民競爭上得到壓倒法國的勝利,日趨
成熟獨立的北美殖民地對母國的依賴程度大為減低。此時英國卻決定加強
對殖民地的控制,並且要它們分攤部分的防衛費用。於是,英國和北美十
三個殖民地的關係趨於緊張。這個爭執後來表現在向殖民地人民徵稅上。

一七六四年左右，殖民地人民認為他們在英國國會並無代表權，英國國會無權立法向他們徵稅，乃提出「無代表權而徵稅是虐政」（Taxation without representation is tyranny），以及「無代議士不納稅」（No taxation without representation）等口號。英國方面，則持「實際代表說」（virtual representation），認為英國國會議員從未僅代表其選區的利益，立法時考慮的是帝國整體利益，如果說費城未派代表出席國會，則當時曼徹斯特等工業城市又何獨不然？二地皆享有「實際代表」。當時的法學權威布萊斯東（Sir William Blackstone, 1723-1780）力倡英國國會權力是「超越的和絕對的」（transcendent and absolute）。[4] 但是，殖民地人民不接受此種立場，他們服膺自然法權利、契約政府，以及無代議權不納稅等主張。爭執到一七七〇年，幾經周折，英國政府決定盡廢各稅，僅餘茶稅。每磅茶僅徵稅三便士，年約一萬六千磅，此僅表示母國有徵稅之權。同時，為了救援行將破產的東印度公司，乃准該公司直接售茶給殖民地代銷商和免除銷美貨品之關稅，東印度公司乃能減價銷售，其價格低於走私進口的水貨。殖民地人民仍不領情，衝突不斷昇高。一七七六年七月四日，他們發表獨立宣言（Declaration of Independence）。

獨立宣言是來自維吉尼亞年僅三十三歲的傑弗遜（Thomas Jefferson, 1743-1826）起草，而在費城召開的大陸會議所通過的。這個重要文獻充滿啟蒙時代思想的精神，尤其是洛克的學說躍然於字裏行間。它的主旨說：在自然狀態下由自然律運作，所有的人皆自由而平等，人人都有一些不可讓渡的權利，其中主要的有，「生命、自由和追求幸福」（life, liberty and pursuit of happiness），政府的建立係為了確保這些權利，其「公正的權力」（just powers）源自被治理者的同意，當政府違背了它的目的時，人民有權來改變它。在歷數英國的虐政後，宣布獨立。頗有歷史的諷刺性的，

---

4 參看William Blackstone, *Commentaries on the Laws of England*, 4 vols. (London, 1765-69), Book I, pp.160-61.

是獨立宣言把英王喬治三世當做暴虐的象徵。喬治三世（George III, 1738-1820, 在位時期 1760-1820）是個悲劇人物，他是喬治二世的孫子，因其父早死而於一七六〇年繼位，時年二十二歲。他銳意有為，想澄清政治，不但要「御」（reign），而且也要「治」（govern），也想打破惠格黨長期主政的局面。他介入實際政治，用特惠等方式在國會培養「國王的朋友」（the king's friends）。失去北美十三殖民地主要是惠格黨政府的責任。但後來壯志難酬，他在一八一〇年喪失心智，由其子喬治（後來的喬治四世）以攝政王（Prince Regent）理政。

美國獨立之爭不能善了。來自維吉尼的華盛頓（George Washington, 1732-1799）自一七七五便以大陸軍（Continental Army）總司令的身份主導獨立戰爭。戰爭至為艱苦，但有國際援助。法國支援最力，一七七八年初與美訂友好、通商及同盟條約。一七七九年六月西班牙向英宣戰。一七八〇年二月俄國倡組武裝中立同盟（League of Armed Neutrality），丹麥、瑞典、荷蘭、奧地利、普魯士參加，以保障中立國貿易權益相號召，給予美國有力的鼓舞。一七八三年巴黎條約，正式取得獨立。

(二)政治制度的確立

美國獨立以後，先是建立邦聯，以一七七七年大陸會議通過的邦聯條款（Articles of Confederation）（一七八一年生效）為憲法。但這形同一個十三國的聯合，中央政府廢弛無力，無法發揮統合的力量。一七八七年在費城另制新憲（一七八八年生效），建立聯邦，其政治制度為標準的總統制和嚴格的三權分立體系。這個憲法奠定了美國可大可久的基礎。說來真是奇跡，制憲時美國僅為一個人口不過三百萬左右，以農立國，領土只有大西洋沿岸的十三州的小國，後來成為一個人口超過二億七千萬（二〇〇〇年統計數字），科技和工業舉世無儔，擁有兩洋的五十州的超強，但仍然遵守這一部憲法。有人一認為此歸功於憲法前言（按美國憲法並無「前言」這樣的標題而只有一段文字）用現在加強語態：「美國人民為了組成

完美的聯邦……制訂並建立美利堅合眾國的憲法」（We the people of the United States in order to form a more perfect Union…do ordain and establish this Constitution of the United States of America）。有人認為是因為美國憲法的「優越」，也有人認為是因為制憲者的「睿智」。也許真正的原因，是美國人崇尚法治的精神，以及此憲法有可以因應需要修正而仍然保留原憲的彈性設計。不過，修憲的過程至為繁複而艱鉅：國會兩院各以出席人數的三分之二以上的票數通過後，再經四分之三以上的州議會同意。從憲法生效，至一九九二年共有過二十七條修正條款。

美國憲法規定三權分立，但是文字上並未強調「分權」的字樣，僅以明確的方式規定立法權屬於國會，行政權歸總統，以及司法權由聯邦最高法院及各級法院來行使。

美國國會（Congress）為兩院制的結構，由眾議院（House of Representatives）和參議院（Senate）組成。眾議院代表全民，初時並未規定名額，僅謂每一眾議員代表三萬人，每州至少一名，但後以人口增加，一九二九年定總額為四百三十五名，每一眾議員所代表的人口為人口總數除四百三十五所得之商數，任期兩年，所以每十年辦理人口普查一次。參議院代表各州，每州兩名，原規定由各州議會選出，一九一三年改由人民直接選出，任期六年，每兩年改選總額三分之一。國會的議事規則頗能表現出服從多數和尊重少數的精神，這裏所說的「少數」，包括少數黨、個別議員和意識型態上的少數。少數人如果能技巧地運用議事規則，可以達到拖延、修改，乃至擊敗法案的目的。除了少數特殊的情況，如要推翻（over-riding）總統的覆議權（veto power），以及條約須經參議院三分之二的多數同意始能批准以外，其他公共政策的決定在兩院均為簡單多數。另外，參議員在參議院的發言本無時間限制。享壽超過百歲的參議員塞蒙德（Strom Thurmond, 1902-2003）在一九五八年時曾有發言廿四小時又十八分鐘的紀錄。一九七五年以後為避免過度的杯葛（filibuster），經五分之三的參議員投票同意，即可停止辯論，付諸表決。法案須經兩院的同意，始可

送請總統簽署，始能人成為法律。兩院有不同的職權，如眾議院對預算案（包括歲入和歲出）有先議權，參議院擁有對條約的決定權和聯邦官員任命的同意權。此外，眾議院對彈劾聯邦官員有起訴權，參議院有審判權。美國參議院有如此大的權力，常被稱為世界上最有權力的第二院。

國會的議事情形，在眾議院法案如屬一般性質，須按排定順序處理，如果要優先處理，須經法規委員會（Rules Committee）的決議通過。討論議案時，如果沒有特制決議的議事規則，則每一眾議員發言的時間約為一小時，法案在全部辯論終結後再逐條討論時，發言不得超過五分鐘。眾議院在每屆會期開始時選出議長（Speaker），通常由眾院多數黨領袖擔任，而且只要其政黨能維持多數而又繼續為領袖時也可以連任。美國眾議院的議長不同於英國的下議院院長或日本的兩院議長，不必脫離黨籍。至於參議院的議長，係以副總統為議長，但他只有在儀禮性的場合，或依憲法在正反兩方票數相等而需要他作出決定權時才擔任主持會議的議長，通常選出臨時議長（President Protempore）來代替副總統行使議長職務，通常是多數黨資深參議員當選，不過這個臨時議長，在實質上就是議長。

國會兩院分別集會。但在總統選舉審查總統選票時，以及總統親向國會演說時，聯合集會，由參議院議長（現職的副總統主持）。

在美國國會中，僅有議員始有法案提案權。法案由議員一人即可提出，不過通常是有一位以上的議員共同提案，法案或法律之所以常以姓氏名之，便是這個原因。總統和行政部門雖無提案權，但可擬定法案，交由總統同黨的相關委員會的主席（召集人）來提出。如果該一委員會主席與總統不屬同黨，亦可由少數黨的資深議員提出。如果議員接受政府委託，提出某一法案而其本人並不贊成該一法案時，可在提出的法案上註明「本案為應請求提出」（By Request）。

國會助理人員亦甚重要，早期直到一九○○年時助理尚不普及。一九八○年代以後，每一眾議員可聘用十八名專任助理及四名臨時助理；每一參議員可以聘用二十五名至六○名不等的助理。這些助理分為立法助理和

行政助理。除掉這些個人助理以外，各種委員會亦聘有專任助理，此為委員會助理。美國的行政權歸於總統和其所領導的內閣。總統任期四年，每四年選舉一次。候選人的資格是年滿三十五歲，居住美國十四年以上的「自然誕生」的公民（natural-born citizen）（通常的解釋是指出生時即為美國公民而非歸化者）。至於選舉人的資格，原為年滿二十一歲的公民，一九七一年改為年滿十八歲的公民。選舉日期則為前次總統選舉後第四年「十一月經過第一個星期一以後的第一個星期二」（first Tuesday following first Monday in November）。選舉的方式為間接選舉，選民投票選出「選舉人」（elector），再由全國的選舉人組成「選舉人團」（Electoral College）。各州的選舉人的人數與其出席國會兩院的人數相等，現在全國參議員一百名，眾議員四百三十五名，故各州選舉人的總數為五百三十五名，另加哥倫比亞特區（首都）選舉人三名，總計共為五百三十八名。他們於大選年十一月當選後，在十二月十五日集會於首都來投票選舉總統、副總統。投票是各州密封交國會，再由參議院議長（現職的副總統）於翌年一月六日在兩院聯席會議時開票，以過半數（二百七十票）為當選。由於計票方式採取「勝者全得」（winner-takes-all），即某黨總統候選人在某一州選舉人中得票過半時，則該州全數總統選舉人票即歸其所有。又由於在政黨政治之下，各州的總統選舉人係由政黨提名，經人民投票選出，而他們又會投票給其本黨的總統和副總統候選人，所以每屆大選在總統選舉人的投票開票以後，便可知道是何黨候選人當選，不必等在首府的正式投票。不過，這種「勝者全得」的方式，有時會發生某一候選人得了較多的選民票，卻未能獲得過半數的選舉人票，以致未能當選的情形。[5] 如果有

───────────

♪ 例如一八二四年賈克遜（Andrew Jackson）得了較多的選民票敗給亞當斯（John Quincy Adams），一八七六年民主黨的狄爾登（Samuel Jones Tilden）敗給共和黨候選人海斯（Rutherfold B. Hayes），一八八八年民主黨候選人克里夫蘭（Stephen, G. Cleveland）敗給共和黨候選人哈里遜（Benjamin Harrison），二〇〇〇年民主黨候選人高爾（Al Gore）敗給共和黨候選人布希（George W. Bush）。

候選人未能獲選舉人票的半數，則由眾議院投票造出，其方式為每州一票，由每州參議員中過半數決定，如某州眾議員反對贊成各半時，則該州不予計算。例如一八〇〇年傑弗遜（Thomas Jefferson）與勃爾（Aaron Burr）即各獲選舉人團票數的一半，經眾議院三十六次投票後，始選出傑弗遜為第三任總統。

憲法生效後，華盛頓當選第一位總統（任期兩次 1789-97），他第一次當選及第二次連選皆獲全票，但他拒絕第三次連任。於是，總統皆任兩次為限。但佛蘭克林‧羅斯福（Franklin Delano Roosevelt, 1882-1945）曾參與一九三二年、一九三六年、一九四〇年和一九四四年的四次總統大選擔任四次總統。一九五一年經修憲限制連任以一次為限。

美國常稱為典型的總統制國家。總統不僅為國家元首，亦同時為政府領袖，集總統和總理身分於一體，他的執政任期不受在國會占不占多數的影響。他的權力有：第一、元首權，代表美利堅合眾國，有其地位和尊榮。第二、在立法方面有咨文權和覆議權，咨文權指他有權向國會提出立法建議，但此不是正式的政府立法提案，亦不列入議程，立法提案仍由議員提出，成敗不在總統，有內閣制政府提案的優點而無其缺點；所謂覆議權（veto power），指國會通過的法案須經總統簽署，始能變成法律，總統對於其所不贊成的法案可以拒絕簽署，使之不能成為法律。不過，這不是完全的「否決」權，因為如果國會兩院再各以三分之二以上的票數通過，便可推翻（override）總統的反對。另外，總統要在法案送達白宮十日內簽署，如果十日內（扣除星期日及休會日），總統未予簽署，亦未退回國會覆議，亦可視同期間了結而法案成為法律；但如果十日期間終了以前，國會已經閉會，此一法律案便不成立，此通稱總統的「袋中否決」（pocket veto）。第三、外交權與統帥權，在外交方面，總統有權承認外國政府，任命駐外使節和接受外國使節，也有權與外國政府訂立條約（但批准條約需要參議院三分之二以上票數的同意）；在統帥權方面，憲法第二條第二款規定總統是武裝部隊的最高統帥，享有開戰以禦外侮和保護國家的權

責；但在憲法第一條第八款又把宣戰權賦予國會，因此在總統的統帥權與國會享有的宣戰權之間有含混的灰色地帶，此使總統可以不經國會的宣戰而派軍開戰。一九七三年國會制定「戰爭權力法」（War Powers Act）來限制總統在這一方面的權力，其主要內容為：當敵對情況及調動軍隊之可能性昇高時，總統須與國會領袖磋商；總統採取軍事行動，必須在四十八小時內通知國會；如國會在總統採取軍事行動後六〇天內未獲授權繼續使用武力，即必須撤回軍隊，但如經國會批准，此一期限可延長三〇天；在此六〇天或九〇天內，國會有權要求總統將軍隊調離衝突地區。第四、任免權，總統有權任命（但需參議院之同意）及免除聯邦官員的職務。第五、行政督導權，即對聯邦各級政府及機關的指揮和監督權力。由此可看見美國總統有極大的權力，堪稱有最高權力的民選首長。美國歷史學家施萊辛格（Arthur M. Schlesinger, Jr.）因而稱之為「帝王總統制」（Imperial Presidency）。不過，美國總統雖是最有權力的領袖，每位總統在主觀上「想做的」和在客觀上「可以做到的」，二者之間仍有很大的差距。至於副總統，其職位則被開國元勛佛蘭克林形容為「多餘的閣下」（His Superfluous Excellency），其法定職務為不主持實際議事的參議院議長，以及在總統不能履行職務時繼任為總統，至任期期滿為止。[6] 他如果有其他權力，係來自總統的授權。

美國的司法權，由司法部門執掌，法官為終身職，按期支薪，不得削減以保障司法獨立。聯邦法院包括最高法院（Supreme Court），掌管司法案件，包括憲法事務，其人數現有院長（Chief Justice）一名及法官（Associate Justices）八名。其下有上訴法院（Circuit Courts of Appeals），約有十

---

6 參看 Arthue Schlesinger, Jr., *The Imperial Presidency* (Boston: Houghton Mifflin, 1973)；Theodore Sorensen, *Decision-Making in the White House: The Olive Branch or the Arrows* (New York: Columbia University Press, 1966), Foreword by John F. Kennedy；鄒文海，〖比較憲法〗（台北，1969）。

一個,以及地方法院(District Courts),約有九〇個。各級法官均由總統提名經參議院同意後任命。最能彰顯司法權在立法權與行政權之間的作用的,是司法審查權(judicial review),也就是最高法院可以審查國會所通過的法律,以及行政部門所發布的行政命令是否違反憲法,如屬違憲,即宣布其無效。

美國三權分立並互相制衡的體制,可由立法權(國會)藉由預算權和彈劾權來牽制行政權(總統及各行政部門),亦可經由制訂法律和對法官任命的同意權來約束司法權(最高法院及各級法院);行政權對國會有覆議權和對各級法院法官有提名權,而司法權對國會及行政部門又有司法審查權。

三、法國革命

(一)背景與發展

爆發在一七八九年的法國革命是劃時代的大事。一八五六年法國人托克維爾(Alexis de Tocqeville, 1805-1859)出版〖舊秩序與革命〗(L'Ancicen Regime et la Revolution),使人認為一七八九年法國大革命爆發以前的狀態為「舊秩序」,是有封建制度、階級意識、專制暴虐和財富不均等特色的。事實上,人類的制度與組織不會在某一特定時間以後,便完全改觀,托克維爾也不否認有連續性。但是,法國革命為一里程碑,則不容否認。

歐洲在法國革命以前,有社會階級的劃分,每個人在法律上屬於某一階級(estate or order),教士為第一階級,貴族屬第二階級,第三階級包括一切不屬前兩個階級的其他人,即工商業者和農民。構成特權階級的高級教士和貴族,不過占歐洲人口的百分之一。另外,由於十七和十八世紀,工商業的發展與城市的增長,中產階級興起。這在英國、法國、荷蘭等國家特別顯著。在中歐與東歐,特別是在奧地利和普魯士,也出現了一

種以政府文官為主所構成的中產階級。這使歐洲社會的貴族色彩有了沖淡的趨勢。但是,這些中產階級握有財富和知識,自不甘長期地被排除在參政者之外。除了在英國,他們有某種程度的參政和在國會有代表權以外,在其他各國率多被排除在外。[7]

舊秩序下的法國並不比他國更壞。法國的第一及第二階級合起來不足全人口二千五百萬人的百分之三,其中教士約有十三萬人,貴族約有四十萬人左右。第三階級占全人口的百分之九七,其中農民最多,約占百分之八〇。至於土地分配,約百分之四〇為農民所有,百分之二十強為貴族所有,百分之二十弱為資產人士所有,百分之十弱為教會所有。但是,法國是啟蒙運動的中心,又是開明專制不成功,再加上無法解決的財政危機,終爆發革命。

法國的中產階級已告興起且頗有實力,他們屬於第三階級。一七一三年至一七八九年間,法國的對外貿易增長了五倍,可見一斑。這些中產階級雖然也可以巧立名目或捐官而免繳稅賦,但他們對於排除在參政行列之外,卻極為不滿。

在政治方面,十八世紀的法國的君主專制政體走向衰落。君主專制必須有大有為的君主,再輔以政治家胸襟的大臣,方能相得益彰。但是,路易十四以後的法國不再具備此種條件。路易十五時期(在位時期為一七一五至七四)改革不力。一七七四年他死於天花,其孫路易十六(Louis XVI, 1754-1793,在位時期1774-93)為一私德不錯之人,誠懇善良又愛家庭,他在治世可為令主,但法國當時問題很多且亟待改革,但他意志薄弱,易受人影響。

革命亦有思想背景,法國為啟蒙運動的大本營,人民對制度與社會不滿。而洛克、孟德思鳩和盧梭的思想,使自然權利、有限政府、人民有反

---

7 參看 *The New Cambridge Modern History*, Vol. VII, *The Old Regime* (Cambridge :Cambridge University Press, 1966), pp.55-58.

抗暴虐之權、契約政府和主權在民等觀念深入人心。所以,阿克頓(Lord Acton)認為,法國革命在實際行動前已在法國人民腦海中形成,法國人有謂:「都是伏祿泰爾的錯;都是盧梭的錯」(C'est la faute a Voltaire; C'est la faute a Rousseau)。[8]

政府財政危機是法國革命的導火線。不過,法國不但不是貧窮的國家,而且是歐洲最繁榮和富庶的國家之一。如何解決一個富有國家中的卻有一個破產的政府的問題?路易十六從一七七四年起,連著換了四位財相,仍然無法解決問題。法國的問題在於財稅制度的不合理,稅收應該合理化、簡單化、消除特權、降低平民負擔最重的間接稅,以及提高直接稅。但是,革命前的法國並非如此。當時法國的稅收有兩類:一類為直接稅,包括土地稅(taille)、人頭稅或戶稅(capitation)、所得稅(vingtieme)(原為百分之五,十八世紀為百分之十);另類為間接稅,有貨物稅(有外國進出口的關稅和此省至彼省的地方稅)、鹽稅(gabelle),鹽由政府專賣較實價貴五、六十倍且幾乎全由平民(占人口百分之九七)所負擔。由於教會拒絕世俗政府就教產徵稅但同意對政府「自由捐獻」(don gratuit, or free gift)(為數不少)以外,教士不繳稅,貴族繳所得稅及人頭稅。不過,大致言之,頭兩個階級形同免稅。另外擔任公職的資產人士可以藉不同名目免稅,稅負幾乎全在農民和一般平民身上。

法國財政危機係因參加十八世紀一連串的戰爭又介入美國獨立革命所引起。一七八八年政府公債已積至四十億利誰(livres),每年要付的公債本息占了歲入的一半。再加上自一七八三年以來天災頻仍,農產歉收。如不改弦更張,實已不能應付時艱,但牽一髮而動全身,財政改革已不能孤立於政治和社會的其他改革。最後,只有召開自一六一四年後迄未召開的三級會議。於是一七八九年五月五日,在凡爾賽宮召開三級會議,他們分

---

8 轉引自 Crane Brinton, *The Shaping of the Modern Mind* (New York, 1959), p.138.

別有第一階級代表三百人，第二階級代表三百人，以及第三階級代表六百人。集會之後，第三階級代表力主「個別表決」（vote by head），而反對過去每一階級為一個表決單位的「階級表決」（vote by order），到六月二十七日路易十六同意三個階級代表共同開會，三級會議改名國民會議（National Assembly），採取「個別表決」的方式。於是，法國第一次有了一個包括一、二〇〇成員的單一國會。

但是，第三階級代表與國王不能建立互信，群眾介入，又加上國王認為巴黎駐軍受革命感染而徵調瑞士及日耳曼傭兵至巴黎附近，失業人口眾多和麵包等價格高漲（此因一七八八年歉收和經濟蕭條），導致暴動群眾在七月十四日攻陷巴斯提爾堡寨（Bastille）的軍火庫及監獄，此日後來成為革命後的法國的國慶日。他們組成公社（Paris Commune），接管巴黎市政，並組成民軍或國民自衛軍（National Guard），以拉法耶特（Marquis de Lafayette, 1757-1834）為司令，以巴黎城的紅、藍二色旗，加上波旁王室的白旗，製成紅、藍、白三色旗。是為普通人民及群眾介入革命之始，貴族開始流亡。到七月末以後，局勢漸失控，流言四起，是為「大恐慌」（grande peur）。人民拒絕繳稅，農民攻擊地主宅第和焚燬載有他們的封建義務的文件（terrier）。十月初，暴民（有些女人混在其中）跑到凡爾賽，強迫國王回巴黎舊宮（Tuileries），國民會議亦遷來巴黎。

國民會議有鑒於只有承認既成事實並使之合法化，才能恢復秩序，於是通過若干法律，宣布舊秩序的死亡和新社會的誕生。這其中最重要的有：廢除封建階級和封建特權，此發生在（一七八九年）八月四日夜晚（Night of August）通過廢除封建階級、共同負擔公共開支、取消教會徵收十一稅權力，以及廢除農奴制度；發布人權宣言（Declaration of the Rights of Man），此在八月二十六日，人人「生而自由，權利平等」，舉凡自由、財產、安全、思想、出版自由，以及宗教寬容為自然權利，揭示主權在民的原則和「法律為普遍意志的表現，由全體公民或其代表制訂」。此外，國民會議制訂了一七九一年憲法，欲為革命建國奠下可大可久的基礎。這

個憲法規定法國為有限王權的君主立憲政體,並採三權分立的制度,行政權由國王負責,他不再是「法蘭西之王」,而是奉天恩承民意的「法蘭西人之王」,他的詔令須有適當的部會首長副署方為有效;立法權由一院制國會即立法會議(Legislatif, or Legislative Assembly)(由七四五名議員組成,任期兩年)來行使,國王對法案有四年延擱權(suspensive veto),宣戰、媾和、條約均須經立法會議同意;司法方面,廢除各地高院(parlements)及舊的司法制度。地方行政廢原來的行省(provinces)而建立八十三個省(departments),以山脈或河流為名,省下有區(districts),行政官員由選舉產生,各有地方議會。這個憲法把選舉權限制太嚴,它把人民分為積極公民(active citizens)和消極公民(passive citizens)兩種,但只有積極公民(繳納直接稅額至少為居所工人三天以上工資者)始有選舉權,時法國有成年男性七百餘萬,只有四百二十五萬人合格,而他們亦不能直接選出國會議員,他們僅能選出選舉人(electors),再由他們選出議員,當時此種人士全國僅有五萬人之譜。

至此,革命有了成就,但代表中產階級的勝利。對它的評價或接受程度,不同的人群有不同的感受。貴族和教士反對它,並希望能「倒撥時鐘」,回到革命爆發以前的狀態;資產(中產)階級和農民,滿意此種成就,希望革命到此為止;無產階級(sans Culottes)和巴黎群眾,不滿已獲的成就,希望更向前推進。從這些不同的態度,衍生出歐洲十九世紀政治的左、中、右,三種立場。[9]

但是,革命終於未能到此為止。革命一直向「左」傾斜。所謂「左」,是指較激進的意識型態。表現在立法會議和其後立法部門中的,是激進份子坐在梯形議場的左側。路易十六優柔寡斷,也不甘為立憲君主;歐洲其他國家有鑒於革命有感染性,採取聯合干預,奧、普組成聯

---

[9] 參看 Richard L. Greaves & others, *Civilizations of the World: the Human Adventure* (New York: Harper & Row, 1990), p.633.

盟，一七九二年四月立法會議通過向其宣戰，翌年二月英國、荷蘭、西班牙等國也捲入，立法會議宣布「祖國危急」刺激起法國人民的民族主義。一七九二年，由成年男子普選而成立的國民公會（National Convention），主導立法。他們以叛國罪審訊「公民路易·卡本」（Citizen Louis Capet）（路易十六），翌年初送上斷頭台處死，法國革命也演出弒君和改建共和的悲劇。此後，局勢益發失控，「恐怖之治」（Reign of Terror）（一七九二年八月至一七九四年七月）、拿破崙戰爭（Napoleonic Wars）（一八〇四至一八一五年）等，乃在所不免。法國人和整個歐洲人皆為法國革命付出極高的代價。

(二)革命的影響

法國革命有驚天動地之勢，它推翻了舊秩序，在政治和社會方面均有創新的發展，它所發生的影響更超出法國和歐洲的範疇之外。「自由、平等、博愛」的口號響徹雲霄；「主權在民」成為最高的原則。「人權宣言」為一大指標，使法國革命有了歷史的光輝和世界性的意義。拿破崙（Napoleon Bonaparte, 1769-1821）雖然威震全歐，但影響最大的是他的「拿破崙法典」（Code Napoleon, or Napoleonic Code）（一八〇四至一〇年），它包涵了法國革命精神，如法律之前人人平等，子女皆可繼承遺產（廢除長子繼承制度），以及准許有限度的離婚，對建立公正社會有重大貢獻，亦屬法國革命的重大精神遺產。

還有，民族主義在法國革命也有了重大的發展，在革命戰爭中，為了抵禦外國干預，有「祖國危急」的號召，並全國皆兵（levee en masses）的動員。拿破崙的征戰也激起其他地區的民族主義。

不過，法國革命在建立永久制度上，不如英國和美國革命。革命後先後有君主立憲（一七八九至一七九二）、第一共和（一七九二至一七九五）、督政府（Directoire, or Directory）（一七九五至一七九九）、執政府（Consulate）（一七九九至一八〇四）、第一帝國（一八〇四至一八一

四）、波旁王室復辟（一八一四至一八三〇）、波旁‧奧爾良支系七月王朝（一八三〇至一八四八）、第二共和（一八四八至一八五二）、第二帝國（一八五二至一八七〇）、第三共和（一八七〇至一九四四）、第四共和（一九四四至一九五八）、第五共和（一九五八迄今）。

這些變更並非僅為政權的更替，而是基本體制的改換。現行第五共和的體制自一九五八年開始，一般稱為雙首長制或半總統制，在此制度下總統及內閣總理均有相當的職權，總統在國防、外交上的權力較大，總統要半數以上的選票選出，所以常有第二次就第一次選舉的前兩名再投票一次，總統與總理同屬一黨時總統有較大的影響力，否則即成（左右）「共治」（cohabitation）之局。這種從體制外改革的情形，與英、美在基本體制（架構）確定後，容有增益補強，但架構不變，一切從體制內改進，可說是大異其趣。但在法國，「主權在民」的原則卻為不可爭議。

另外，法國革命所表現的憑意識型態改變政治與社會秩序的做法和所造成的混亂，使政治上的保守主義（Conservatism）得以興起。英國政治理論家柏克（Edmund Burke, 1729-1797）為主要代言人。柏克反對變遷，也不相信理性，他所重視的是經驗，也就是多代累積的智慧。他震懾於法國革命的激烈，認為法國革命的行動與意義在棄絕各時代所累積的智慧。他的力作是一七九〇年出版的〖法國革命的反思〗（*Reflections on the Revolution in France*），他尊重人類歷代艱苦締造的社會與政治制度，認為歷史有其連續性，每一時代皆為綿延不絕的連鎖（lengthening chain）當中的一個環節。每一時代的人類均為文化遺產的保管者而非所有者，因而不可任意毀壞。沒有一個時代的人類可以武斷地決定未來社會的需要，他反對用任何抽象的原則來改變政治與社會的企圖。他也承認變更有時或不能免，但應審慎為之，而且「舊建制的有益部分」（the useful parts of the old establishment）則應予保留，而且這種變更必須經過憲政程序，而絕不可以在抽象的邏輯名目下用暴力的方式來決定。他反對革命分子，認為他們是意識型態者（ideologists），強使人性適應其公式，他們不管現況如何，而強調

應該如何或可能如何。他的著作成為日後保守主義的政治家的經典。

四、民族主義的發展

　　民族主義（Nationalism）是塑造世界的重大力量，它的發揚，改變了世界的風貌。在一九○○年時，獨立國家不過有四十九個，如今聯合國會員國就有一百九十二個。儘管二十世紀以後，國際主義（Internationalism）日趨強大，但在可預見的將來，仍無法取代民族主義。簡單地說：民族主義是爭取民族統一、建立民族國家以對抗外國或帝國主義的干預的思想和力量。民族主義肩負兩個使命：一是形成民族（nation-building），形成民族是透過整合的過程把各個在種族、文化和生活方式上相同的人群統合成更大的人群社會；另一是建立國家（state-building），此為在民族整合成功後，在固定的疆域之內，建立為民族國家，當然也有多民族共建國家的情況，如瑞士屬於顯例。所以，牛津英文字典對「民族」（nation）一詞的解釋，是「基於共同的血統、語言和歷史的眾人複合體，密切連繫而組成與其他人群社會不同的種族或人群，而通常建構為占有確定的領土的政治國家」。10

　　民族主義，一般說是法國革命的產物。但是，民族主義以建立民族國家為鵠的，而民族國家卻早在十四和十五世紀在西歐和北歐形成民族王國後到十六世紀便成為非常有力量的民族國家。古代的希伯來人也是民族主義的堅持者，他們相信自己是上帝的選民，維護自己的語言文字、宗教信仰和文化特質，在亡國（以色列亡於西元前七二一年，猶太亡於西元前五八六年）後二千多年未忘復國之念，終於在一九四八年建立以色列。至於希臘人和羅馬人均未成功地建立民族國家，希臘人認同的對象小於民族國

---

10 參看 *The Oxford English Dictionary*, 2nd ed., Vol X (Oxford: Clarendon-Press, 1989)，p.231.

家，亞歷山大時期有過超民族國家的嘗試，羅馬人有極輝煌的超民族國家的帝國成就。

十九世紀民族主義在中歐有很大的收穫，這表現在日耳曼各邦統一為德國和義大利半島上的統一。德意志帝國（the German Empire）的締造，是在普魯士的領導下由俾斯麥（Otto von Bismarck, 1815-1898）用三次戰爭的「鐵和血」鑄造成功的。這三次戰爭便是一八六四年的丹麥戰爭，一八六六年的奧、普七星期戰爭，以及一八七〇至七一的普、法戰爭。義大利的統一，也是與德國協同下，透過戰爭在一八七〇年完成的。十九世紀末年至結束第一次世界大戰的巴黎和會（一九一九），許多原在鄂圖土耳其帝國和奧地利帝國羈絆下的東歐國家得到獨立。

第二次世界大戰以後，由於歐洲的衰落、聯合國的介入、科技武器擴散等因素，使民族主義在亞洲和非洲大行其道，新而獨立的國家像雨後春筍般地出現。

第二節　工業革命

一、工業革命的進程

工業革命（Industrial Revolution）指生產機械化和動力化以後，造成工廠制度興起，以及發生重大的經濟和社會的變遷而言。它的過程雖屬和平而時間亦甚持久，此與「革命」常指以暴力手段來驟然改變秩序不同。但是，工業革命造成了根本性的改變，它奠定了西方文化的經濟生活的基礎，並影響及其他遼遠的地區。所以當「革命」之名而無愧。

工業革命首先發生在英國。十八世紀中葉，紡織業的生產機械化開始

萌芽,有了若干紡織機械的發明。一七六九年瓦特改良了蒸汽引擎,使之可作為一般工廠的動力。在此之前,能源主要靠人力、獸力和水力的供應,約有百分之十五至二十靠風力。動力供應問題未獲解決以前,工廠常要設在靠水的地方。動力來源常受氣候的限制,天旱水位降低時工廠常被迫減產或停工,在海洋中航行的船隻也會因無風而延遲航程。動力問題解決了,再加上生產工具的改進,棉紡業和毛紡業在藍開夏或藍開郡(Lancashire)、約克郡(Yorkshire)和蘇格蘭中部等地有了相當的發展。

蒸汽引擎的發展也造成交通和運輸的革新,這表現在火車和輪船方面。火車的觀念和實驗在十八世紀中葉就有了。最先使用蒸汽引擎推動火車在鐵軌上行走的人,是英國人史蒂芬生(George Stephenson, 1781-1848)。他在一八一五年製成了用蒸汽引擎推動的第一具機車,使火車有了實用的價值,此後鐵路里程急劇地增加。輪船方面,發明人不止一位,不過美國人富爾敦(Robert Fulton, 1765-1815)始發展成功有商業價值的輪船,他在一八〇七年以所製造的汽船「克勒芒號」(Clermont)行駛在哈德遜河中,航完紐約至奧爾班尼(Albany)的全程而大獲成功。一八四〇年,開始有橫渡大西洋的定期航線,一八六九年蘇伊士運河(Suez Canal)的開放,尤為海洋航運的里程碑。一八三七年美國人摩爾斯(Samuel Morse, 1791-1872)成功地展示其所發明的電報術。

十九世紀下半期,工業革命進入了一個新的階段。新工業的興起,工業技術的精進,工業基礎不斷擴大,乃至工業國家的增多,同時過剩的資本也不再受政治疆界的限制而向外尋求投資的機會。這個現象常被稱為「工業革命的第二階段」(the second phase of the industrial revolution)。這個時期的工業發展與前一時期有不同之處:第一、在此之前,工業發展主要在紡織業和重工業,技術雖創新卻並不高度複雜;第二、前一時期的工業成品除紡織品外,並不為大眾所耗用,縱然因人口移居城市和交通運輸便利,使某些貨品的售價較前降低不過這多為間接性的影響;第三、在此時期甚多新的而且供應大眾的產品,鋼的廣泛使用,電力的普及和化學工

業的興起，為其著者；第四、各國次第地走向工業化，英國的優越地位受到挑戰。最後，由於一八七三至七四年間的財政危機和不景氣造成物價的降落，各工業家乃用限制生產或達成協議的方式以控制市場以維持較穩定的價格，此為日後卡特爾（cartel）或托辣斯（trust），或大企業出現的先聲。一九一三年時德國的克虜伯（Krupp）就有七萬工人的規模，西門斯·哈斯克電氣公司（Siemens-Halske）的員工超過八萬人。

　　煉鋼工業的發展為本期最大的事件之一。這個階段常有「鋼的時代」（Age of Steel）之稱。鋼是工業之王，基本上它是一種含碳量與其他的鐵不同的鐵，其品質卻優甚。十九世紀以前，鋼的製造過程既慢且難，成本甚高，以致鋼是半貴重金屬。一八五六年英國工程師伯塞麥（Henry Bessemer, 1812-1898）發展出伯塞麥煉鋼法（Bessemer Process），用轉化爐（converter）把生鐵冶煉成鋼，使鋼的價格降到不到從前的七分之一。一八六三年法國工程師馬丁（Pierre Martin, 1824-1915）利用德國人西門斯（Friedrich Siemens, 1826-1904）發明的再生爐（regenerative furnance）對伯塞麥煉鋼法加以改良，使之不但可以把廢鐵當做生鐵一樣地冶煉，而且可以生量較大的量，此為西門斯·馬丁煉鋼法（Siemens-Martin Process），亦稱敞爐煉鋼法（open-hearth process）。不過，它仍有缺點，因為較適合冶煉品質高而含磷少的鐵，這種鐵只有在英國、西班牙和美國才有較多的產量。英國因為不僅自身擁有高品質的鐵，在西班牙取給亦便，因而此時執鋼鐵業之牛耳。一八七九年，一對英國表兄弟湯瑪斯（Sidney G. Thomas, 1850-1885）和翟克瑞斯（Percy C. Gilchrist, 1851-1925）又發展出一種方法，它可以冶煉品質較遜的含磷的鐵，使之成為工業用的鋼。此項發展不僅造成鋼的大量生產，而且對德國發生的作用很大，因為德國已自法國取得亞爾薩斯·洛林（Alsace-Lorraine），此地區有豐富的鐵，但因含磷較高而迄無價值。至是，此區域的鐵配合上薩爾（Saar）和魯爾（Ruhr）的煤，成為德國的重要工業資源，而德國的鋼產量在一八九三年超過了英國。此外，比利時和美國亦有含磷的鐵，此後均為重要資源。同時，煉鋼技術的本身也不斷地

改進。鋼的大量生產和普遍應用使許多工業有了更大的發展，舉凡鐵路、造船、軍火、汽車、建築等工業，均大量使用鋼。

電力的發展和普遍應用，找到了便宜、快捷和清潔的能源。在十九世紀上半期，電力的理論基礎已告奠立，一八三一年英國人法拉第（Michael Faraday, 1791-1867）發明了發電機，可以使電能轉變為機械能。一八八二年美國人愛迪生（Thomas A. Edison, 1847-1931）發展成功了電力的中央傳遞系統，不過此時電力也限於用於照明和公共交通。一八九一年有了用高壓電線傳遞電力的方法。電力的普遍應用，不僅供應了工業所需的動力，而且也影響到一般人的日常生活。電力也促進了通訊和交通運輸的發展。一八七八年這一年不僅愛迪生發明電燈，美國人貝爾（Alexander Graham Bell, 1847-1922）發明了電話，翌年成立貝爾電話公司（Bell Telephone Company）。一八九五年義大利人馬可尼（Guglielmo Maeconi, 1874-1937）傳遞成功了長波訊號而發明了電報，一八九八年英法海峽兩岸通了電報，一九〇一年大西洋兩岸亦告接通。在交通方面，電車問世，有軌電車首先出現於一八七九年的柏林博覽會，一九〇〇年前電車已通行於倫敦和巴黎。

另一個在動力方面的重大發展，是內燃機和蒸氣渦輪的發明。內燃機的原理是利用燃料在引擎汽缸內燃燒，將熱能轉換為機械能。一八七六年德國人鄂圖（Nikolaus Otto, 1832-1892）製造出第一具有實用價值的內燃機，係用煤氣燃燒。另一德國人戴默勒（Gottlieb Daimler, 1834-1900）加以改良，使燃燒汽油，並於一八八五年註冊專利。德人笛塞爾（Rudolf Diesel, 1858-1913）又設計成功了另一種重油（柴油）內燃機，並於一八九二年註冊專利，為一種能發出很大的動能的內燃機，可以應用到電氣廠、大型輪艦及機車等。蒸氣渦輪為英人派生斯（Charles Parsons, 1854-1931）所發明，是一種將流動的空氣、蒸氣及水等旋轉以產生很大的機械能的引擎，一八八四年註冊專利，後來噴氣機便用此原理。

化學工業和合成工業也在此時肇端。德國在這方面居於領先的地位，他們在十九和二十世紀之交製造世界百分九十左右的染料。人工合成產品

如塑膠、合成纖維和合成樹脂等亦有發展，而且後來發生很大的作用。

同時，工業發展的形勢亦漸打破。工業革命擴散傳播，德國超過英國，美國更是後來居上，日本亦非等閒。全世界的工業都在革命。

交通運輸方面發展益大，公路、鐵路和海運固不待言。汽車和飛機也大有發展。汽車後來成為日常的交通工具，它雖在一七六〇年代和一八八〇年代，在法國和德國都有一些發展，但美國人福特（Henry Ford, 1863-1947）在一九〇三創設福特汽車公司（Ford Motor Company）致力開發大量生產和廉價便宜的汽車，一九〇八年推出 T 型車（Model T），此後美國、法國、德國、義大利等國的汽車工業均甚發達，而日本的後來居上，尤為著稱。飛機方面，一九〇三年美國人萊特兄弟（Orville & Wilbur Wright, 1871-1948 & 1867-1912）在北卡羅林納州凱第荷克（Kitty Hawk）試驗他們發明的飛機，在五十九秒內飛行了八五二呎或二六〇公尺（折合時速三十英哩），看來微不足道，但航空事業萌芽。不過，一直到第一次世界大戰時才有空軍出現。第二次世界大戰時，空軍已扮演重要的角色。民用航空，在一九二五年美國開始允許私人公司包用飛機送航空郵件，跨越太平洋的民航客運始於一九三四年汎美航空公司（Pan American Airways, 後改為 Pan American World Airways）首先推出。這時用的是螺旋槳飛機，而一般人也很少乘坐。一九三八年九月英國首相張伯倫（Neville Chamberlain, 1869-1940）就捷克問題第一次赴德國貝特斯加登（Berchtesgaden）與希特勒會談時，當時他年六十九歲，還是第一次搭飛機，遑論一般人。噴汽機的發展，始於英國航空工程家惠特勒（Sir Frank Whittler, 1907-96）在一九三九年製成噴氣引擎（jet engine），可用於發動飛機。一九七〇年美國推出波音七四七巨無霸噴氣客機（Boeing Jumbo Jet），一九七六年英、法共同開發的協和式（Concorde）超音速客機開始載客飛行。

二十世紀後期，特別是一九七〇年代後，隨著高速度和高功能計算機（電腦）的發展，工業革命進入了資訊工業階段。電腦負起了設計、構圖、通訊的工作，而數據電子（digital elctronics）和網路（networks）的應

用，展開新天地。

二、經濟與社會的劇變

工業革命對經濟與社會發生空前的影響。主要有：

㈠資本主義制度的興起

工業革命以前的資本活動，多由土地貴族和上層中產階級所操控經營，未脫農業和商業的色彩。工業革命後，許多生產設備場非一個普通人所能擁有，也不適合家庭經營。於是，資本、機械、原料和工人的結合產生了工廠組織。十九世紀中葉以後，工廠規模日益擴大，分工亦趨精細，機械也益發複雜昂貴，於是大型合股公司應運而生這種合股公司用發行證券（股票和債券）來募集資本，並雇用專業管理人員經營，用付息或分配紅利的辦法來分配利潤。投資者透過銀行或證券交易所來投資。一八四四年英國通過合股公司條例（Joint Stock Company Act），對於投資採取有限責任的辦法，組成責任有限（Company Ltd.）的公司，美國的 Inc.（Incorporation），德國的 G.m.b.H 均同此類。於是形成了近代型態的資本主義制度。各工業國家也累積下鉅大的資本額，而且過剩的資本也不受國界的限制去尋求投資的機會。由於資本、貨物、勞力等均朝向需求最大，也就是生產效益最大的地區流動，世界經濟體系（World or Global Economy）形成。又因為生產動機由需要改為贏利，再加上生產方式的革新，舊有的工商業平衡被打破，經濟情況發生類似一種週期性的景氣（boom）和衰退（recession）。有的時候衰退的規模非常大，其影響也非常嚴重，像一九二九年爆發於紐約的經濟大恐慌（Great Depression），一直持續到一九三二年才緩和下來，而美國已是世界經濟的「火車頭」，對全世界的經濟，造成極大的傷害。迄今，世界經濟乃不脫景氣與衰退的循環。

(二)人口的增加

第二是人口的增加。在工業革命以前，人口的增加非常緩慢，此因戰爭、疾疫、饑饉常能阻止人口的大量增加。十八世紀以後，因為工業革命使生產量遽增，交通運輸改良，公共衛生和醫藥的進步，死亡率大降，人口增加迅速。歐洲人口在一六五〇年時約為一億左右，一八〇〇年時約為一億八千七百萬人，十九世紀之末四億二千萬人左右。一九一四年時，歐洲人和有歐洲血統而居住歐洲以外地區的人占了全世界人口的三分之一左右。其他地區的人，如亞洲人深感西方人口大量增加所給他們帶來的威脅。這要到二十世紀，他們也展開工業革命以後，他們的人口又大量增加，超過西方人甚多。此因西方人早已有鑒於人口增加過速所帶來的弊端，採取人口政策，朝向「人口零成長」（zero population growth）發展，而亞洲、非洲、拉丁美洲人民的人口增加率（出生率減去死亡率）偏高所致。大致言之，人口成長的演變有三個階段：第一個階段為高出生率和高死亡率的階段，第二個階段為高出生率和低死亡率的階段（如十九世紀的西方和二十世紀的亞、非、拉），第三個階段為低出生率和低死亡率的階段（如今日的西方）。二〇〇〇年世界人口已超過六〇億，但絕大部份生活在西方以外的較為落後貧窮的地區。

(三)城市化

工業革命造成人口流向城市，使城市人口和城市數急劇的增加，顯示工業化（industrialization）與城市化（urbanization）之間的密切關係，新興城市可以說是工業和鐵路的產兒。英國人口原集中南郡，但自中部和北部變成工業區以後，城市便次第出現。在一七〇〇年不列顛各島（包括英格蘭、蘇格蘭、威爾斯）只有一個城市超過十萬人口，一九一一年時已超過三〇個。德國在一八四〇年僅有兩個人口超過十萬的城市，一九一〇年時變為四〇個。法國北部的城市發展，亦甚顯著。一八一五年時全歐人口滿

二十萬人口的城市不足一打,一九六〇年代已超過二百個。美國的東北部
地區在工業革命後,也有顯著的城市化現象。城市在近代世界的重要性不
容爭議,近代文明亦常被稱為「城居者的文明」(Civilization of City
Dwellers)。二十世紀中葉以後,在許多國家常以大城市為核心,把其郊區
和附近的城市連接在一起,成為巨無霸城市(megalopolis)。不過,二十
世紀的城市化發展,以第三世界國家最為顯著。人口以百萬計數的城市稱
米加城市(megacities),多集中在落後地區,其地的生活品質亦劣。

㈣社會結構的改變

首先是工人或勞動階級的大量出現,他們聚居於工業城市,無恒產,
也沒有知識,完全賴工資維持生活。由於新興的工業城市,事先多未經規
劃,因此公共衛生及下水道等均未遑計及,故居住條件不佳,工人集居之
處更是貧民窟。他們的工作環境(安全與衛生)和工作條件(工時和工
資)均甚惡劣,又因生計困難和雇主剝削,產生女工和童工的問題,又常
受失業的威脅。他們自然不滿,乃嘗試以集體行動來謀求改善,此即工會
組織。工會的合法地位,在西方國家各不相同,但要到十九世紀末期始告
確定。同時,工人也尋求他們在政治上應有的權利,在十九世紀後半期他
們也漸次取得投票權,終成可以影響政黨政策和政府施政的階級。

社會結構的另一重大變遷是中產階級的興起。「中產階級」一詞,隨
著經濟和社會的變遷,所指涉的是不同的族群。在工業革命早期,它所指
的是資產階級,不是貴族教士,也不是農民工匠,而是工業資本家(工
廠、礦山及鐵路的主人)、商人、銀行家、專業人士(律師及醫師等),
以及高層的管理和技術人士。他們事業成功而富有多金,但卻被排除在參
政的行列之外。在英國,工業城市如曼徹斯特和伯明罕等在國會中沒有代
表權;在法國,儘管經過了一七八九年的革命,他們的夙志仍未得償。在
其他各西方國家也大致類此。十九世紀的許多政治改革,是他們推動的。
二十世紀中葉以後,「中產階級」一詞的指涉發生變化,是指在高度工業

化和商業化，特別是在服務業（service industry）成為農、工以外的「第三部門」（third sector），而它所創造的國內生產毛額（GDP）和雇用人員名額皆超過工業。服務業所生產的係一種無形的產品，其從業人員包括銀行、保險、會計、運輸、通訊、資料處理、廣告、零沽批發、營造、設計、工程、管理、房地產經紀、專業服務（如律師、會計師、醫師）、娛樂、教育、保健服務人員、工業銷售部門人員、行政人員、教育人員等等，皆屬服務業。這些人未擁有生產工具卻並不完全受制於擁有生產工具者，而又有屬於他們自己的一定程度的尊嚴、財富和權益，他們之中的大多數受過良好教育及訓練，他們的收入多來自薪酬，所以也稱薪酬階級（salariat）或白領階級（white-collar class）。他們取代了舊的中產（資產）階級而成為社會主體的新中產階級。在先進國家，縱即是工人，只要有工作崗位，也是居有房，出有車，衣食無虞，有銀行戶頭，有度假觀念，頗有中產階級的氣息。而且，現代工業的生產，機械替代手工之處愈來愈多，所需勞工也就愈來愈少，相對地管理、技術和行政部門的人也愈來愈多。因之，在高度工業化的國家內，傳統意義的「工人」的數字也在遞減之中。易言之，藍領階級的人數減少而白領階級的人數增多，所謂「中產階級」便是一般大眾，而且絕大比例的人口認同自己屬於中產階級。

這種情形使社會結構發生根本性的改變。在十九世紀時西方社會的結構是一個三層的金字塔，頂層為人數很少的資本家和富有的地主，他們工作不多卻席豐履厚；在他們下邊是人數較多的中產階級，他們工作勤奮但收入亦多；最底層是人數最多的勞苦大眾，以工人和農人為主，他們工作辛苦而收入微薄。到二十世紀以後，此一金字塔的結構發生變化：它由原來的鑽石型演變為菱形，即頂端和基層都變小了，而中間的一層卻加大了很多。但是，這個中層不再是過去的舊中產階級或資產階級，而是薪酬階級，它是主幹。在這個階級內，成員之間固然有差異，譬如一個企業主管與一個工頭之間，薪酬上當然有很大的差別，他們之間的生活格調也會不同，但是這種不同，卻不是十九世紀時期資本家和工人的不同。另外，此

一薪酬階級是開放的，基本上屬功績制（meritocracy），取得職位要憑資格和能力。由於它是開放的，便沒有保障性，即使是總經理級的行政人員也可能憑董事會的一紙通知便予解職。他們經常面臨來自競爭者的挑戰，也不能惠及子女。這種社會的流動性（social mobility）開啟了無限的可能。[11]

㈤環境污染

工業化不僅創造了財富，也創造了廢物，而且是有毒的廢物。開發與環境污染不可分，自然又會反撲，於是有了災難性的後果。工業產品用後的廢棄物多不能分解，因而無法加入自然循環，會破壞環境，造成對土壤、空氣、河流、海洋的污染。卡遜（Rachel Louise Carson, 1907-64）在一九六二年出版〖寂靜的春天〗（*Silent Spring*），喚起公眾對環保問題的注意。開發過度也是災難，地球許多重要的資源消耗過快，也造成將會用竭的結果。巴西亞馬遜河、中美洲和南洋等地的熱帶雨林也被無情無盡的砍伐，到底還能支撐多久？另外，工業生產排出許多氟氯碳（CFC: chlorofluoro-carbons），對大氣層造成破壞。保護地球免受紫外線傷害的南極的臭氧層（the ozone layer）的破洞已難以補救。這些污染所造成的禍因，令人不寒而慄。一九七〇年美國有心人士為了推動環保，發動地球日（Earth Day）運動，定每年四月二十二日為地球日，一九九〇年代走向國際化，地球日網路（Earth Day Network）也有很多國家響應。

㈥國際社會中的南北對抗

此為窮國與富國的尖銳鬥爭。現代世界中的窮國和富國之別，不在領土面積、人口多寡及資源有無，而是決定在經濟成長的階段的不同，而經濟成長又與工業化有密切關係。美國經濟學者羅斯陶（Walt W. Rostow）在

---

*11*參看 Richard Pipes, *Modern Europe* (Homewood, Illinois: The Dorsey Press, 1981), pp.215-35; Edward M. Burns & others, *World Civilizations*, 6th ed. (New York: W.W. Nordton & Company, 1982), Vol. 2, pp.840-45., 953-78.

一九六〇年出版〔經濟成長的階段：一個非共產主義宣言〕（*The Stages of Economic Growth: A Non-Communist Manifesto*），指出經濟成長有五個不同的階段，分別是：孤立封閉的原始社會、邁向起飛的準備階段、起飛階段、成熟階段，以及大量消費的階段。各國在同一個時間和同一個空間中，因為所處經濟成長階段的不同，而有貧富的不同。另外，又因高度開發而富有的國家集中在北半球，落後貧窮的國家集中在南半球，於是形成了南北對抗。

三、思潮的產生

針對工業革命和它所造成的經濟的和社會的劇變，乃有不同的學說從不同的角度，提出辯護、批評和分析，就產生了不同的思想。

㈠經濟自由主義及其修正

經濟自由主義（Economic Liberalism）脫胎於亞當斯密的學說，而更進一步地立論。十九世紀前半期英國的曼徹斯特學派（Manchester School）或古典或自由經濟學家（classical or liberal economists）為其主要份子，最著者有馬爾薩斯（Thomas Malthus, 1766-1834）和李嘉圖（David Ricardo, 1772-1823）。他們主要的論點有：(1)經濟的個人主義，認為人只要不違反他人的權益，可以遵循自利的原則來追求自己的福祉；(2)自由放任，政府不要干涉經濟，僅維持社會秩序和保護財產即可；(3)遵守自然法，如供求律（law of supply and demand）、邊際效應律（law of marginal utility）和報酬遞減律（law of diminishing returns）等，如有違反，使有災難性的後果；(4)契約自由，個人可自由談判和簽訂契約；(5)自由競爭和自由貿易，競爭會減低售價，淘汰無效率的生產者，因而要禁止壟斷；國際貿易自由，可提高各國生產品質，降低售價，主張廢除保護關稅。

另外，馬爾薩斯著有〔人口論〕（*An Essay on the Principle of Popula-*

tion），此書在一七九八年發行初版，一八〇三年再版時定型。他的論點是：人口的增加率大於食糧的增加率，戰爭、饑饉和疫病在遏制人口過份膨脹方面有部分功能，但人口增加仍不可免，貧窮和痛苦亦不可免。即使是通過法律，平均分配財富，窮人的情況也只能短時改善，不久他們又多生子女，人口又大增。他主張用「道德的抑制」、遲婚和貞潔的生活來防止人口的增加。李嘉圖是英籍猶太人，著有〖政治經濟與租稅原理〗（*Principles of Political Economy and Taxation*），出版於一八一七年。他認為經濟活動三要素為：租金（rent）、利潤（profit）和工資（wage）。不過，他最有名的主張為其工資論，他主張工資的上限是使它可以生存、傳種而沒有增減的價格。

曼徹斯特或古典經濟學派的理論偏頗不全，太為資本家的利益講話，但他們曾有廣大的徒眾，也曾長期地發生影響。他們認為經濟活動完全受一些簡單的自然法則的支配，同時視馬爾薩斯的人口論李嘉圖的工資論為圭臬，不曾預料到科學技術的昌明可以大幅度地增加農產，也沒有想到人口壓力可以藉計畫生育和對外移民來舒緩，工資律不合乎以後的事實。他們對於工業化所產生的社會病態不思積極的對策，只是提出消極的聽其自然的辦法，既非善策，也不公平。

第一次世界大戰前後，許多人便發現經濟不能放任不管。特別是在經濟大恐慌（一九二九至三二），各國政府以經濟或金融的手段介入經濟活動，包括限制信貸、縮緊銀根、控制物價與工資、貶值貨幣、津貼工業、吸收或濟助失業者，等等。在經濟理論上也有突破。一九三六年，英國經濟學家凱恩斯（John Maynard Keynes, 1st Baron of Tilton, 1883-1946）出版〖就業、利息與貨幣通論〗（*General Theory of employment, Interest and Money*），認為失業的原因不是生產過剩，而係因需求不足，需求可藉增加貨幣供應，進行公共工程以刺激生產，以及平均社會財富等方法來提昇。他反駁自由放任的說法，並主張政府介人以維持高水平的經濟生產和就業。

(二)社會主義

社會主義是一種與經濟自由主義完全不同的理論，它反對私有財產，也主張平均分配利潤。社會主義有不同的種類。

第一種是理想的或烏托邦式的社會主義（Utopian Socialism），主要人物有法國的聖西蒙（Comte de Saint-Simon, 1760-1825）、傅利葉（Francois Marie Charles Fourier, 1772-1837）和布朗（Louis Blanc, 1811-82），再加上英國人歐文（Robert Owen, 1771-1858）。聖西蒙出身法國貴族，且曾參加美國獨立戰爭，他的思想混合了啟蒙時代對科學的尊重和浪漫主義對社會的熱誠。他主張生產工具應為公眾所擁有，廢除繼承權利和給予婦女適當的權利。傅利葉反對社會組織和經濟制度，主張建立小型而又自立的合作單位，他稱之為同居社（Phalanstery），組成分子各選擇其專業來工作，合理分配利潤。歐文原為蘇格蘭新拉那克（New Lanark）的紡織業雇主，瞭解工人苦況，認為利潤是一切的禍源，它使工資無法提高並削弱了工人購買力，結果造成生產過剩、週期循環和失業問題。他主張建立合作社區，此為一種工業和農業平衡的小型的和自願的組織，他在自己的物業區建立了包括住宅、學校、教堂和醫院的社區，也在美國印地安那州新協合（New Harmony）建立過合作社區，並不成功。路易‧布朗是另一類型，他可以說是政府社會主義（state socialism）的先驅，把社會主義帶進政治的領域。他著有〖勞動組織〗（L' Organization du Travail），出版於一八四〇年，主張工人有工作權和「各盡所能，各取所需」。他參與過一八四八年法國二月革命，一度流亡英國，後為法國左翼政治人物。他的思想為理想的社會主義和馬克斯社會主義之間的連鎖。

第二種社會主義也是較溫和的社會主義，那就是費邊社會主義（Fabian Socialism）[12]，此源自英國。蕭伯納（George Bernard Shaw, 1856-1950）、

---

12 「費邊」一詞源自 Fabius（c.260-203B.C.），他是羅馬大將，挽救羅馬於漢尼拔（Hannibal）兵威下的人物，他綽號「拖延者」（Cunctator, or the De-layer），他避免與漢尼拔正面決戰，用迂迴的方式來應付。

韋伯夫婦（Sidney & Beatrice Webb, 1859-1947 & 1858-1943）等人，在一八八三年至一八八四年頃成立費邊社（Fabian Society），主張避免暴力革命，用緩和的手段來改變社會。他們支持勞工代表委員會（Labour Representation Committee），而此一委員會，在一九〇六年成為工黨（Labour Party）。

第三種基督教社會主義（Christian Socialism），此在英國和美國，指基督理想與工商競爭的衝突之間的社會主義。在歐陸，它常指由宗教領袖而非政治或勞工領袖領導下的社會主義運動。

㈢共產主義

共產主義（Communism）係由馬克斯社會主義（Marxist Socialism）發展出來的政治理論和意識型態。

馬克斯（Karl Marx, 1818-1883）為普魯士籍猶太人，先後在波昂（Bonn）和柏林研習法律，後對哲學發生興趣，一八四一年取得耶拿（Jena）大學哲學博士。一八四八年他參與發表共產主義宣言（Communist Manifesto），一八四九至一八八三年死時居住倫敦，常在大英博物館（British Museum）從事研究。他有時為〔紐約論壇〕（New York Tribune）撰寫文稿外，主要靠恩格斯（Friedrich Engels, 1820-1895）的資助。恩格斯出身富有的工業家庭，他自一八四四年與馬克斯締結終生友誼，他與馬克斯共同發表一八四八年的共產主義宣言，編輯整理馬克斯的著作。馬克斯的主要著作為〔資本論〕（*Das Kapital, or, The Capital*），有三卷，分別在一八六七、一八八五和一八九五年出版。

馬克斯主義有三個淵源：法國政治革命、英國工業革命和德國哲學思想。法國政治革命建立可以用驟然的革命手段改變秩序的先例，馬克斯認為中產階級做到的事，工人階級當然也可以做到，也就是法國政治革命提供了群眾基礎；工業革命造成了種種的社會問題，提供了經濟理論；黑格爾（Georg W.F. Hegel, 1770-1831）的辯證哲學啟發了階級鬥爭說，他又擷

取費爾巴克（Ludwig Feuerbach, 1804-1872）的唯物論以物資條件代替黑格爾的理念。此外，亞當・斯密的勞工價值說也影響到他的剩餘價值論。馬克斯主義的中心思想是辯證唯物論（Dialectical Materialism），人類社會的歷史是「階級鬥爭的歷史」（history of class struggle），一個統治階級之所以能夠統治，係因其最能代表社會的經濟生產力，當其過時便會被消滅和取代，最後會產生一個沒有階級的社會。在資本主義社會，資產（資本）階級消滅和取代了不具生產力的封建貴族和建立了新的工業秩序。於是進入了最後階段的鬥爭，是由已完成歷史使命的資產階級和由工業工人所組成的最具生產力的無產階級（proletariat）之間的鬥爭。支持這種論點的，是馬克斯的經濟理論，其中最重要的是勞動價值說（labor theory of value）和剩餘價值說（theory of surplus value）。這是說，貨物的價值取決於勞動量，而貨物的價值與工人的工資之間的差別為剩餘價值，但為資本家剝奪去當作利潤。隨著工業化的進展，兩個階級的矛盾會深化，當無產階級推翻資產階級並將生產工具公有化以後，便不再有階級之分，因為生產工具不再為任何團體所私有。政府原被用為階級壓迫的工具，今後會成為經濟合作與整合的理性機制，而資產階級原用以控制社會的家庭、宗教等將告消失，個人會得到自我實現的空間。

共產主義革命在一九一七年在列寧（Vladimir Lenin, 1870-1924）領導下俄國成功，雖未建立理想的社會，但其不斷地向外輸出及滲透，對資本主義世界造成很大的威脅。有謂一九一七年的俄國共產革命和一九一八年美國總統威爾遜（Woodrow Wilson, 1856-1924）發表「十四點」（Fourteen Points）均為欲建立改造世界秩序的企圖。資本主義與共產主義的衝突，其激烈程度不亞於中世紀時基督教對回教的衝突。有的學者認為，西方資本主義國家對共產主義的反應可分三個階段：第一個階段為自一九一八年至一九二九年，為消極的階段，有類梅特涅（Clemens von Metternich, 1773-1859）對法國革命的反應，其辦法為孤立俄國，所用手段為外交政策；第二個階段自一九二九年至一九四一年，此時期因經濟大恐慌及其餘

波使人對自由資本主義喪失信心，其對共產主義的反應採激列的方式，即法西斯主義及民族社會主義；第三個階段在第二次世界大戰後迄一九九〇年左右，其基本論點為如打擊共產制度，除整軍經武外，資本制度亦顯示其有超出共產制度之處，如締造社會安全和提高工人生活水平，此為「福利國家」（welfare state）和「富裕社會」（affluent society）等。經過長期而艱難的冷戰（cold war），至一九八九年俄軍退出東歐，顯示資本制度的勝利，[13] 而一九九一年蘇聯（USSR）解體，尤為一大里程碑。

(三)無政府主義

無政府主義（Anarchism）源自希臘文，就是「沒有政府」的意思。在一些文化中都曾有過「無政府」的思想。西方文化中，希臘哲學斯多亞學派的創立者芝諾就是西方最早有無政府思想的人。無政府主義者的主張是，社會原來是自然的，人也是善良的，但後來被人為的制度所腐化。他們反對政府組織的存在，認為平等和正義只有在廢除政府後才會獲得，主張由個人間的自由協議來取代政府。十九世紀著名的無政府主義者有法國人普魯東（Pierre Joseph Proudhon, 1809-65），他在一八四〇年出版〖財產是什麼？〗（Que'st-ce que la proproetes?），認為財產就是竊盜。他反對任何壓制個人自由的制度與習俗，包括政府、教會、工廠，乃至城市生活的本身。另外，出身俄國貴族的巴枯寧（Mikhail Bakunin, 1814-76）、克魯泡特金（Peter Kropotkin, 1842-1921）和托爾斯泰（Lev Tolestoi, 1828-1910）皆屬無政府主義者。

---

13 參看 T.L. Talmon, *The Origins of Total Democracy* (London, 1952) ; D.F. Fleming, *The Cold War and Its Origins, 1917-1960* (London, 1961), p. XI: Geoffrey Barraclough, *An Introduction to Contemporary History* (London, 1966), pp.216-18; Francis Fukuyama, "The End of History", *The National Interest*, (Summer 1989), pp.3-18; Charles W. Maynes, "America Without The Cold War", *Foreign Policy*, No. 78 (Spring 1990).

㈣工團主義

工團主義（Syndicalism）一詞來自法文「辛迪卡」（syndicat），也就是工團的意思。工團主義者主張由有組織的工人團體控制生產的工具與過程，將社會改組為工人所組成的工團（syndicat or syndicate），比如鋼鐵工人應組成鋼鐵業工團並擁有和管理鋼鐵業。一如無政府主義者，他們也認為政府是壓迫的工具，應該予以廢除。為了達成目的，他們主張直接從事工業行動，如總罷工、破壞、怠工等等。此種思想在法國、義大利等國流行。法國人索利爾（Georges Sorel, 1847-1922）在一九〇八年出版〖論暴力〗（*Reflecyions sur la violence*）為此派主要論著。

8

現代科學與人文學科

- ♂ 自然科學
- ♂ 社會科學
- ♂ 人文學科及宗教

　　現代學術攀上巔峰。現代學術一個明顯的發展是走向專業化，這是因為分工日細和系統日嚴，使文藝復興以來的一個人文主義理想，即學人可以貫通淵博而於人類知識無所不曉，不得不趨於幻滅。於是，自然科學、社會科學、藝術和文學都建立了自己的園地，即使是最有秉賦的人也不再能通曉各種不同的專業知識。自然科學，更是突飛猛進。科學與技術到二十世紀發展到前人不能想像的程度，其權威性普遍地被接受，因而有「科學當令」（reign of science）之說。它推陳出新的程度，以及「功參造化」的境界，令人神惑目眩，但也引起震撼和疑慮，是到達了科學的烏托邦？還是走向荒原？

　　社會科學的躍進，以及其知識和理論運用到實際層面，直接地影響到人的生活方式。政治學、經濟學和社會學等都應用到制度的運作，而制度的運作也促成新的發展。心理學的突破使人對人的本身和行為，有了瞭解。人類學的研究使人相信文化價值的相對性。文學和藝術有了新的理念和新的風格，可以鬆散地歸為現代主義，用各種象徵或扭曲的方式來反應人生和人的感受。哲學和宗教也有了新導向。

第一節　自然科學

一、物理學

物理學在二十世紀後居於突出的位置，它在十九世紀末年就有相當的發展，進入「物理學革命」（revolution in physics），此指在研究方面走向專業非一般人所能瞭解，也指物理知識不僅未解決而且是處於高度的等待發掘的狀態。科學知識的發展一直被認為是累積性的（cumulative），後又有科學革命的說法，研究者先是遵循大師級人物所建立的「型範」（para-digm），這種型範類似「概念的架構」，如亞里士多德的「物理」（Physi-ca），牛頓的「數學原理」和愛因斯坦的「相對論」。這類的型範是一個時代科學研究的指導原則，但最終會因為此一原則不能解決的新事實的出現而產生「困疑」（puzzles），使此型範發生「技術性的崩潰」（technical breakdown），新的型範便應運而生，但原來的型範並不因為新型範的出現而盡失功能。[1]

物理學在二十世紀大放異彩。一九○○年德國物理學家浦朗克（Max Planck, 1858-1947）發表〖量子論〗（*Quantum Theory*），指出電磁波輻射存在於含有「能」的量子並提出 $E = hv$ 的公式，E 是能，h 是常數，v 為輻射頻率。一九○五年和一九一六年，愛因斯坦（Albert Einstein, 1878-1955）分別發表〖特殊相對論〗（*Special Theory of Relativity*）和〖一般相對論〗

---

[1] 參看 Thomas S. Kuhn, *The Structure of Scientific Revolution*, 2nd & en-larged ed. (Chicago, 1970).

（*General Theory of Relativity*）。物理學研究中，主要工作之一是藉由現象的觀察或測量，經歸納、推廣和一般化而成為定律，定律雖常用數學的方式表達，但主要地在表達「觀念」，人類原始的觀念是「時」與「空」，「時」是「兩事間時間的長短」，而「空」則為「兩物間距離的長短」，「時」和「空」是人類與生俱來的觀念，也是天文、曆法、幾何的淵源。愛因斯坦指出，時間、空間和其他的量度標準，就觀察者所處的位置和運動而言，是相對的，而非古典物理學家所說是恒常的。他也指出，光速是一個常數，所有的能量均由量子發出，他相信原子有極大的能量，他提出 $E = MC^2$ 的公式，E 是用爾格（ergs）表示的能量，M 是質量（Mass），而 C 是光速。

核子物理的發展至為驚人。到英國物理學家羅塞福（Ernest Rutherford, 1871-1937）和丹麥物理學家包爾（Niels Bohr, 1885-1962）的研究，使其逐漸走上實用的道路。一九一一年羅塞福發現原子結構的中央為帶正電的核子（neuclus）而環繞以帶負電的電子（electrons），包爾把此說與浦朗克的量子論聯在一起，於一九一三年指出，電子從一個軌道「跳」（jump）到另一軌道所產生的能量為量子（quanta），而原子分裂即改變其電子序，便可產生極大的能量。一九三二年，英國物理學家查德威克（Sir James Chadwick, 1891-1974）發現核子中不僅有質子（protons），也有中子（neutrons），而中子本身是一種不荷電的質點，既不為帶正電的質子所排斥或驅除，也不為帶負電的電子所吸收，因而成為轟擊原子並使之分裂的工具，而且在轟擊的過程中會產生更多的中子，這些中子轟擊其他原子造成分裂又產生其他的中子，這種連鎖轟擊產生很大的能量。一九三九年德國科學家已可在實驗室中完成鈾（最重的元素）原子的分裂，只要用三十分之一伏特（volt）的電力即可使中子轟擊原子分裂，卻能產生兩億伏特的電力。但並不是所有的鈾元素皆可分裂，自然鈾中僅有極少的同位素鈾235（isotope 235）始可用中子轟擊而使之分裂。後發現構成世界鈾產 99% 的鈾238可以吸收中子而變質為錼（Np: Neptunium）和鈽（Pu: Plutonium），

鑄可分裂而產生極大的能量。後來又發現把大量的鈾 238 儲存在原子爐中而用鈾 235 分裂出的中子轟擊，可以使之產生鑄。一些科學家，包括一九三四年自德國逃出的愛因斯坦，向美國政府建議要趕在德國之前發展成功原子（核子）武器。一九四二年起許多科學家努力工作，終於在一九四五年七月在美國新墨西哥州沙漠中試爆成功，此年八月用此種原子彈對付日本。此種廣島式原子彈的爆炸威力相當於二○、○○○噸黃色炸藥（TNT），一九五二年美國發展出更具威力的氫彈（H-bomb），其爆炸力以采加噸（megatons）（百萬噸）黃色炸藥來計算。後來核武擴散，除美國外，英國、俄國、法國、中國、印度、以色列、巴基斯坦均擁有核武，其他國家亦企圖發展，真是可怕。

核能也有和平用途，發電與醫學為著。核能發電可使人有清潔而便宜的能源。世界第一座核電廠是一九五六年在英國卡登‧霍爾（Calder Hall）建立的，此後普及全世界。但因一九七九年美國賓夕發尼亞州三哩島核電廠（Three Mile Island Power Station）發生意外，一九八六年烏克蘭基輔附近車諾比（Chernobyl）核電廠又發生更慘烈的意外。於是核能發電建廠便遭受環保人士的激烈抗爭。

二、地球科學

地球科學（Earth Science）為二十世紀興起的科學，它包括地球本身、大氣層和外太空的研究。人對天文已有很深的瞭解，一九八三年由美國、英國、荷蘭合作發展的紅外線人造天文衛星（IRAS）是一個超大形的飛行望遠鏡。一九九○年美國太空總署（NASA）與歐洲太空總署（European Space Agency）合作發射裝設的哈伯太空望遠鏡（Hubble Space Telescope），有 2.4 公尺（96 英吋）的鏡徑，在太空從事紫外線攝影。宇宙可能已有超過二百億年的歷史，銀河系有數十億個，我們的太陽實際上是一個直徑八十六萬四千哩的火燄塊。自從一九二九年美國天文學家哈伯

（Edwin Hubble, 1889-1953）提出不斷擴張的宇宙說以後，主張宇宙是由大爆炸作為起點的「大爆炸論」（big bang theory）漸被接受，取代了「恒態論」（steady-state cosmology）。

對人類而言，我們自己的銀河系就有一千三百五十多億個星體，距離地球一百六十公里外便是太空，太空是充塞宇宙而浩瀚無極而沒有引力的空間。人類旅遊到太空或登陸其他星體，困難在不能克服引力問題。此一問題後因火箭工程的發展有了很大的推力，而終獲解決。太空探險的先驅為美、俄兩國，係為發展戰略武器的拋擲系統而產生。一九五〇年代末期，俄國占上風，美國急起直追，至一九六九年美國的「太陽神計畫」（Apollo program）終於將人送上月球。一九七〇年代後，兩國發展成功載人太空艙，一九八一年美國發展出可以重覆使用的太空梭（space shuttle）。二十一世紀開端，中國亦起步參加。另外，人造衛星（artificial satellites），由強力火箭推上太空，環地球旋轉或與地球一同旋轉（因為可一直停留在一處），可以搜索及傳遞資訊，有的與氣候、電話電訊、電視有關。

三、生命科學

生物學在十九世紀中葉已趨發達。英國生物學家達爾文（Charles Robert Darwin, 1809-1882）在一八五九年出版〖物種原始〗（*On the Origins of Species by Means of Natural Selection*），指出各種生物並非特別創造，而是受生存競爭、自然淘汰，經長期演變而來，此說引起極大震撼和爭論。二十世紀中葉以後，生命科學（Life Sciences）隨著分子生物學（molecular biology）的發展而大為突出。一九五三年，英國生化學家葛里克（Francis H. C. Crick, 1916- ）與美國生化學家華生（James D.Watson, 1928- ）在英國劍橋卡文迪斯實驗室（Cavendish Lab.）發現去氧核醣核酸（DNA）的雙螺旋體（double helix）為遺傳的基本結構，它存在於「基因」（gene）細胞的核

心，由四種不同的細微分子結成螺旋狀的鏈，它們決定遺傳的特質，此為一大突破。此後生命科學（合分子生物學、生物化學、細胞生物學、免疫病學）一日千里。人也明白，細胞作為生命的基本單位，其生成、分裂、代謝等，均由細胞核中的基因所控制。基因不僅控制細胞構造的形態和分化，也控制各種生理機能，如果基因發生問題，生命本體也就發生問題，舉凡遺傳性疾病、細胞老化及癌症等均與基因控制有關。尤其是在二〇〇三年，經過美國、中國、法國、英國、德國、日本六國科學家的合力研究，掌握了人基因組定序，人體約有三十一億兩千萬個鹹基對，構成三萬五千至四萬個基因。事實上，生物技術早自一九五二年美國賓州的生物家布里格（Robert Briggs）和金恩（Thomas King）從一個蚪蚪的胚胎細胞複製出一隻活的青蛙，便拉開了複製生命或克隆（clone）的序幕。到一九九六年蘇格蘭人韋慕特（Ian Wilmut）研究出第一個用成年體細胞複製產生的哺乳動物，也就是綿羊桃莉（Dolly），此次複製與經由胚胎細胞的複製不同，是完全無性的生殖，超越了雄雌精卵結合的生殖範疇，為克隆科技的里程碑。至於是否可以複製人類？全球宗教界齊聲反對，有的國家也立法禁止。有的克隆公司在二〇〇二年聲言已複製成功「夏娃」（Eve），因恐其身分爆光而拒絕交出 DNA 樣本。但美國匹茲堡大學研究人員認為，不僅無法複製人類，連猴子等靈長目動物都複製不成。

現代醫學拜生命科學之賜，其發展與突破實在非可想像，可說是「功參造化」。

四、心理學

心理學號稱「心靈的科學」（science of the mind），其發展之大，非前所能預料。首先是行為學派（Behaviorism），此派著重可以衡量和可以觀察出來的因素對人類行為和動物行為的影響，比較重視刺激—反應（stimuli-response）的關係，而較為忽視觀念、情感、內在心理經驗的作

用。他們實際延續上一個世紀實驗心理學（Experimental Psychology）的發展，實驗心理學的倡導者為德國的馮特（Wilhelm Wundt, 1832-1920），一八七九年他在萊比錫創建世界上第一個心理研究室，著重人類思想與行為的物理基礎，以刺激與反應作為衡量。俄國人巴夫浴夫（Ivan P. Pavlov, 1849-1936）以鈴聲後餵狗，後來狗在聽到鈴聲後，即使是不餵食，也流出涎液，因而發展出交替反射（conditional reflex）的理論，在一九〇四年名噪於世且獲該年諾貝爾獎。心理學行為學派的奠基者是美國人華生（John Broadus Watson, 1878-1958），他在一九一三年正式提出「行為主義」（Behaviorism）一詞，一九一九年出版〖從行為主義者的觀點看心理學〗（*Psychology from the Standpoint of a Behaviorist*），他既不接受較古老的「靈魂」觀念，也不接受「意識」的說法，認為心理學是「純粹客觀地，可以實驗的自然科學的一支」（a purely objective, experimental branch of natural science），乃有「行為科學」（behavioral science）之說。此一學派後來發生很大的影響，尤以在美國為然。美國心理學家史肯那（Burrhus F. Skinner, 1904-1990）為此派大師。他著有〖有機體的行為〗（*The Behavior of Organisms*）（一九三八）、〖超越於自由與尊嚴之外〗（*Beyond Freedom and Dignity*）（一九七一）、〖關於行為主義〗（*About Behaviorism*）。

另一派在二十世紀興起的心理學研究，是格式塔或完形心理學（Gestalt Psychology）。此派學者多為德籍或奧籍猶太人，一九三〇年代移往美國。其中主要人物有威持默（Max Wertheimer, 1880-1943）、科勒（Wolfgang Kohler, 1887-1967）和科夫卡（Kurt Koffka, 1886-1941）等。他們大致同意刺激—反應的說法，但卻認為行為不能從局部因素去瞭解，而應從「整體」（wholes）去探索，而「整體」也無法從分析各個部分而獲得，有如聆聽交響樂，不是去聆聽各個單獨的音符和聲調，他們認為「感覺」（perception）是「整體」的。格式塔或完形（gestalt）一詞源自德文的gestellt，其意為「放好」或「放在一起」的意思。

最有影響力的心理學派是心理分析學派（Psychoanalysis）。它的創始

人是奧籍猶太人弗洛伊德（Sigmund Freud, 1856-1939），他一生多在維也納度過，一九三八年因逃納粹迫害而去倫敦，翌年因癌症逝世。弗洛伊德於一八八一年畢業於維也納大學醫學院，專長神經科，後從事精神病理學之研究，並對文學如莎士比亞和歌德等人的作品，以及希臘神話有很大的興趣。一八八六年他在維也納開設診所，用催眠法治療精神病患，後來覺得催眠法不足，又用自由聯想（free association）法，讓患者將其壓抑到潛意識的事情湧回意識認知的層次，予以治療。他精力過人，白天看病，晚上閱讀和寫作。他的主要著作有一八九五年出版的『歇斯底里症研究』（Studien uber Hysterie）、一九〇〇年出版的『夢的解釋』（Die Traumdeutung, or, The Interpretation of Dreams）（一九一三年英譯）、一九〇四年出版而於一九一四年英譯的『日常心理病理學』（The Psychopathology of Everyday Life），以及一九〇五年出版而於一九一〇年英譯的『性三論』（Three Contributions to the Sexual Theory），以及一九二三年出版而於一九二七年英譯的『自我與以得』（The Ego and the Id）。

弗洛伊德的創新之見，在於他發現人類心理的構造，不僅有意識（consciousness）的運作，而且也有潛意識（unconsciousness）來影響人的行為和人格。他強調「性」的因素，這也是當時醫學界對他不滿的。他相信性的衝慾是人與生俱來的。人經過不同的性發展階段，從自己愛自己（autoerotism）（愛自己的身體），他從希臘神話中的美少年納西瑟斯（Narcissus）迷戀自己水中倒影，最後憔悴而死變為水仙花的故事，發展出自戀情結（Narcissism），嬰兒在剛出生後幾個月，會自認自己「全知全能」和有「誇大妄想」，認為母親是自己的一部分，後發現母親有時會罵他和罰他，才知道母親是「他者」，然後開始有自己的身分認同。但人有時會回到嬰兒時的自戀狀態，呈現自命不凡、引人注意和受人好處而不予回報的特性。此後經戀母或戀父情意結（Oedipus or Electra Complex），到同性愛（homosexuality）（愛同性的玩伴），最後到正常的異性愛（heterosexual love）。這些階段在人成長以後，仍會有輕微的作用，而可能引起問題。

他常詢問病患兒童時期的生活史，以及說出過去的記憶。他認為記憶往往牽扯到「壓抑」，即病人會將童年以來的挫折、痛苦或羞辱壓抑到潛意識裏，不過它們會浮現出來而衍生精神疾病。所以，要發掘這些造成病因的創傷（trauma）。

弗洛伊德的學說在一九二〇年代初定型：與生俱來的是衝慾（drives），此名「以得」（id），是潛意識的一部分，為人類行為的推動力且驅使人有所行動以求滿足。不過，由於人對外在世界的警覺而發展出心靈的另一部分，他先是稱之為「檢查者」（censor），後又將之分為「自我」（ego）和「超我」（superego）兩部分：「自我」為個人的檢查者，為人的自覺的精神生活的一部，它通盤監護個人的利益且可裁決那一些慾望可以獲得社會同意的出路；至於「超我」，是個人對社會制度的部分反應，相當於一般所說的「良心」。簡言之，「自我」所管的是人性，為個人的良知；「超我」所管的是文化，為集體的或社會的良知。二者的功能，均在調節和壓抑個人的衝慾。精神健全的人，其「以得」、「自我」和「超我」可以互相配合，而為幸福而良善的人。但是，人終於難免要努力壓抑某些衝慾，如果能把它們做出成功的「轉向」（conversion），就是「昇華」（sublimation），此指轉移精力於創造性的工作。如果衝慾不能昇華，也不能找到社會所同意的出路，則在被「自我」和「超我」否定之後，而被驅回和壓抑在潛意識，繼續掙扎存在，有時變為夢的素材，也可能變成反常行為的根源。

弗洛伊德的學說影響很大，一九〇六年後奧國心理學家阿德勒（Afred Adler, 1870-1937）和瑞士心理學家容克爾（Carl G. Jung, 1875-1961）均接受此說，蔚為學派，一九〇八年組成維也納心理分析學會（Vienna Psycho-Analytical Society）。但一九一一年至一九一三年間，容克爾和阿德勒均因弗洛伊德偏重嬰兒性徵（infantile sexuality）而與弗洛伊德分手，但是他們在基本上仍是弗洛伊德的理論，只是著重點不同而已。另外，弗洛伊德之說不僅在心理學上發生重大的影響，他在文化方面也有創見。他在一九一

三年出版和一九一八年有英譯本的〖圖騰與禁忌〗（*Totem and Tabu*），討論原始人類對亂倫的恐懼和愛恨交織的感受，並指出他們弒親的罪惡感，是道德和宗教的原動力。一九三九年在倫敦出版〖摩西與一神論〗（*Moses and Monotheism*），他推論摩西是埃及人，在對猶太人傳播一神信仰時被猶太人打死，猶太人對害死聖哲的愧咎發展一神信仰，他並認為犯上和叛逆後的懺悔是人類的重要遺產。弗洛伊德對文學、教育、藝術等均有重大的影響。

　　阿德勒是個人心理學（Individual Psychology）的創立者，他曾從弗洛伊德研究，但不贊成弗洛伊德對「性」的強調，一九一一年兩人分手。他主張應考量精神病患所處的整個環境的關係。他認為人格困難常導因於自卑感（inferiority complex），而行為失常係因對缺陷的過度補償（over-compensation for deficiencies）。他指出，人對自卑感的反應是「雄性抗爭」（masculine protest），即企圖克服與女性聯想在一起的弱勢感受。他的主要著作有一九○七年出版而在一九一七年有英譯本的〖官能劣勢與心理補償〗（Studie uber Minderwertigkeit von organen, or, Organ Inferiority and Its Physical Compensastion），一九一二年出版而在一九一七年有英譯本的〖神經質〗（*Uber den nervosen Charakter, or, The Neurotic Constitution*），以及一九二七年出版的〖瞭解人性〗（*Understanding Human Nature*）。他的主要論點是，人的主要動機在追求完美，但可能變成為追優越而演為對劣勢感覺的過度補償。人所有的重要生活問題都是社會性的，因此必須在社會的網路內來考量。人的社會化（socialization）是經由其與生俱來的社會性的本能的發展來達成的。人的生活風格（life style）多形成於其童年的早期，決定因素有出生次序、體能優劣、遭疏忽或被嬌縱。心理健康表現在理性、社會興趣、自我超越等方面；心理失常則表現在自卑感、自我中心。心理治療在醫生與病人以平等身分討論問題，鼓勵健全人際關係，並強化社會興趣。

　　容克爾倡導分析心理學（Analytical Psychology）。他幼年寂寞，喜歡閱

讀哲學書籍，後來在巴塞爾（Basel）和蘇黎士（Zurich）研讀醫學。他與弗洛伊德工作關係密切，特別是一九〇七至一九一二年間，後覺弗洛伊德太重視「性」的因素而分手。他的主要著作有一九一二年出版而於一九一六年有英譯版的〖潛意識的心理學〗（*Wandlungen und Symbole der Libido, or, Psychology of the Unconsciousness,* 一九五二年修訂版英譯為 *Symbols of Transformation*），一九二一年出版而於一九二三年有英譯版的〖心理類型〗（*Psychologische Typen, or, Psychological Types*），以及一九五三年他的英譯作品整理後所出版的〖全集〗（*Collected Works*），有四大冊。容克爾的學說著重於心理整體（psychic totality）和心理活力說（psychic energism）。他把人依其態度類型（對內在世界與外在世界注意的傾向和程度）分為兩型：外向的（extroverted, or outward-looking）和內向的（introverted, or inward-looking）。他把心靈功能區分為四：思考（thinking）、感覺（feeling）、知覺（sensation）和直覺（intuition），而且在每一個人身上有程度上的不同。他的另一創見，在指出人除了有個人的潛意識（personal unconscious）（即個人生活中被壓抑的事件）以外，還有集體的潛意識（collective unconscious），他用「原型」（archtypes）來表示之。

其他的心理分析學家，在美國有蘇利文（Harry Sullivan, 1892-1949），他相信人的人格形成與他人有關。德裔美國人霍奈（Karen Horney, 1885-1952），著有〖自我分析〗（*Self-Analysis*）（一九四二）和〖我們的內在衝突〗（*Our Inner Conflicts*）（一九四五），認為人的行為決定於社會因素。德裔美國人弗洛姆（Erich Fromm, 1900-1980）著有〖逃脫自由〗（*Escape from Freedom*）（一九四一）、〖愛的藝術〗（*Art of Loving*）（一九五六）、〖人心〗（*The Heart of Man*）（一九六四），認為人的行為是對社會制度的學習後的反應。另一德裔美國人艾理生（Erik H. Erikson, 1902-1994）著有〖童年與社會〗（*Childhood and Society*）（一九五〇）、〖青年人路德〗（*Young Man Luther*）（一九五八）和〖甘地的真理〗（*Ghandi's Truth*）（一九六九），分析自我從嬰兒到老年八個階段的心理

衝突。他也研究認同（identity），提出「認同危機」（identity crisis）。

第二節　社會科學

現代社會科學（social sciences）有長足的發展，它們屬於軟性科學（soft sciences），但與號稱硬性科學（hard sciences）差距也縮短了。這是因為現代社會科學在研究方法上，因受自然科學影響，採取對人類行為和社會現象加以觀察、統計、建立假說，再予以證實或否證，晚近更廣泛地使用電腦，有以助之。

(一)政治學

現代的政治學常稱政治科學（political science）。一八七一年巴黎大學開始創設研究政治學的單位。一八八〇年美國政治學家布吉士（John Burgess, 1844-1931）在哥倫比亞大學創立政治學院（Schoolof Political Science），倫敦經濟暨政治學院（London School of Economics and Political Science）建立於一八九五年。這些是西方國家成立政治科學研究及教學單位的先驅。二十世紀政治學研究重視經驗基礎，採取分析和量化的方法。一九〇八年美國政治學家班特萊（Arthur F. Bentley）出版〖政府的程序〗（*The Process of Government*），他強調政治學的研究應就可以觀察的事實為對象，擯斥形而上的色彩並吸取自然科學的精神。他也認為「集團」或「群體」（group）的重要，不偏重國家，且應就人類活動的角度去瞭解政府的行為。

一九二〇年代和一九三〇年代，側重行為主義的芝加哥學派（Chicago School）興起，其主要人物為梅凌（Charles E. Merriam）和拉斯威爾（Harold Lasswell, 1902-1978），兩人皆重視政治中的心理因素，梅凌亦重視統計

學在政治分析中的功用。梅凌的著作有：〖政治學的新方向〗（*New Aspects of Politics*）（一九二五）、〖政治權力〗（*Political Power*）（一九三四）；拉斯威爾著有〖精神病理學與政治學〗（*Psychopathology and Politics*）（一九三〇）、〖政治實務〗（*Politics: Who Gets What, When How*）（一九三四），以及〖權力與人格〗（*Power and Personality*）（一九四八）。英國政治學家拉斯基（Harold Joseph Laski, 1893-1950）講學於倫敦政經學院，為一修正的馬克斯主義者，著有〖民主政治在危機中〗（*Democracy in Crisis*）（一九三三）、〖現代國家中的自由〗（*Liberty in Modern State*）（一九四八）和〖美國民主〗（*The American Democracy*）（一九四八）。

　　第二次世界大戰以後，政治學研究的一個重大發展是系統分析（systems analysis）。美國政治學家伊斯頓（David Easton）先後出版〖政治體系〗（*The Political System*）（一九五三）和〖政治分析的架構〗（*A Framework for Political Analysis*）（一九六五）。他把政治體系當作社會體系的一部分，認為體系與環境有密切的關係，提出「投入」（inputs）為需求（demands），進入體系後成為「產出」（outputs），此為決策和行動（decisions and actions）。系統分析很少談「國家」及「主權」，多談「體系」（systems）、「投入」（inputs）、「產出」（outputs）、「回饋」（feedbacks）、「網絡」（networks）、「政治社會化」（political socialization）、「零和遊戲」（zero-sum games）、「宏觀政治學」（macropolitics）和「微觀政治學」（micropolitics），等等。他們對於利益團體、精英份子、政黨、政治態度和投票行為等亦注意研究。

　　晚近以來，美國哈佛大學教授杭廷頓（Samuel P. huntingdon, 1927- ）異軍突起，其著作（有的是與他人合著和有的是主編）甚多，其說號稱「顯學」，在美國政治和比較政治方面，主要的有〖民主的危機〗（*The Crisis of Democracy*）（一九七五，與他人合著）、〖美國政治：不合諧的力量〗（*American Politics: The Power of Disharmony*）（一九八一）、〖環球難

局〗（*Global Dilemmas*）（一九八五，與他人合編）；在政治發展和第三
世界政治研究方面有〖變動社會中的政治秩序〗（*Political Order in Changing Societies*）（一九六八）、〖現代社會中的威權政治：一黨制度的動
力〗（*Authoritarian Politics in Modern Society:The Dynamics of Established
One-Party Systems*）（一九七○，與他人合編）、〖不易的抉擇：發展中
國家的政治參與〗（*No Easy Choice : Political Participation un Developing
Countries*）（一九七六，與他人合著）、〖瞭解政治發展〗（*Understanding Political Development*）（一九八六，與他人合編）、〖第三波：二十
世紀後期的民主化〗（*The Third Wave: Democratization in the Late Twentieth
Century*）（一九九一）。

(二)經濟學

經濟學（Economics）的研究有古典主義和馬克斯主義不同觀點的詮
釋。十九世紀後期以後，英國經濟學家哲旺斯（William S. Jevons,
1835-1982）、奧國經濟學家蒙格（Karl Menger, 1840-1921）和法國經濟學
家華爾挂（Leon Walras, 1834-1910）奠定邊際效用價值論（marginal utility
theory of value）取代勞動價值觀（labor theory of value），開新古典主義的
先河。英國劍橋經濟學家馬歇爾（Alfred Marshall, 1842-1924）在一八九○
年出版〖經濟學原理〗（*Principles of Economics*），有系統地整理經濟思
想，並希望調和論點，認為古典學派側重市場的需求面，而邊際效用說則
強調需求面，他認為價格取決了供應與需求，一如剪刀要用兩個鋒面才能
開剪一樣。另一建立新古典主義的經濟學家是奧裔美人熊彼得（Joseph A.
Schumpeter, 1883-1950）。他在一九一一年出版而於一九三四年英譯的〖經
濟發展論〗（*Theory of Economic Development*），以及〖資本主義、社會
主義和民主政治〗（*Capitalism, Socialism and Democracy*）（一九四二），
在研究經濟發展和景氣循環後，他認為壟斷經營和政府干預會扼殺資本主
義動力的企業精神，而社會主義因而興起。

　　經濟大恐慌以後，凱恩斯經濟學（Keynesian Economics）興起。凱恩斯（John Maynard Keynes, Baron of Tilton, 1883-1946）為出身伊頓和劍橋的英國經濟學家，他曾任英國財政部顧問且為一九一九年巴黎和會英國代表團一員。他在一九一九年出版〖巴黎和約的經濟影響〗（*Economic Consequences of the Peace*），認為凡爾賽和約對德國的賠償要求不僅不公平合理，而且不切實際，並將陷整個歐洲於不利，使他聲名大噪。一九二五年他反對英國在英鎊對美元維持戰前匯率（每鎊折四點八六美元）恢復金本位，後來果然證明英鎊超值而使英國經濟蒙受不利的影響。一九三六年他出版〖就業、利息與貨幣通論〗（*General Theory of Employment, Interest and Money*）。他認為古典經濟學的理論不足以解釋經濟的實際狀況和經濟大恐慌的原因。他指出，失業或經濟衰退的原因不是因為生產或供應過剩，而是由於需求不足。他所說的需求是全面的有效需求，他所說的供應也是全部的生產能力，當有效需求落在生產能力之後，便會有失業和不景氣；但當有效需求超過生產能力時，便會發生通貨膨脹。所謂有效需求，除對外貿易不計，主要有三大項：消費支出（consumption expenditures）、投資支出（investment expenditures）和政府支出（government expenditures）。為了刺激需求和振興經濟，政府干預和增加公共開支有其必要。另外，自從凱恩斯以後，經濟學或經濟理論分為兩類：一為總體經濟學（Macroeconomics），研究一個國家或經濟體的貿易、貨幣政策、物價、國民收入、生產、匯率、成長和預測；另一為個體經濟學（Microeconomics），研究個別投資者、公司、商人、農人等的經濟行為。不過，一九七〇年代以後，因為能源危機等因素，經濟有時呈現既成長停滯而又通貨膨脹的現象，則非凱恩斯經濟學所能全然解釋。

(三)社會學

　　社會學（sociology）是研究個人、群體和建制，並探討人類行為的因與果的學問。「社會學」（sociologie）一詞是法國哲學家孔德（Auguste

Comte, 1798-1857）在一八三八年所創。英國哲學家史賓塞（Herbert Spencer, 1820-1903）在一八七六至九六年間出版三卷〖社會學原理〗（*The Principles of Sociology*），嚴復在一九〇二年譯為中文，書名叫〖群學肆言〗，因此它最初在中國稱「群學」。

現代社會學的兩大開山人物，一為猶裔法國人涂爾幹（Emile Durkheim, 1858-1917），另一為德國人韋伯（Max Weber, 1864-1920）。涂爾幹相信自然科學的方法可用於社會學的研究。他認為社會的集體心靈是宗教與道德的源頭，重視社會的共同價值，也認為科技機械化的發展，使工人自己不能單獨製作成品，因而造成彼此疏離而又相互依賴的狀態。

韋伯是盛名不衰的社會學家，母親有很強的喀爾文教會背景。他曾參與威瑪憲法（Weimar Constitution）的制訂，為德國民主黨的創立者之一。他的著作有一九〇四年至一九〇五出版的〖新教倫理與資本主義精神〗（*Die Protestantische Ethik und der Geist des Kapitalismus*）（一九三〇年英譯 The Protestant Ethic and the Spirdit of Capitalism），以及一九二二年出版的〖經濟與社會〗（*Wirtschaft und Gesellschaft, or, Economy and Society*），等等。他在社會分析法上提出「理想型」（ideal type）的概念，可以將許多情況一般化（概括化）而用以比較不同的社會。他分別出傳統性的，魅力性的（charismatic）和法制性的（legal）權威的不同。他攻擊德國的土地貴族階級（junkers），崇拜過也揚棄過俾斯麥，他反對向外兼併，主張民主。

在義大利社會學家巴拉圖（Vilfred Pareto, 1848-1923）在一九一六年出版而於一九三五年英譯的〖心靈與社會〗（*Mind and Society*）（四卷），對人類行為的理性和非理性多所分析，並舉出用語（words）、合理化（rationalization）、禮儀（ritual）和象徵主義（symbolism）在行為中的意義。他以冬天買毛襪為例，購買者如果是因為價錢合宜，則屬合理的行為，且為經濟學者所能解釋。但如果是出於喜歡毛襪是「自然」品（相對於「合成」品而言），或者因為要幫助英國的經濟，或者是想振興佛蒙特

（Vermont）的牧羊業，那就沒有價格考慮那麼理性。他指出，即使是在經濟行為中，也許有心理上的變數。他把這些人類感情或行為中的「非邏輯性的」因素，稱為「派生物」（derivatives），此即接近所謂「合理化」，但真正的行為動機卻不是這些，而是「殘基」（residues）。2

現代社會學在美國較為發達，主要社會學者有派深思（Talcott Parsons, 1902-1981）和拜爾（Daniel Bell）。派深思發展出社會體系的功能分析說，主要著作有〖社會行動的結構〗（*The Structure of Social Action*）（一九三九）和〖社會體系〗（*The Social System*）；拜爾重視思想和後工業社會，著有〖意識型態的終結〗（*The End of Ideology*）（一九六〇）和〖後工業社會的來臨〗（*The Coming of Post-Industrial Society*）（一九七三）。

第三節　人文學科及宗教

一、人文學科

人文學科（The Humanities）包括的項目很多，此處論及哲學、史學、文學與藝術。

(一)哲學

現代哲學在十九世紀就有很大的發展。在十九世紀之初，浪漫主義唯心大師黑格爾（Georg W. F. Hegel, 1770-1831）認為宇宙萬物的本體為絕對

---

2 參看 Crane Brinton & others, *Civilization in the West*, vol. II (New Jersey: Prentice-Hall, 1971), pp710-12.

者（the Absolute），它是一種運動、歷程、開展。他又認為支配自然與精神的法則是理念（logos, or Idee），世界不過是理念的開展，所以世界中存在的一切都是合乎法則（理念）的，故而「歷史為理念支配下的合理的發展。所有存在的都是合理的，所有合理的都是存在的。」（History is a rational development governed by the idea. All that is real is reasonable, all that is reasonable is real）。他也指出，理念的開展是一種辯證的發展（dialectical development），即沿著正（thesis）和反（antithesis），二者對立而綜合為合（synthesis），從正到合的發展過程稱為「揚棄」（aufhelen），此種發展是無窮盡的。十九世紀最頭角崢嶸的哲學家為德國的叔本華（Arthur Schopenhauer, 1788-1860）和尼采（Friedrich Nietzsche, 1844-1900）。叔本華認為，實在（reality）既非精神的，也非物質的，而是存在於人和宇宙間的一種盲目的推動力，此即他所說的「意志」（wille）或「生存意志」（wille zum leben or will for living），又因為它是盲目的和永無休止的，所以世界乃有無窮無盡的痛苦和傾軋。尼采是一個才華橫溢的哲學家和詩人，一八八九年後瘋狂。他認為歐洲文化已陷於精神的絕境，尤其是宗教已喪失其價值，故宣稱：「上帝已死」！他修正叔本華的「生存意志」說而改為「權力意志」（will to power），認為權力意志是人類的基本動機，人永遠欲達到更高和更有權勢的地位。他是首倡「昇華」說的人，主張克服慾望使之作為更有創造性的動力。他也相信有「超人」（übermensch or superman）的存在，大自然淘汰下最優秀的產品，具有「昇華」的能力，不僅在體質上為巨人，且亦較常人更具有道德的勇氣和堅定的性格。他把道德分為「主人道德」（master morality）和「奴隸道德」（slave morality），前者為握有權力的統治者的道德標準，後者為基督教的道德，係弱者和被奴役者用以恐嚇強者的。

　　美國的哲學二十世紀有其發展，此為實用哲學（pragmatism），是一種哲學的知識論，認為真理不是像傳統哲學所說的那麼絕對和獨立於經驗之外，而是與事物相關的。此派的奠基者是皮爾士（Charles S. Peirce,

1839-1914）和詹姆士（William James, 1842-1910）。它的主要理論是任何經得起實用的考驗，能夠發生實際效應，而又與經驗不相衝突的觀念或思想，均可接受其為真。實用主義重視知識和行為的關係，認為知識的標準應以其實際應用或實際後果為衡量，一個觀念或判斷的真偽，端視其能否予以滿意的應用，知識從行為產生，而又為行為的工具。杜威（John Dewey, 1859-1952）為此派大師，他結合達爾文演化論的觀點和實用主義哲學，他的試驗主義（Experimentalism）對教育的影響很大，他認為教育為個人經驗繼續不斷成長和發展的歷程，教育不應側重記憶，而應藉解決問題來進行，因為解決問題的方法和結果就會形成一種知識。他著有〖如何思考〗（*How We Think*）（一九一○）、〖人性與行為〗（*Human Nature and Conduct*）（一九二二）、〖真實的探求〗（*The Quest for Certainty*）、〖邏輯：探求的理論〗（*Logic : The Theory of Inquiry*）（一九三八）等書。

邏輯實徵論或邏輯經驗論（Logical Positivism, or Logical Empiricism）是另一個二十世紀興起的哲學思想。一九二○年代，它首先發展於維也納，德國哲學家謝立克（Moritz Schlick, 1882-1936）講學於維也納大學，他和與他一同研究的人被稱為維也納學派（Wiener Kreis, or Vienna Circle），德裔美籍的哲學家卡納普（Rudolf Carnap, 1891-1970）也加入其中。他們主張把數學和自然科學的方法論與精準度用於哲學研究，並且認為只有可以證實或否證的命題才是正確的。此學派全盛在一九二四年至一九三八年間，納粹德國併吞奧國後結束。先是在英國，懷海德（Alfred Whitehead, 1861-1947）和羅素（Bertrand Arthur William Russell, 1872-1970）已在推動數理邏輯的研究。懷海德是數學家和哲學家，羅素有多方面的成就：數學、哲學、政論與哲學史。當時懷海德、羅素和莫爾（GeorgeEdward Moore, 1878-1958）均在劍橋三一學院。莫爾著有〖倫理原理〗（*Principia Ethica*）（一九○三），他認為「善」（good）並非自然世界的一面，不能從非倫理的事實中吸收倫理的教訓。羅素企圖把數學化為邏輯的原則，

他與懷海德合著〖數學原理〗（*Principia Mathematica*）（三卷，一九一○至一九一三），發展出一種邏輯系統，從其中可以演繹出數學的命題。

奧國哲學家維根斯坦（Ludwig Wittgenstein, 1889-1951）是邏輯實徵論的光大者。他先是曾在英國曼徹斯特研習工程，後至德國耶拿隨傅理奇（Gottlob Frege, 1848-1925）學數學，傅理奇建議其至劍橋遊羅素門下，一九一二年至一九一三年間曾在劍橋攻讀，除受羅素指導外，亦與懷海德及莫爾討論。一次大戰爆發後，他參加奧軍，一九一八年在義大利被俘，其背包中有已寫就的〖邏輯哲學論〗（*Tractatus Logico-Philosophicus*）手稿，他設法將它轉到羅素手中，而於一九一九年出版。一九二九年維根斯坦再回劍橋，翌年當選三一學院院士，一九三八年因德國兼併奧國而入籍英國，一九三九年因莫爾退休而繼為哲學講座教授。他主張，只有藉自然科學方法獲取的知識才是真正的知識。維根斯坦也是語言哲學（linguistic philosophy）的先導者，此為與邏輯實徵論不同的範疇。

他死時留下的手稿，於一九五三年在他死後出版，此即為〖哲學探究〗（*Philosophical Investigations*）。這部書是語言哲學的大書，而且與〖邏輯哲學論〗的觀點有不同處。如此看來，維根斯坦似乎有兩個不同的階段，年青時的他自認已解決了所有的哲學問題，晚年似乎又懷疑到底有沒有問題值得解決。另一個倡導邏輯實徵論的英國哲學家是「牛津學派」（Oxford School）的交爾（Sir Alfred Jules Ayer, 1910-1989），他在一九三六年出版〖語言、真理與邏輯〗（*Language, Truth and Logic*），一九五六年出版〖知識的問題〗（*Problem of Knowledge*），推廣邏輯實徵論的學說。

存在主義（Existentialism）是第二次世界大戰後流行的哲學思想。它是一個觀念體系，既沒有一致的主張，也沒有統一的學派，因而有基督教存在主義者（Christian existentialists）、不可知論的存在主義者（agnostic existentialists）和自由思想或無神論的自由主義者（free-thinking or atheistic existentialists）。不過，他們之間有一些共同的信念與態度。他們都是反應困擾的文明，被戰爭、極權政治和各種壓迫所肆虐的世界，以及物資進步而

精神不穩和人被科技壓得透不過氣的天地。他們懷疑進步的觀念,強調「存在」的事實,有時懷疑可以從過去學習到什麼,或者對將來能貢獻什麼。他們接受他們稱之為「荒謬」(absurdity)的人類處境,並企圖調和人類理想與缺乏目標的世界之間的差距。「存在主義」一詞為丹麥哲學家與宗教思想家祁克果(Soren Kierkeggard, 1813-1855)所創。重要的存在主義哲學家有德國的耶斯培(Karl Jaspers, 1883-1969)和海德吉(Martin Heidegger,1889-1976)(他本人否認其為存在主義者),另外法國的馬西勒(Gabriel Marcel, 1889-1973)和沙特(Jean-Paul Sartre, 1905-80)。

　　祁克果攻擊黑格爾學派的抽象的形上學,認為黑格爾等人要人「客觀」時,是要個體忘記他自己的「存在」(existenz)而集中於並不具體存在的「本質」(essence)。他探討真正基督徒的意義,認為宗教信仰是非理性的,不能用理性的論證來支持,真正的信仰包括接受「荒謬」。他舉出上帝(無限的和永生的)竟降生為耶穌(有限的和受死的),即為「荒謬」和邏輯上的不可能。他更舉〔創世紀〕第二十二章的另一「謬」例,就是上帝命亞伯拉罕以其獨子以撒獻祭。他曾著〖恐懼與戰慄〗(*Fear and Trembling*)(一八四三)討論此事,指出上帝令人執著信仰和發之於行為到以常理來衡量可謂為荒謬和不道德的程度,但亞伯拉罕決然行之,他是祁克果所說的「信仰的騎士」(knight of faith)。他在一九四六年出版〖非科學的書後〗(*Afslutende Uvidenshakbelig Efterkrift, or, Unscientific Postscript*)和一九四八年出版〖此或彼〗(*Enten / Eller, or, Either / Or*),指出人不能經由客觀的檢查證據而到達宗教信仰的境地,信仰是主觀的選擇,是「信仰的躍進」(a leap of faith)。他認為需要客觀證據支持的信仰,不是真正的信仰。真正的信仰是用信仰者的真誠和熱誠來衡量的。因此,他的結論是在宗教中「真理是主觀」(truth is subjectivity),他反對任何使宗教信仰有理性支持的嘗試,因為要人服從祂,而非為祂辯解。沙特是存在主義的哲學家和作家,一九四五年後成為巴黎知識界的主導人物,一九六〇年代參與反對越南戰爭,也支持一九六八年的法國學生運動。他著有

〖存在與空無〗（*L'Etre et neat, or, Being or Nothingness*）（一九四三）和自傳〖話語集〗（*Les Mots, or, Words*）（一九六三）。他也有很多的文學作品，且獲一九六四年諾貝爾文學獎，但他拒絕接受。

　　總之，存在主義的哲學家最重視生存的問題，他們揚棄了傳統哲學家企圖建立客觀的，確定的，以及放諸四海而皆準的知識原則，認為這是不可能達成的理想；他們也放棄了傳統哲學家用抽象的思想體系來把握宇宙終極性質的想法。他們重視存在，如沙特所說的，他們的中心主旨是「存在先於本質」（existence precedes essence）。他們指出，人是完全自由的，但卻不得不作各種抉擇，而且自己要完全為自己所作的抉擇負責。另一方面，人因面臨許多生命的難題而常懷悲戚（anguish），人的生命在基本上為一連串決定的過程，而且無法確知何者為正確的決定，因而必須不斷地決定何者為真、為假、為對、為錯，與何者應為或不應為，但卻沒有客觀的標準和規則可資遵循。他們認為抉擇是主觀的，每人均須為自己作出抉擇，他是自由的，而且要為自己的抉擇負責，因而自由伴有責任，他有自由又要為自己的抉擇負責，因而人是「註定自由的」。就存在主義而言，個人的責任為其自由的暗面。基督教存在主義本祁克果之論，認為人的戚苦可因對上帝的超越信仰而減輕；自由思想派的存在主義者如海德吉及沙特，則否認上帝的存在而強調人的自由抉擇，但也指出人無法逃脫戚苦和絕望。但是，無論如何，人不僅應有所抉擇，而且為所應為，儘管其作為不定改變世界。存在主義的法國文學家卡繆（Albert Camus, 1913-1960）就以希臘神話中的西賽弗斯（Sisyphus）來說明此種情況。[3] 有的存在主義者且認為人應有所為或為有所為而負責，德國的存在主義哲學家耶斯培指出，一般德國人在納粹當政時縱容此政權有虧其道義上應負的責任。他認

---

3 西賽弗斯為科林斯王，因奸詐觸犯天神，死後在陰間被罰推一巨石上山，而每次推上山去，就又滾下來，他必須再推上去，週而復始，永無休止，但徒勞無功，此謂 Sisyphean labor。

為，德國人民應為納粹政權的行為負集體的政治責任，而此一責任使德國人民有義務幫助減輕曾受納粹迫害者之痛苦。

存在主義的思想對文學、神學，乃至心理分析，均有很大的影響。

(二)史學

史學（History）在現代有些重大發展。它提供社會科學基本資料，而社會科會的各種理論也是透過對歷史事實的不同的解釋而形成的。關於史學本身的性質，它究竟是科學還是藝術，在十九世紀史學界曾有熱烈的討論。史學研究的方法，自從德國歷史學家蘭克（Leopold von Ranke, 1795-1886）在一八四〇年後倡導語文考證的方法，認為是可以而且也應該用客觀的方法研究，歷史研究的目的，應該是重建過去或探究「往事究竟如何發生」（wie es eigentlich gewesen, or exactly as it happened）。但是，第二次世界大戰以後，英國歷史學家克拉克（Sir George Clark）一九四五年著手設計主編『新劍橋近代史』（*The New Cambridge Modern History*）時，便認為歷史判斷會不可避免地牽扯到不同的人和不同的現點，認為「十九世紀崇拜事實」（the nineteenth-century cult of facts）並不妥，提出相對主義（relativism）的歷史觀。[4]同時，歷史研究的方法也趨於結合其他科學而走上較從前更大幅度的科際整合，一九七〇年美國麻省理工學院（MIT）出版部開始推出『科際史學季刊』（*Journal of Interdisciplinary History*）。另外，歷史研究重量化分析，比較歷史（comparative history）的研究，也受到重視。

---

[4] 參看 George Clark, "General Introduction: History and Modern Historian", in *The New Cambridge Modern History*, Vol. I (Cambridge University Press, 1957), pp XVII-XXXVI: 關於此叢書之編輯計畫，見 *Cambridge Historical Journal*, Vol VII (1945), pp.57ff; 關於歷史研究能否客觀性之討論，參看 Peter Novik, *The Noble Dream: The "Objectivity Question" and the American Historical Profession* (Cambridge University Press, 1988).

現代史學的研究，頗有成果。但是，較受世人注目的，是一些比較宏觀的研究。德國歷史學家史賓格勒（Oswald Spengler, 1880-12936）著有〖西方的衰落〗（*Untergang des Abendlandes, volumes, 1918-22, The Decline of the West*），認為所有的文化都會歷經成長和衰退的循環，此為「歷史宿命」（historical destiny），他的觀點對納粹黨人有所鼓舞，他個人並未加入他們。英國歷史學家湯恩比（Arnold Josepj Toynbee, 1889-1975）在一九三四年至一九六一年推出十二卷的〖歷史研究〗（*A Study of History*），分析世界上二十六個文明的興起、衰落和滅亡，認為文明的興衰的關鍵在於「挑戰與反應」（challenge and response）是否成功，也指出西方文明能否自救的關鍵在於宗教復興或基督教精神的再生（religious regeneration or rebirth or Christian spirit）。

晚近美國政治學家杭廷頓（Samuel P. Huntingdon, 1927- ）於一九九六年出版〖文明衝突與世界秩序的重建〗（*The Clash of Civilizations and the Remaking of World Order*），引起極大的注意，已有二十二種文字的譯本，而且還在增加之中。他的觀點主要是就國際政治的角度來看。他舉出八個文明，分別是回教（Islamic）文明、中國（Sinic）文明、西方（Western）文明（以美國為中心）、東正教（Orthodox）文明（以俄羅斯為中心）、日本文明、印度教（Hindu）文明、拉丁美洲文明，以及非洲文明。他指出，後二者不重要，但西方文明、中國文明和回教文明的互動和衝突最具危險性，此因西方文明傲慢，回教文明的偏執（intolerance）和中國文明的伸張性（assertiveness），西方文明堅持自身的價值，而「西方視為有普世價值的，對其他文明皆為帝國主義」（What is universalism to the West, is imperialism to the rest），他也認為宗教是引起衝突和動員人民的中心力量。

㈡文學

西方文學在十九世紀有很大的發展。十九世紀前期屬於浪漫主義（Romanticism）的時期。浪漫主義為對十八世紀啟蒙時代理性主義和古典

主義的反動。浪漫主義的興起與盧梭和日耳曼（後來德國）的「狂飆運動」（sturm und drang or storm and stress）有很大的關係。盧梭宣稱良心而非理性是人類行為的最佳嚮導，鼓吹「自然人」的觀念。「狂飆運動」為十八世紀末期（約當一七六七至八七年間）在威瑪一些青年文學天才如克林格（Friedrich von Klinger, 1752-1831）（他的劇本〖狂飆〗便是這個運動的名稱）、席勒（Johann von Schiller, 1759-1805）和歌德（Johann Wolfgang von Goethe, 1749-1832）等人所發起的揚棄舊的創作標準的運動。

浪漫主義文學常表現背叛理性和追慕過去的特色。歌德的名作有〖少年維特之煩惱〗（*Leiden des jungen Gerther or, The Sorrows of the Young Werther*）（一七七四）和〖浮士德〗（*Faustus, or, Faust*）（第一部一八〇八，第二部一八三〇）。前者寫內心的騷亂和自憐，後者寫人的犯罪、掙扎和藉創造以求超脫。在英國湖濱[5]詩人如華茨華斯（William Wordsworth, 1770-1850）、柯爾雷基（Samuel T. Coleridge, 1772-1834）均為浪漫主義大師。柯爾雷基的〔古舟子吟〕（Rime of the Ancient Mariner）和〔忽必烈汗〕（Kublai Khan）和華茨華斯的〔丁籬寺〕（Tintern Abbey）均屬名作，而拜倫（George Gordon, Lord Byron, 1792-1822）尤為浪漫主義詩人的祭酒。英國小說家司各脫（Sir Walter Scott, 1771-1832）以中世紀為背景的小說引人遐思，其〖劫後英雄傳〗（*Ivanhoe*）所寫的獅心王理查和十字軍東征的故事，膾炙人口。法國的雨果（Victor Hugo, 1802-1885）的歷史小說生動，其〖聖母院〗（*Notre Dame de Paris*），以十五世紀的巴黎為背景，另一力作〖悲慘世界〗（*Les Miserables*），刻劃人類靈魂的善與惡之爭。另外，俄國詩人普希金（Aleksander Pushkin, 1799-1837）亦屬此類。

十九世紀後期，寫實主義（Realism）和自然主義（Naturalism）大起，作家們不再用感情的尺度和華麗的詞藻來描繪和堆砌，而著眼於科學和哲

♪ 英格蘭莫爾蘭（morland）、康波蘭（Cumberland）、威斯摩蘭（Westmorland）和蘭開夏（Lancashire）一帶有山嶺及湖泊（約十五個），風景美麗。

學所暴露的艱苦的事實,左拉筆下的被壓迫的礦工,狄更斯的倫敦貧民窟居民,以及托爾斯泰的貴族為其中較著者。作家對心理和社會問題發生興趣,作品中也流露出悲觀與抗議。這種作品在法國盛行一時,主要作家有巴爾札克(Honore de Balzac, 1799-1850)、福樓拜(Gustave Flaubert, 1821-1880)、莫泊桑(Guy de Maupassaut, 1850-1993)和杜德(Alphonse Daudet, 1840-1997)等人。寫實主義以描寫人生的真實狀貌為職志,巴爾札克所寫的小說甚多而冠以「人間喜劇」(La Comedie humaine)的總名(第一輯出版於一八四二年,至巴氏死後出版的全集有四十七冊),他對當時法國社會的各個階層的人物均有出色的描寫,尤其是對七月王國時代資產階級男男女女的愚蠢、貪婪和卑劣有傳神的描繪。他揭發人類行為背後的動機和撕破在外表上高尚可敬而實際卻腐化不堪的社會。福樓拜的〖包伐利夫人〗(*Madame Bovary*)(一八五七)為寫實主義的典型,是對墮落人性的冷靜分析,當時被指為淫猥,後來被認係傑作。左拉、莫泊桑和杜德是自然主義者。所謂「自然主義」,主張對社會各方面作冷靜而徹底的探討。左拉是一個激烈的共和主義者,早年貧窮,對一般人有深厚的同情,而竭力主張社會正義,儘管他筆下的人物不夠堅強而易於犯罪,但他認為可以藉社會的改良而變得更好。他的小說多描寫一些社會問題,如酗酒、劣性遺傳、貧窮和疾病等。莫泊桑對人類心理有深刻的透視,他是短篇小說之王,作品超過三百。杜德亦為短篇小說大師,作品極有深度。

在英國,柴克萊(William Makepeace Thackeray, 1811-1863)和狄更斯(Charles Dickens, 1817-1870)為寫實大師。柴克萊喜歡取材上流社會,揭露位居要津者和有錢人的缺點,他的〖浮華世界〗(*Vanity Fair*)(一八四七至四八),為名著。狄更斯的作品有〖苦兒流浪記〗(*Olive Twist*)(一八三七至三九)、〖塊肉餘生錄〗(*David Copperfield*)(一八四九至五〇),以及以法國革命為背景的歷史小說〖雙城記〗(*A Tale of Two Cities*)(一八五九),等等。他描寫也譴責工廠的黑暗和法院對債務人和被告的殘忍不公,他的影響力很大,對社會改革不無幫助。麥拉迪(George

Meredith, 1828-1909）以心理描寫見長，他的〖理查費維爾的試煉〗（*Ordeal of Richard Feverel*）（一八五九）亦甚有份量。另一英國作家哈代（Thomas Hardy, 1840-1928）亦享盛名，作品很受歡迎，其〖回鄉記〗（*The Return of the Native*）（一八七八）為代表作，他所寫的主題常是人沒有能力抗拒命運的播弄，世界誠然美麗卻並不友善，以及上帝（假如有的話）對苦難者的冷漠。

俄國文學於此時大放異彩。這個時期的俄國作家常常不是帶有浪漫色彩的寫實主義者，便是無可救藥的理想主義者。他們之中最具盛名的有屠格涅夫（Ivan Turgenev, 1818-1993）、多斯朵耶夫斯基（Feodor Dostoievski, 1821-1881）、托爾斯泰（Leo Tolstoi, 1828-1910）和柴克甫（Anton Chekhov, 1860-1904）等人。屠格涅夫為第一個為人所熟知的俄國作家，他的名作包括短篇小說〖初戀〗（*First Love*）（一八五五）和長篇小說〖父與子〗（*Fathers and Sons*）（一八六二），後者描寫老少兩代的衝突，主角為一虛無主義者（nihilist），否認既存的社會秩序的價值，而「虛無主義者」一詞便源此。多斯朵耶夫斯基本身即為一悲劇人物，他在二十八歲時（一八四九）因涉嫌參與社會主義活動而被捕，判處死刑後又改判流放西伯利亞服苦役，他把西伯利亞的經驗寫在〖死屋〗（*The House of the Dead*）（一八六二）之中。他患有癲癇症，晚年更備嘗貧困家庭紛擾和病痛之苦。他喜歡取材於黑暗面，描寫人因受物慾和惡念的驅使而做出可恥行為的情景，他也有深厚的同情心，也相信人的靈魂可藉苦難而得到淳化。他長於心理分析，探索精神病態行為的原因。他的主要小說包括〖罪與罰〗（*Crime and Punishment*）（一八六六）、〖白癡〗（*The Idiot*）（一八六八）和〖卡拉梅左夫兄弟們〗（*The Brothers Karamazov*）（一八七九至八〇）。托爾斯泰出身貴族，曾參加克里米亞戰爭，他不僅為作家且亦為社會學家、道德哲學家和宗教熱誠者。他的作品主要有〖戰爭與和平〗（*War and Peace*）（一八六六）、〖安娜·卡列尼娜〗（*Anna Karenina*）（一八七五至七七）、〖復活〗（*Resurrection*）（一八九九至一九〇

〇）。柴克甫甚能描繪他那個時代的俄國人的寂寞、挫折和消沉，對所創造的人物既寫實又同情，主要作品有〖合唱隊女郎〗（*The Chorus Girl*）（一八八四）、〖農夫們〗（*Peasants*）（一八八七）和〖海鷗〗（*The Sea Gull*）（一八九六）等。

美國文學在小說方面，本時期有霍桑（Nathaniel Hawthorne, 1804-1864）描寫罪惡的〖腥紅字〗（*The Scarlet Letter*）（一八五〇），梅里維爾（Herman Melville, 1819-189）形容自然奇觀和恐怖的〖白鯨記〗（*Moby Dick*）（一八五一）。此外還有馬克吐溫（Mark Twin, or Samuel Clemens, 1835-1910）的〖頑童歷險記〗（*The Adventures of Huckleberry Finn*）（一八八四）。再者，心理寫實主義者詹姆士（Henry James, 1843-1916）和自然主義者克雷（Stehen Crane, 1871-1900）及諾里斯（Frank Norris, 1870-1902），亦有足道。詹姆士著有〖女士畫家〗（*The Portrait of a Lady*）（一八八四）和〖奉使記〗（*The Ambassadors*）（一九〇二），克雷的作品有〖紅徽章〗（*Red Badge of Courage*）（一八九五）（描寫普通人在戰場上的英勇），諾里斯著有〖章魚〗（*The Octopus*）（一九〇一）。

在詩作方面，浪漫主義仍有影響。英國詩人丁尼生（Alfred Tennyson, 1809-1892）、勃朗寧（Robert Browning, 1812-1889），以及歌頌帝國主義的吉卜林（Rudyard Kipling, 1865-1936），均甚有名。在美國，著名詩人有朗費羅（Henry Wadsworth Longfellow, 1807-1882）、荷謨斯（Oliver Wendell Holmes, 1809-1894）和羅維爾（James Russell Lowell, 1819-1891）等人。

在戲劇方面，以挪威的易卜生（Henry Ibsen, 1828-1906）和英國的蕭伯納（George Bernard Shaw, 1856-1950）為著。他們兩人發展出「問題劇」（problem play）。所謂「問題劇」，就是劇作家透過戲劇和舞台，把一些社會問題展示在公眾之前，以喚醒注意。易卜生的戲劇在形式上仍然遵守古典的和傳統的組織，劇分三幕，分別為開始、發展（中間）和結尾。他的作品常暴露社會的無知與暴虐，勇敢地討論被認為是禁忌的問題，如梅

毒、家庭中的虛假和宗教上的偽善等。他的主要作品有〖社會棟樑〗（*The Pillars of Society*）（一八七七）、〖傀儡家庭〗（*A Doll's House*）（一八七九）、〖群鬼〗（*Ghosts*）（一八八一）、〖國民公敵〗（*An Enemy of the People*）（一八八二）等。他輕蔑虛偽和反對社會暴虐，對多數統治的民主政治也不予信任，在〖國民公敵〗中曾藉一個人物口中說出，少數可能是對的而多數卻經常錯誤。蕭伯納相信費邊社會主義，他的作品有〖魔鬼門徒〗（*The Devil's Disciples*）（一八九六）、〖人與超人〗（*Man and Superman*）（一九〇三）、〖醫生的難題〗（*The Doctor's Dilemma*）（一九〇六）等。

十九及二十世紀之交，作家們重視心理刻劃，並描繪在雍容外表背後的焦灼不安和發掘人物的內心世界。首開此風的，是德國（後歸化美國）的小說家湯瑪斯・曼（Thomas Mann, 1875-1955），他的力作〖布德博魯克家族傳〗（*Buddenbrooks*）（一九〇一），它寫一個漢堡商業家族的興衰史，此家族先是作風務實、頭腦冷靜和以追求財富和物資享受為主要目標，但其後人逐漸喪失信心而開始探究人生較「深一層」的意義，此家族乃告衰落而最後破產。他發表此小說時年僅二十六歲，但表現了極大的心理透視，把資產階級在外表上看來無懈可擊而內在不安的情況生動地表繪出來，也說明自我懷疑會摧毀一個社會階級。二十世紀文學發展出「意識流」手法（ "stream of consciuouness" technique ），就是在描寫人物各式各樣和五花八門的思想和感受時，既可不顧及邏輯辯證的正確性，也可以不遵守時序的先後，作者要表現出來的是所寫人物在一瞬間心理上所承受的各種外在的和內在的壓力。運用此種技巧的早期人物有法國作家普洛斯特（Marcel Proust, 1871-1922）、愛爾蘭作家喬意士（James Joyce, 1882-1941）和英國作家伍爾芙（Virginia Wolf, 1882-1941）。普洛斯特的〖憶逝水華年〗（英譯本 *Remembrance of Things Past*，在一九二二至三二年問世，有十六卷），為一半自傳式的巨著，對時間、記憶和意識，極盡探索之能事，並隱喻人的徒勞無益，為二十世紀偉大的小說之一。喬意士在一九一

六年出版自傳小說〖青年藝術家畫像〗（*A Portrait of the Artist as a Young Man*），一九二二年在巴黎推出〖尤里西斯〗（*Ulysses*），用「意識流」手法對人物的全面生活（包括外在的和內心的，也包括心智的，感官的），予以細膩的和深入的刻畫，書中的主要人物僅為兩個青年男子，地點在柏林一處，時間是一九○四年的一天，但喬意士描繪得極為繁複。伍爾芙善於描寫日常經驗，不重情節而偏重人物的意識、思想及感受，作品有〖出航〗（*The Voyage Out*）（一九一五）、〖夜與日〗（*Night and Day*）（一九一九）、〖達洛威夫人〗（*Mrs. Dalloway*）（一九二五）和〖歲月〗（*The Years*）（一九三七）等。

二十世紀的文學創作，在一九二○年代表現出失望和憤世，此所謂「失去的一代」（the lost generation）的感受，美國作家漢明威（Ernest Hemingway, 1899-1961）和出生美國後歸化英國的詩人艾理特（Thomas Stearns Eliot, 1888-1965）為代表。漢明威的〖戰地春夢〗（*A Farewell to Arms*）（一九二九）指出戰爭的卑下和愚蠢。艾理特的〖荒原〗（*The Waste Land*）（一九二二），揭露西方文化的墮落和對現代生活中的混亂和污穢的不滿，在這四三二行的長詩中洋溢著宗教氣氛和絕望。美國劇作家奧尼爾（Eugene O'Neill, 1888-1953）刻劃人因其個人性格缺失而造成的悲劇，如〖奇異插曲〗（*Strange Interlude*）（一九二七）和〖素娥怨〗（*Mourning Becomes Electra*）（一九三一）。這個時期的文學也有其他走向，這有英國作家赫胥黎（Aldous L. Huxley, 1894-1963）、喬治・阿威爾（George Orwell, 1903-50）（Eric Arthur Blair 的筆名），以及勞倫斯（David H. Lawrence, 1885-1930），美國作家德萊塞（Theodorer Dreiser, 1871-1945）和路易士（Sinclair Lewis, 1885-1951），以及原籍德國後歸化美國的雷馬克（Erich Remarque, 1897-1970）。赫胥黎的〖點對點〗（*Point Counter Point*）（一九二八），描寫憤世與挫折，〖美麗新世界〗（*Brave New World*）（一九三二），抗議科技的肆虐；勞倫斯的〖查泰萊夫人的情人〗（*Lady Chatterley's Lover*）（一九二八）寫原始的性激情；喬治・阿

威爾的〖萬牲園〗（*Animal Farm*）（一九四五），諷刺共產革命未能建立平等正義的社會，〖一九八四年〗（*Nineteen Eighty-Four*）（一九四九），則描述滅絕人性的極權統治。德萊塞的〖美國悲劇〗（*An American Tragedy*）（一九二五）表現命定論的哲學；路易士是第一位獲得諾貝爾獎金的美國作家，他的〖大街〗（*Main Street*）（一九二〇）和〖巴璧德〗（*Babbitt*）（一九二二）皆為嘲世之作。雷馬克的〖西線無戰爭〗（*All Quiet on the Western Front*）（一九二九），寫戰爭的殘酷與無聊。

　　一九三〇年代以迄二十世紀末期，作家認為文學有嚴正目的和應負起譴責不義的責任。美國作家史坦貝克（John Steinbeck, 1902-1968）的〖憤怒的葡萄〗（*The Grapes of Wrath*）（一九三九）為人所稱道。他描寫在經濟大恐慌時期一群基層勞苦人民的生活，一九三三至三四年間的風沙天災所造成的奧克拉荷馬州的貧民大遷徙，農田在一夜間變成沙丘，地產公司的資本家趁機侵奪。農民遭受到警察、罷工和飢餓的襲擊，最後農田與果園變成富人的私產，葡萄的豐收使加州繁榮，但看在貧農眼中卻是「憤怒的葡萄」。史坦貝克的小說被稱為被剝奪權利者的「籲天錄」。漢明威的〖戰地鐘聲〗（*For Whom the Bell Tolls*）（一九四〇），是西班牙內戰為背景的小說。一九四〇年代和一九五〇年代，作家對寂寞人生的關切，和對「荒謬」、「焦慮」和「疏離」的刻劃，法國作家卡繆（Albert Camus, 1913-1960）有〖局外人〗（*L' Etranger, or, The Stranger*）（一九四二）、〖瘟疫〗（*La Peste, or, The Plague*）（一九四七）為著。美國作家海明威的〖老人與海〗（*The Old Man and the Sea*）（一九五二），被認為是傑作。有的作家抗議滅絕人性的生活與社會，以抗議共產極權為例，俄國作家巴斯特納克（Boris Pasternak, 1890-1960）的〖齊伐哥醫生〗（*Doctor Zhivago*）（一九五八）和索忍尼辛（Alexander Solzhenitsyn）的〖古拉格群島〗（*The Gilag Archipelago*）（一九七四）為著。

　　另一方面，總體說來，第二次世界大戰以後，較為缺乏偉大的作家和作品。這可能與科技和社會發展所帶的壓力，以及視聽電子文化的發達有

關。

㈣藝術

繪畫方面，十九世紀前期浪漫主義當道，主要畫家有西班牙人哥耶（Francisco Jose de Goya, 1746-1828）、英國畫家康斯塔伯（John Constable, 1776-1837）和法國畫家戴拉克魯瓦（Ferdinand Victor Eugene Delacroix, 1798-1863）。

印象派（Impressionism or, the Impressionists）在一八六〇年代和一八七〇年代興起於法國。所謂印象派一詞，原是批評者對他們所加的評語。它指這些畫家所表現的一個基本特色，是企圖捕捉光與色的印象，他們不再奉行學院派畫家所奉行的規則，他們喜歡陽光，走向原野，較常用鮮明的顏色（常用原色而少用調色）。由於他們走出畫室，在屋外作畫，不能像在畫室內那麼好整以暇，而必須較快地完成，因而筆觸較為迅速。他們也放棄了文藝復興時代畫家所採取的光明與暗淡漸漸地分開以顯示空間中的物體的容積的方法，因為他們發現在陽光直接照射下，物體的光明部份與暗淡面呈現著明顯的對比。在取材方面，他們也不像前人那麼喜歡英雄事蹟、神話故事和宗教題材，他們常拾取日常生活的素材如星期天的人群，熙攘的街景，花園中的女人，小城的風光，以及鄉材的景緻等。就某種意義說，印象主義也是寫實主義，因為要捕捉的和要表現的，是事物的立即印象。他們由科學知識，知道光是由七種原色組成，色即是光和光即是色。他們仍然遵循文藝復興以來的傳統，要忠實地和真確地把自然複現出來，批評者有謂在照相術已發明的情況下，不必再如此徒勞。但是，印象派畫家說，他們不僅要在畫布上複現自然，而且也要把自然析成光與色的構成部分，也要顯示出光與色的抽象品質。此派大師有馬奈（Edouard Manet, 1832-1883）、莫奈（Claude Monet, 1840-1926）、雷諾瓦 Auguste Renoird, 1841-1919）等。

十九世紀末期，後期印象派（post-impressionism, or post-impressionists）繼之而起。他們主張藝術在脫離「自然的寫真」（mirror of nature），形象的真實不具重要性，而在表現意義。法國畫家塞尚（Paul Cezanne, 1839-1906）、高更（Paul Gauguin, 1848-1903）、蘇拉（Georges Seurat, 1859-1891），以及荷蘭的畫家梵谷（Vincent Van Gogh, 1853-1890）為其主要人物，這些人也是把藝術帶進抽象境地的先導。塞尚的〔鐘錶匠〕（The Coockmaker）（一九〇〇），把人的形體變成一些輕度的對角線，使其左臂較長，有點不自然，但此種扭曲增加力感。他認為自然係由幾何圖形如圓錐體、圓柱體和球體等構成，開二十世紀立體主義（Cubism）之先河。高更本為巴黎股票市場的掮客，後拋棄收入和家庭，而走往布萊登尼（Brittany）和南太平洋，自一八九一年至逝世均在大溪地（Tahiti）度過。他的作品用強烈的顏色和曲線，不拘形態也罔顧透視，目的在喚起情感的反應。蘇拉不主張複現自然而藉堆砌色料來創造圖像，他用許多不同原色的斑點（綠色是青色與黃色斑點並列而紫色是用紅色和青色斑點並列），他是點描畫派（Pointilism）的創立者。梵谷本想為窮人做傳教士而未成，一八八〇年代來巴黎，在歷經短暫的印象派階段後便自創風格。他用鮮亮的色彩，扭曲的形狀和粗厚的筆觸來喚起強烈的反應，一生貧窮，歷經精神失常折磨而自殺死亡，但對現代藝術有很大的影響。

　　野獸派（Fauvism, or les fauvres）是二十世紀開端，約在一九〇三年至〇七年在法國畫家馬提（Henri Matisse, 1869-1954）領導下成軍。他們所以名為野獸，係因用色很「野」，而又不顧透視。據說有一次有人批評馬提所畫女人的手臂過長時，他回答說這不是女人而是一幅畫。另一畫派為立體派，由塞尚開其端，在一九〇七至一四年間形成，此派大師有出生西班牙的法國畫家畢加索（Pablo Ruiz y Picasso, 1881-1973）和由野獸派轉來的布拉克（Georges Braque, 1882-1963）。還有一種形式，即拼接藝術（collage），畢加索和布拉克開端，西班牙畫家格里斯（Juan Cris, 1887-1927）和美國畫家杜弗（Arthur Garfield Dove, 1880-1946）為主要人物，其法為黏貼一些不同的東西或材料在畫布上連在一起，有時畫上兩筆。各種畫派爭

奇鬥妍,有書法表現派(calligraphy expression),吸取中文筆勢靈感,其
法為先用大刷子蘸上充分的水和一些墨色,在畫布上快速地刷上一層較淡
的底色,然後以大小不同的畫筆,順著筆勢,畫出濃淡不同的線條,有類
中文筆「橫」「豎」筆法,此以法國畫家哈同(Karl Hartung)為主,起於
一九五〇年代。同時,在第二次世界大戰以後,紐約取代了巴黎,成為藝
術中心。抽象表現主義(abstract expressionism),亦稱「紐約畫派」(New
York School),其中包括號稱「行動畫家」(action painter)波洛克(Jack-
son Pollock, 1912-1956),他強調創造性藝術,將畫布舖在地板上,以自由
行動作畫。一九五〇年代中葉,普普藝術(Pop Art)興起於美國,他們的
用意在縮短一般人的視覺能力和抽象藝術的差距,使用連環漫畫、可樂罐
和其他飲料罐等為題材,所畫人或物幾乎有照像的真實,美國畫家李登斯
坦(Roy Lichtenstein)和安迪・沃荷(Andy Warhol, 1926 or 1930-1987)為
著名人物。

現代繪畫除了反應時代的精神風貌以外,有時也表現了針砭的一面,
例如畢加索因為一九三七年在西班牙內戰進行期間,納粹德國空軍轟炸毫
無防衛能力的小城格尼卡(Guernica),乃憤而以城名為題作畫,攻擊戰
爭的暴力。又如西班牙藝術家吉諾維(Juan Genoves)的〔焦點〕,顯示出
現代社會中人是恐懼的蟻群。比利時超寫實派畫家馬格里特(Rene Magritte,
1898-1967)的〔高孔達〕(Golconda)描繪現代人住在都市公寓內的孤立
和寂寞的情況。

雕刻方面,法國人盧迪(Francois Rude, 1784-1835)為巴黎凱旋門
(Arc de Triomphe)所作的浮雕,〔志願軍的出發〕(Departure of the Vol-
unteers),最後成於一八三六年。另一法國人巴陶第(Frederic Auguste Bar-
tholdi, 1834-1904)的名作是矗立在紐約港外的〔自由神像〕(Liberte Eclai-
rant de Le Monde, or Liberty Enlightening the World,簡稱 Statue of Liberty),
完成於一八八五年而於翌年揭幕,為法國第三共和政府贈送美國政府與人
民的禮物,至今為紐約的地標。居於雕刻家祭酒地位的,是法國人羅丹

（Auguste Rodin, 1840-1917）。他用石或青銅為材料，最有名的作品是〔思想者〕（Le Penseu, or, The Thinker）。挪威人威格蘭（Gustav Vigeland, 1869-1943），在寫實主義上受羅丹影響，但亦有浪漫主義的成分。他畢生以花崗石和青銅為材料，在奧斯陸（Oslo）的福洛格公園（Frogner Park）完成了很多雕刻，陳列在那裏，描述人的一生。英國雕刻家摩爾（Henry Moore, 1898-1986）所用的材料，在石與木之外，也用水泥（做時不用泥胚），他喜歡母與子之類的題材，作品採取抽象的形態，頗有人道主義的精神。美國人卡勒德（Alexander Calder, 1898-1976）和出生俄國在德國和英國生活後又歸化美國的加波（Naum Gabo, 1890-1977）均以「動態雕刻」（kenetic sculptures）著稱，作品可因氣流而震動，加波甚至用尼龍和塑膠為材料（也用金屬）。

　　建築方面，十九世紀展現了多樣性。在美國，銀行建築至少在外表上，採取古典（希臘和羅馬的）建築風格，教堂和大學的建築多採哥德式，公共建築則多師法文藝復興式。但是，工業、技術和因為適應特別需要的建築則逐漸有了新的風貌，純粹的功能性建築物如橋樑和火車站等也宣告出現。十九世紀末期，建材開始廣泛地使用鋼鐵和鋼骨、水泥。英國建築家巴克斯頓（Sir Joseph Paxton, 1803-1865）為一八五一年倫敦博覽會所興建的晶宮（Crystal Palace）已使用大量的鋼鐵和玻璃。一八八九年法國工程師埃菲爾（Alexandre Eiffele, 1832-1923）所完成的埃菲爾鐵塔（Eiffel Tower）已是鋼鐵建築物。美國建築家詹奪（William Le Baron Jenney, 1832-1907）在一八八三年首先在芝加哥用鋼鐵建材來蓋摩天大樓（skyscraper），此後在美國和歐洲續有發展。現代建築美國居於主導地位，美國建築家萊特（Frank Llyod Wright, 1869-1959）及蘇里文（Louis Henry Sullivan, 1856-1924）倡導功能主義（functionalism），主張設計應受功能目的的支配，其他因素均屬次要，蘇里文且謂形式隨功能而定（form follows function）。

　　原籍德國後歸化美國的建築家葛羅裴歐斯（Walter Gropius, 1883-1969）

在德國威瑪創立功能學派（Bauhaus），他們的建築多採幾何圖形，大量使用現代建材和玻璃，他們之中又有倡導國際風格（international style），也是用鋼鐵骨架和玻璃牆，但亦能表現古典美，其中以德國建築家（後移居美國）米埃梵德魯（Ludwig Mies van der Rohe, 1886-1969）和出生瑞士的法國建築家萊柯希茲埃（Le Corbusier, 1887-1969）（此為筆名，本名為Charles Edouard Jeanneret）為著。

此外，巴西建築家柯斯達（Lucio Costa）和尼米亞（Oscar Niemyer）均為大師。柯斯達使用現代建材及鋼鐵，但結合傳統與現代的美感，他設計和規劃巴西新都巴西里亞（Brasilia），尼米亞參與其事，並負責總統府和主教座堂等主要建築物之興建，該新都在一九六〇年正式使用。它極富現代氣息，距舊都里約熱內盧（在海岸上）西北約六百英哩的巴拉納河（Parana River）上，肩負開發巴西內陸的重責。

還有，現代工程中的水壩、水力發電壩、懸橋和狀似苜蓿葉的立體道路交叉點，顯示對空間和時間的征服，並表現動態美。

音樂方面，十九世紀浪漫主義當令。第一次世界大戰以來，樂壇展現反浪漫主義的精神，而主要是印象主義（impressionism）和表現主義（expressionism）兩派，印象主義者用音樂的聲音來表示感覺和意象，表現主義者則較為注重形式而傾於抽象。印象主義大師早期有法國作曲家戴比西（Claude Achille Debussy, 1862-1918），他在音樂史上有重要地位，是連接十九和二十世紀的人。他對和聲（harmony）的強調對鋼琴功能的重視，對後來影響很大。印象主義在法國音樂家拉維爾（Maurice Ravel,. 1875-1938）以後漸衰。表現主義又分為兩派，奧國作曲家森堡（Arnold Schonberg, 1874-1951）主張無調性（atonality），此指放棄音調有固定關係的概念而廢掉「調」（key），在此類音樂中呈現不諧和音（dissonances）為常事，許多作曲的原則不再遵守。另外，移居美國的俄裔音樂家史特拉溫斯基（Ignor Stravinsky, 1882-1971）主張複調性（polytonality），混合不同的「調」，也不講音系的調和，史特拉溫斯基重視聲學的或聽覺的特質

（acoustic properties）而不計其他。

另外，隨著聲學和電子學的發展，一九五〇年代有電子音樂（electronic music）的興起。這種音樂在美國、法國和德國均有發展，後亦擴及他地。

二、宗教

西方主要宗教為基督教，它有舊教（天主教或羅馬公教）、新教和東方正教等流派。

舊教或天主教方面，自從十八世紀啟蒙時代和十九世紀科學（特別是生物科學）發達以來，天主教受到的衝擊很大。十九世紀，教廷予以反擊。庇護九世（Pius IX, 1792-1878，在位時期 1846-1878）是在位最久的教宗之一，他對所謂「唯物主義時代」（Age of Materialism）予以攻擊，幾乎是與整個的時代精神相對抗。他在一八五四年通諭童貞女瑪利亞因聖靈懷孕說是一項教條（Dogma of the Immaculate Conception of the Virgin）。一八六四年頒布「謬誤要目」（Syllabus errorum）以譴責自由主義和進步觀念。一八六九年召開梵蒂岡大會（the Vatican Council）（一八六九年十二月八日至一八七〇年十月二十日），此會議正式宣布（一八七〇年七月十八日）教宗無誤論信條（Dogma of Papal Infallibility），也就是教宗所作的關於「信仰與道德」的判斷是沒有錯誤的。這個大會也決定教宗的權力大於大公會議。看來教廷的聲威達於頂點，但一八七〇年九月二十日大會尚未閉幕，義大利統一建國完成而義大利軍隊開入羅馬，教宗的塵世政權消失。在德國，反天主教的「文化鬥爭」（Kulturkampf）亦於一八七一年展開。庇護九世之後為李奧十世（Leo XIII, 1810-1903，在位時期 1878-1903）較為圓通，也較有寬容的胸襟，也頗想拉近教會與近代社會的差距。一八九一年他發表「論近代事物」（Rerum novarum）的通諭，指出某種限度內的私有財產是自然權利，但也指責資本主義過度製造貧窮、不安和貶低勞

工階級，認為社會主義中也有某些符合基督精神的原則，但也指責馬克斯主義的唯物論和無神論立場。這是典型的基督教社會主義立場。在此時期，教會有現代主義或現代主義運動（Modernism or Modernist Movement）。此因法國、德國、義大利和英國有些羅馬公教的學者認為教會的教義和慣例有與近代科學和歷史知識相協調的必要。法國教士勞瓦西（Alfred Loisy, 1857-1940）主張最力，他也不接受聖經無誤說（doctrine of the inerrancy of the Bible）。羅馬教廷特別是庇護十世（Pius X, 1835-1914，在位時期 1903-14）對此一運動甚為不悅，屢加譴責，並且在一九〇七年宣布為異端，翌年勞瓦西甚至被開除教籍。庇護十一世（Pius XI , 1857-1939，在位時期 1922-39）在一九二九年與義大利政府簽訂拉特蘭條約 （Lateran Treaty），確定教廷與義大利的關係。庇護十二世（Pius XII, 1876-1957，在位時期 1939-58）雖因對極權政治和納粹殺戮猶太人未出言抗議，而被認有愧上帝代理人之職守，但在第二次世界大戰中從事人道活動，且戰後對待共產主義立場堅定。

若望二十三世（John XXIII, 1881-1963，在位時期 1958-63）為近代卓著的教宗之一，他當選時已七七高齡，在位僅四年又半。他擴大樞機主教團（College of Cardinals）且增加非義大利籍的人選，並建立樞機主教治教原則（Principle of Collegiality），使樞機主教團有更大的權力。他也採取改革教會措施，一九六二年他召開第二屆梵蒂岡大會（Second Vatican Council, 1862-65）。他銳意使教會與現代政治和社會的變遷相協調。他也推動基督教會統合運動（Ecumenical Movement），也盡力與非天主教徒和各種信仰建立關係，第二屆梵蒂岡大會會議時東正教和一些新教教派列席為觀察員。保祿六世（Paul VI, 1897-1978，在位時期 1963-78）大致上仍守若望二十三世的改革路線，繼續主持第二屆梵蒂岡大會，也推動統合運動。一九六七年他改革羅馬教廷樞密院（Roman curia），廢除禁書目錄，重申教上獨身不婚之命。一九六八年他通諭禁止不合自然的節育方法。他也展開與其他教派的友好行動，一九六五年與東正教達成取消在一〇五四年的互相

開除對方教籍的聲明。一九七八年他猝然死亡，繼任的若望‧保祿一世（John Paul I, 1912-78），在位僅三十三天，自一九七八年八月二十六日至九月二十八日死於心臟病，未有作為。

繼任的教宗是波蘭籍的若望‧保祿二世（John Paul II, 1920-2005, 在位時期 1978-2005）。他是四百五十五年來，自從荷蘭籍的阿德恩六世（Adrian VI, 1459-1523，在位時期 1522-23，有二十個月）以來第一個非義大利籍的教宗。他富有改革和開創的精神，一九八三年公布他所推動的新的教會法（Code of Canon Law），它有幾個特色：(1)提高婦女的地位，除了女人仍不能擔任教士（神父）外，其他均已平等，在缺乏教士的地區婦女亦可作「世俗執事」（lay minister）執行部份聖職；(2)平信徒的稱謂由「俗眾」（laymen）改為「眾人」（people）；(3)表現更為寬大的精神，如開除教籍（破門罪）的罪行由三十七項減為七項。此外，他也授予各地主教較大的權力。對於婚姻離異（宣布婚姻無效）的條件也酌予放寬。這些措施，被稱為天主教徒的權利清單（A Catholic Bill of Rights）。

若望‧保祿二世尋求與信眾建立直接聯繫，熱心國際事務的參與，風塵僕僕地在世界各地訪問。他對共產極權也表現了不畏的勇毅，他對波蘭和其他東歐的精神支持，是使他們最後能掙脫共產統治的因素之一。不過，他對教士結婚問題，仍不讓步。另一方面，他對宗教和解，頗為努力。他是第一位造訪猶太教會堂的教宗（一九八六年四月）為了化解羅馬教會與猶太人的仇恨，一九九三年他與以色列建交。二○○○年三月，他代表教會發表道歉聲明，祈求上帝寬恕歷代教會所犯的罪行，包括歧視猶太人、異教徒、婦女及少數民族。二○○一年五月訪問敘利亞，成為第一位進入回教清真寺的教宗。教會面臨的另一問題為「南北對抗」，信徒在第三世界迅速增加。以二○○五年而言，教徒總人數約為十億多，但將近一半的人集中在中南美洲，而歐洲教徒不過四分之一左右。

二○○五年四月，若望保祿二世辭世，德國人本篤十六世（Benedict XVI）繼位，他年已七十八歲。

　　新教的派別甚多，有謂他們共同所有的三個信念對西方文化的形成有
其貢獻：尊重聖經的權威，促進了識字率和民眾教育；新教倫理的發揚，
提高了工作精神；信眾皆為自己的教士，提振了民主素養。它們原較舊教
適應資本主義和工業社會，但在新的思潮衝擊下，它們較為缺乏統一的和
中心的領導，所受的衝擊亦大。此外，新教一向視聖經為唯一的信仰之
源，而近代以還，聖經本身在自然科學和考證之學的影響下，遭到削弱。
十九世紀有一些新的教派興起，特別在北美，其中有史密斯（Joseph Smith,
1805-1844）在一八三○年所創的摩門教派（the Mormons, or, Church of Jesus
Christ of Latter-Day Saints）；米勒（William Miller, 1782-1849）預言一八四三
年為基督復臨（Second Coming）之期的復臨教派（the Adventists），後來
又有新的再臨教派在一八六三年成立，稱為基督復臨安息日會（the Seventh
Day Adventists），遵守禮拜六做禮拜。另外，艾迪（Mary Baker Eddy,
1821-1919）在一八七九年創立基督科學教會（Christian Science Church）。
另一方面，新教也展現對教育、公共衛生及掃除酗酒和少年犯罪的關切。
一八四四年英國人威廉斯（Sir George Williams, 1821-1905）創立基督教青年
會（YMCA:Young men's Christain Association）。一八五五年，基督教女青
年會（YWCA: Young Women's Christian Association）亦告肇建，二事皆合宗
教與社會目標於一體。一八七六年美以美教派的英人布特（William Booth,
1829-1912）創立以慈善活動為主的救世軍（Salvation Army）。自十九世紀
中葉，便有統一各教派的運動。一九四八年各主要教派成立普世教協
（World Council of Churches），設在阿姆斯特丹。

　　神學理論也有發展，十九世紀最有影響力的新教神學家之一，是德國
的施萊馬克（Friedrich Schleiermacher, 1768-1834）。他認為上帝不解釋宇宙
的理論，而是要被體認為活的實在，宗教也不是接受信條。他的思想影響
到自由神學（liberal theology）。自由神學認為追隨耶穌遠遠要比形成環繞
著他的教義來得重要，如果只是信奉聖經和神學中的耶穌，那就隱藏了那
一個在巴勒斯坦生活過的真正的耶穌。自由神學家認為保羅把耶穌的單純

的，倫埋的和宗教的教誨轉變成複雜的神學結構，他們要的是耶穌的宗教而不是保羅的神學。他們的理論也助長了聖經考證。進入二十世紀，自由神學受到挑戰。瑞士神學家巴特（Karl Barth, 1886-1968）（彼在一九二一至三五年在德國教學後因拒向希特勒效忠被逐而生活在巴塞爾）倡「危機神學」（crisis theology），而為新正統神學（neoorthodoxy）開端，它強調罪惡論（doctrine of sin），著重啟示和救恩，美國神學家尼布爾（Reinhold Niebuhr, 1892-1971）強調新教的傳統價值。新正統神學結合存在主義的哲學而主張個人決定有關信仰的事。德國神學家勃特曼（Rudolf Bultmann, 1884-1976）發展出形式考證（form criticism）並主張對新約聖經進行「消除神話化」（Demythologization），以存在主義方式解讀。另一出生德國的美國神學家狄力克（Paul Tillich, 1886-1965）也認為啟示的重要性，亦有濃厚的存在哲學的意味。另有「解放神學」（liberation theology），本源於拉丁美洲的天主教國家，在新教亦有。他們根據〔路加福音〕四章十六至二十節，耶穌要解除人的各種束縛，因而主張教會要與窮人和受壓迫者站在一起，支持反帝國主義國家的革命運動，以及尋求公義的政治活動。在美國則形成「黑人」神學（"black" theology），神學家孔尼（James Cone）等人認為，曾飽受奴役和種族歧視的美國黑人更能瞭解基督的真諦。

　　新教各派也參與各種社會活動。一九五〇年代和一九六〇年代，美國新教徒支持公民權利運動，也反對越南戰爭。美國浸信會黑人牧師馬丁路德‧金恩（Martin Luther King Jr., 1929-68）倡導非暴力的群眾運動，有時集結二、三十萬人，他的行動與一九六五年的公民權利法（Civil Rights Act）和投票權利法（Voting Rights Act）有很大的催生作用。一九六六年後他擴大行動及於北部城市的貧民窟問題，但因社會為反越戰所吸引而不太成功。一九六八年他在田納西州孟斐斯城遇刺身亡，一九八三年美國國會通過每年一月的第三個星期一，成為紀念他生日的公共假日。

　　二十世紀後期以來，第三世界的新教各派有與自身國家的文化背景認同而日趨獨立，與西方國家的「總會」距離疏遠的傾向。新教也熱心統合

運動，在此方面，他們在尋求超教派的合作成效不彰。但他們也走教派合併的路，如一九四七年成立的南印度教會（Church of South India），合一了聖公會、美以美教派、公理會（Congregationalists）、路德會等；一九四八年組成的加拿大聯合教會（United Church of Canada）把長老會、美以美會和公理會聯合在一起。[6]

東正教方面，自從一〇五四年，因為與羅馬教會在教義上不同意羅馬教會相信聖靈源自聖父和聖子而堅持僅源自聖父的爭議而分裂以後，也歷經諸多變化。

直迄十九世紀早期，君士坦丁堡大主教仍為最高領袖，但後來「國家教會」如俄羅斯、希臘、塞爾維亞、羅馬尼亞、保加利亞、塞普魯斯、阿爾巴尼亞、捷克、斯洛伐尼亞等地區的東正教教會皆具獨立性，而各以自己的國名冠在教會之前，如俄羅斯東正教等。此外，還有不接受西元四五一年卡西頓（Chalcedon）大公會議的決議確定耶穌為神性而非人、神二性的埃及（Coptic）、敘利亞、亞美尼亞、衣索比亞、南印度的所謂「東方東正教教會」（Oriental Orthodox Churches），亦稱「非卡西頓東正教教會」（non-Chalcedonian churches）。一四五三年東羅馬帝國滅亡後，東歐和東南歐的東正教曾受到土耳其程度不同的壓抑，而俄羅斯以他們的保護者自居，是造成「近東問題」的因素之一。一九一七年俄羅斯共產革命後，俄羅斯與東歐的東正教教會曾受共產統治的壓抑，一九八〇年代後因共產控制放鬆，活動較前為多。一九九〇年代，完全恢復活動。

---

6 關於新教的敘述，部份取材自 *The Encyclopedia Americana: International Edition*, Vol 22 (2003) pp. 689-92.

國家圖書館出版品預行編目資料

西方文化要義／王曾才著. -- 初版. -- 臺北
市：五南, 2003[民92]
　　面；　　公分.

ISBN 978-957-11-3391-1（平裝）

1.歐洲-文化

740.3　　　　　　　　　92014818

1WAF 通識系列

西方文化要義

作　　者 ─ 王曾才

發 行 人 ─ 楊榮川

總 經 理 ─ 楊士清

總 編 輯 ─ 楊秀麗

副總編輯 ─ 黃惠娟

責任編輯 ─ 高雅婷

出 版 者 ─ 五南圖書出版股份有限公司

地　　址：106台北市大安區和平東路二段339號4樓

電　　話：(02)2705-5066　　傳　　真：(02)2706-6100

網　　址：http://www.wunan.com.tw

電子郵件：wunan@wunan.com.tw

劃撥帳號：01068953

戶　　名：五南圖書出版股份有限公司

法律顧問　林勝安律師事務所　林勝安律師

出版日期　2003年10月初版一刷
　　　　　2020年 5 月初版三刷

定　　價　新臺幣420元

經典永恆・名著常在

五十週年的獻禮 —— 經典名著文庫

五南，五十年了，半個世紀，人生旅程的一大半，走過來了。

思索著，邁向百年的未來歷程，能為知識界、文化學術界作些什麼？

在速食文化的生態下，有什麼值得讓人雋永品味的？

歷代經典・當今名著，經過時間的洗禮，千錘百鍊，流傳至今，光芒耀人；

不僅使我們能領悟前人的智慧，同時也增深加廣我們思考的深度與視野。

我們決心投入巨資，有計畫的系統梳選，成立「經典名著文庫」，

希望收入古今中外思想性的、充滿睿智與獨見的經典、名著。

這是一項理想性的、永續性的巨大出版工程。

不在意讀者的眾寡，只考慮它的學術價值，力求完整展現先哲思想的軌跡；

為知識界開啟一片智慧之窗，營造一座百花綻放的世界文明公園，

任君邀遊、取菁吸蜜、嘉惠學子！